2016年1月、熱狂の渦の中、
民進党の蔡英文氏が総統選に勝利。
ついに真の意味での「台湾人政権」が誕生した

新婚の頃の徳章と濫

二二八事件は台北で始まった
（市民に焼き打ちされた台北の専売局）

警察官時代の徳章（左から妻・濫、母・玉、息子の聰模）

湯徳章紀念公園に立つ徳章の胸像
(右は、弁護士時代の徳章)

胸に去来するものは何か
（2016年6月、先祖の墓参りという悲願を叶えた湯聰模）

汝、ふたつの故国に殉ず

台湾で「英雄」となったある日本人の物語

門田隆将

角川文庫
22038

一八九五年、ひとりの若者が台湾を目指して
故郷・熊本をあとにした。
台湾の治安維持と発展に尽くすためである。
やがて台湾女性と家庭を築いた彼は、
のちに「英雄」と呼ばれる男の子をもうけた。
しかし、戦後の台湾の悲劇は、
一家を動乱に巻き込んでいく。
日本と台湾の〝絆〟を表わす
「五代百二十年」にわたる壮大な一族の物語――。

はじめに

戦後の台湾で、「日本人として」死んだ一人の英雄がいます。

その人は、父親が日本人で、母親は台湾人でした。文字通り、「日本と台湾」の切っても切れない絆《きずな》を体現するような生涯をおくった人です。

台湾南部の台南《たいなん》で育ち、戦時中の東京で中央大学法学部の聴講生となって法律を勉強し、当時の難関国家試験である高等文官「司法科」と「行政科」の試験に両方、合格しました。これは、今の司法試験と国家公務員上級試験にあたるものです。

柔道三段でもあったその人は、「二二八事件」という国民党による台湾の弾圧事件で、自分の身を犠牲にして多くの市民の命を救いました。

二〇一四年、その人が命を落とした日は、台南市の「正義と勇気の紀念日」に制定されました。

死後七十年を経てもなお、命日を正義と勇気の象徴と讃《たた》えられるほど、台湾で敬われているこの人の存在は、私たち日本人に、ほとんど知られていません。

その人の名は、坂井徳章《さかいとくしょう》さんと言います。台湾名は、湯徳章《とうとくしょう》さんです。

徳章さんの父・徳蔵《とくぞう》さんは熊本で生まれ育ち、台湾に渡って警察官となりました。

そして、湯玉《とうぎょく》さんという台湾女性と結ばれ、徳章さんが生まれました。

徳章さんが生まれた時は、まだ日本人と台湾人との婚姻《こんいん》は許されておらず（注＝婚姻が許されるようになったのは一九三三年三月に「内台《ないたい》共婚法」が施行されて以後のこと）、そのため、徳章さんは、母の姓で育ちました。

早くに父親を亡くした徳章さんは、辛酸を嘗《な》めながら成長し、やがて父のあとを追って警察官となり、そして、内地への留学資金をこつこつ貯めて、勉強のために東京に出てきました。東京で亡き父の弟（注＝本人から見れば叔父《おじ》）の養子となった徳章さんは、さまざまな苦労の末に超難関の国家試験に合格するのです。

エリートとして、日本での大いなる将来が約束された徳章さんは、それでも台湾へ帰っていきました。生涯を台湾のために捧《ささ》げようと、決意したからでした。

やがて日本の敗戦、そして中国国民党軍の進駐……そこから、徳章さんだけでなく、多くの台湾人の悲劇は始まりました。しかし、逃れることのできない悲劇の中でも、勇気ある人々の毅然《きぜん》とした生きざまは、どの時代の人間の心もとらえて離しません。

そこには、どんなことがあっても挫《くじ》けない、人としての素晴らしい「信念」が見えてくるからです。

徳章さんは、短い人生の中で、「信念」に生きる大切さを後世に残しました。

私は、危機に陥《おちい》った時こそ、人間の真価が問われると思っています。日頃、偉そうにしている人が修羅場では情けない姿をさらしたり、逆に、いつも控えめでおとなしい人が、いざという時に、この上なく頼りになったりするものです。

その意味では、その人物の肚《はら》が試されるのは、命をかけなければならないような出来事が目の前に「現われた時」なのだと思います。

徳章さんの一族は、彼が命をかけて示した「信念」のままに、そして、彼の生きざまに「恥じない」ように、今も台湾で活躍しています。そして、彼らは、日本と台湾の絆を、徳章さん同様、なによりも大切にしています。

私は、長い取材の末に、日本にいるゆかりの人々を探し出すこともできました。熊本をルーツとする日本側の親族もまた、懸命に戦後の人生を歩んでいました。

時々、歴史とは何だろう、と思うことがあります。

戦争や事件をはじめ、これまでさまざまな出来事を本として著《あら》わしてきた私には、取り上げさせてもらった人々の毅然とした生きざまに心を打たれ、手に持ったペンが止まってしまうことがしばしばありました。

取材によって知り得た感動を、生の歴史として描き出し、読者の方々に伝えることのできる幸せを感じることは、少なくありません。徳章さんとその一族の取材を続けながら、今回もそんな喜びを感じることの連続でした。

いま台湾は、激動の東アジアで重大な岐路《きろ》に立っています。台湾人の誇りとアイデンティティを守るために、多くの人たちが懸命に努力しています。今こそ、日本と日本人が、隣人である台湾を「どう支えていくか」が問われているのかもしれません。

そんな時に、日本と台湾の「絆」そのものとも言うべき人物の生涯を明らかにできたことを、本当に感慨深く思います。

日本と台湾を愛してやまない坂井徳章さんを中心とする「五代百二十年」にわたる壮大な一族の物語を、是非、知っていただきたいと思います。

筆　者

目次

プロローグ

それを〝うねり〟と言うべきなのか、それとも〝地響き〟と表現すべきなのか。人間の発するものとは、およそ思えない絶叫が私の全身を震わせていた。

「ドンスアン！　ドンスアン！　ドンスアン！　ドンスアン！……」

降りつづく雨の中、人々の熱狂は頂点に達していた。台湾語で「当選」を表わす「ドンスアン」という叫びが、大地を揺るがし、暗闇の大空に吸い込まれていく。

人の身体から発せられた熱気が、雨粒を地上近くで湯気に変え、白い〝龍〟の姿を与えて舞い上がらせていくかのようだ。

二〇一六年一月十五日夜――。

台北《たいほく》市の中心部にある総統府前の凱達格蘭《ケタガラン》大道には、民進党の総統候補、蔡英文《さいえいぶん》女史（五九）の最後の訴えを聴こうと、数万人の群衆が詰めかけていた。

私は、中央ステージから七十メートルほど手前右にある報道席の一角で、ただ立ち尽くしていた。

鉄骨で足場を組み、板を渡した横幅二十五メートル、縦十数メートルもあるスタンドは、メディアの人間の取材の場を確保するために、昨夜来、突貫工事で設《しつら》えられたものだ。多くの記者とカメラマンが詰めかけたスタンドは、私がやって来た午後七時前後には、もう立錐《りっすい》の余地もなかった。

欧米から、アジア各地から、中国から……さまざまなメディアが歴史的な場面を見逃すまいとカメラを構え、自らの目と耳を凝《こ》らしている中、私は空きスペースを探して、その中に入り込んでいた。

人々のエネルギーに圧倒され、息を呑《の》んでいた私の前に、待ちに待った〝その人〟が現われたのは、午後八時をまわってからだ。

黒いジャンパーに身を包んでステージに立つ蔡英文女史を見ながら、私は、「同じ人間がこれほど変わるものか」という思いにとらわれていた。

四年前の二〇一二年総統選でも、私は、同じ投開票前夜に彼女の最後の訴えを聴いている。新北市《しんほく》・板橋《ばんきょう》の総合競技場でおこなわれた大集会のことを、私は思い出していた。

あの時、二期目を目指す国民党の馬英九《まえいきゅう》総統に対して、劣勢を伝えられていた蔡女史は、どこか頼りなげで、自信など微塵《みじん》も感じられなかった。

それがどうだろう。

四年が経った今、蔡女史の態度と姿は打ってかわって自信に満ちあふれ、とても「同じ人」とは思えなかった。

「ついに、私たちはここまでやって来ました」

蔡英文は、降りしきる雨の中、そう語り始めた。それまでの群衆の喧噪《けんそう》が嘘のように静まり返った。

「つい先程まで、私たちは板橋にいました。四年前、総統選敗北という結果を受け入れた場所です。その板橋から出発して、私たちは、この選挙活動の〝終点〟にやって来ました」

一語一語、嚙《か》みしめるように彼女は言った。私が思い出した四年前の最後の大集会のことが蔡女史の脳裡《のうり》にも焼きついていたようだ。

「私のうしろには総統府があります。総統府まで、距離はわずか数百メートルしかありません。この八年、ここでいろいろなことが起こりました。しかし、人々の声がどんなに大きくとも、総統府には届きませんでした。政府には能力も、心も、感情もなく、人々の痛みや苦しみに〝無感覚〟だったのです」

二年前の三月、中台間の「サービス貿易協定」問題に端を発した〝ひまわり学生運動〟で、三週間にわたって学生たちが立法院の議場を占拠した。十万とも二十万とも言われる市民が通りを埋め尽くし、学生たちを支援した。蔡女史は、まさにその地を「最後の訴え」の場に選んだのだ。

「私たちは今回の選挙で誰かに勝とうとしているのではありません。私たちが打ち勝たなければならないのは、この国の苦境なのです」

蔡女史がそう言うと、支持者たちから感動の声が上がった。

この国の苦境——それは、蔡英文の支持者たち、特に「本省人」と呼ばれる、台湾に生まれ育った大多数の台湾人たちの共感を呼びさます言葉だった。

単に一時的なものや、経済の不振などを表わす「苦境」なら、どうということはない。しかし、台湾が置かれている苦境とは、台湾そのものがこのまま「存立できるかどうか」という重い意味を持つものだった。

外省人（第二次世界大戦後、蔣介石《しょうかいせき》と共に大陸からやって来た中国人）の一族出身である現職の総統、馬英九氏は、急激な中国への接近政策を推し進め、二か月前に、ついに中国の習近平《しゅうきんぺい》国家主席との「中台トップ会談」を実現させていた。

シンガポールでおこなわれたトップ会談は、血で血を洗うあの国共内戦以来、初めてのことだ。両者は〝ひとつの中国〟で合意し、世界をあっと言わせた。馬氏は外省人として、大陸回帰への願望を「最後に」具体的な形として表わしたのである。

このままでは、台湾は中国の一部になる。それは台湾人にとって、自らのアイデンティティと、台湾が長い闘いの末に勝ち取った「自由」と「民主」の終焉《しゅうえん》を表わすものでもある。

蔡女史が語った「この国の苦境」とは、まさに、そのことを示していたのである。

中国を敵にまわすことは、台湾人にとって、大きな覚悟を伴う。それは、台湾が歩んだ苦難の現代史を見れば、明らかだ。

国民党によって二万から三万人にも及ぶ台湾人が虐殺された一九四七年の二二八事件、一九八七年まで三十八年間も続いた世界最長の戒厳令……蔣介石一族の支配の下、結社、言論、思想など、あらゆる自由を奪われていた台湾人は、大陸との一体化が「何を意味するか」を知っている。

平和的なキャッチフレーズにごまかされてはいけない。〝ひとつの中国〟とは、台湾にとっては、中国に呑み込まれることなのである。習・馬会談は、台湾人に過去の忌《い》まわしい記憶を呼び起こし、激しい反発を生むものでもあった。
だからこそ、ここで、国民党政権の継続をなんとしても阻止しなければならない——。

選挙戦最後の訴えを聴きにきた群衆は、蔡英文女史が防弾チョッキを着ていることを知っている。国民党の朱立倫《しゅりつりん》候補（五四）に支持率で大差をつけている彼女には、常に〝狙撃《そげき》〟の危険性が囁《ささや》かれていた。

不測の事態が起これば、総統選は「無効」となる。マスコミは、数日前から彼女が防弾チョッキを着用していることを報じ、事実、彼女は、当初からの防弾ガラス付きの選挙カーに加え、警備サイドから要請されて最後は防弾チョッキまで身にまとっていたのである。

ステージの目の前にいる支持者に向かって、彼女はこう訴えた。

「四年前の旗をずっと持っていてくれてありがとう。四年前に私が言ったことを信じてくれていてありがとう。私は必ず戻ってくる、という約束を守りました。今、ここにいるのは、（四年前より）強くなった蔡英文です。私は、より多くの台湾人と一緒に戻ってきました。私は台湾の人々を未来へ、新しい時代へと導いていきます！」

彼女がそう叫ぶと、

「ドンスアン！　ドンスアン！」

と、ふたたび「当選」を表わす言葉が迸《ほとばし》った。雨合羽《あまがっぱ》と傘で埋め尽くされた会場は、無数の幟《のぼり》や小旗に覆われていた。

巨大なオーロラビジョンが、にっこりと支持者たちに微笑みかける彼女のアップを映し出す。

（これが〝一国〟を率いるリーダーの自信なのか……）

一時は小降りになった雨が、今度は大粒となってきた中、支持者たちの熱狂に、私はただただ打たれていた。

その熱狂は、翌日、恐ろしいまでの選挙結果となって現われた。

国民党・朱立倫候補に三百万票以上の大差をつけ、蔡女史は六百八十九万票を獲得して圧勝。さらに立法院選挙では、民進党が四十議席から六十八議席へ大躍進。過半数を十一議席も上まわる安定多数を一挙に獲得したのだ。

まさに〝地滑《じすべ》り的大勝〟だった。

「台湾は、これからも台湾でありつづける」

それは、台湾人による強烈な意思表示にほかならなかった。史上初めて「総統選」と「立法院選」の両方を制した民進党。その意味では、初の「台湾人による政治」が始まると言ってもいいだろう。

開票速報で、次々と〝当確〟が打たれる中、民進党本部前の熱狂は、頂点に達していた。国際記者会見を終えた蔡英文女史が支持者たちの前に現われたのは、午後九時をまわってからである。

「皆さん、今日、私たちは世界に台湾の自由と民主を示しました！」

ステージに上がった蔡女史が、数百メートル先の林森北路《りんしんほくろ》の交差点まで埋め尽くした支持者に向かって語りかけると、紙吹雪と大歓声が巻き起こった。蔡女史の声は、とっくに掠《かす》れていた。

「私は、これまでの皆さんの涙を笑顔に変えてみせます。私は皆さんと一緒に歩んでいけることを誇りに思います。自信を持って、そして謙虚に、常に努力していきます。皆さん、今日はいいです。みんなで祝いましょう。でも、明日、太陽が昇ったら、私は責任を持って改革をスタートさせます。皆さんと共に」

群衆の歓呼の中で、この勝利宣言を聞いて、涙ぐむ女性もいた。オーロラビジョンには、

「新しい未来、新しい台湾」

「ありがとう台湾人、ありがとう台湾人」

という特大の文字が映し出されていた。凄《すさ》まじいうねりのような勝利だった。

「台湾人は台湾人」

私は今回、その言葉を何度聞いただろうか。

それは、選挙も存在しない国、「自由」と「民主」が目に見えてこない共産党独裁国家と、どうやって〝ひとつの中国〟を形成するのか、という台湾人の激しい怒りであったかもしれない。

私は、蔡英文女史の姿と、歓喜で彼女の勝利を讃《たた》えた台湾人たちを見ながら、ここに辿《たど》りつくまでの「苦難の歴史」に思いを馳《は》せずにはいられなかった。

この勝利がもたらされるまでに、一体、どれほどの犠牲が必要だったのだろうか、と。そして、これまで流されてきた多くの、そして貴重な、血と涙を決して忘れてはいけない、と。

勇気、信念、忍従、闘志、正義……先人たちが示しつづけた無形の財産こそが、台湾人の誇りだ。

その多くの先人たちの中で、際立《きわだ》った光を放ち、日本人であり、同時に台湾人でもあった「一人の英雄」のことを、私は考えていた。

もし、生きていたら、「この日」を彼は、どう迎えただろうか、と。

彼が人生の最期に発した言葉の意味を噛《か》みしめながら、私は歓喜の群衆の中に立っていた。

第一章　帰国する「英雄」

故郷に向かう貨客船「富士丸《ふじまる》」

ボー、ボー、ボー
余韻《よいん》を残した哀愁のある汽笛《きてき》と共に、船は次第に岸壁から離れていく。
「蛍《ほたる》の光」のメロディが出航の時に流されるようになったのは、一体、いつの頃からだろうか。
スコットランド民謡を源とするこの曲は、明治時代に小学唱歌として採用されて以来、別れの曲として国民に定着していた。特に、国際航路の船が埠頭《ふとう》から離れていく時には、必ず流されていた。

別れに際して、人前で涙を見せるのは、どんなときでも気恥ずかしい。しかし、独特のこのメロディに接すると、涙腺《るいせん》がどうしても、緩《ゆる》んでしまうものである。

（内地へまた来られるだろうか）

（同じ風景をまたこの目で見ることはできるのだろうか）

特に、そんな思いを心のどこかに持っていたら、人間なら誰でも感情的な昂《たか》ぶりを抑えられなくなるだろう。台湾の基隆《キールン》と神戸を結ぶ定期船の航路――いわゆる「内台航路」の出発には、そんな独特の空気がいつも漂っていた。

この日も、排水量九千百三十六トンを誇る日本郵船の貨客船「富士丸」の最上甲板は、涙を流しながら見送りの人たちに手を振る乗客であふれかえっていた。

一九四三（昭和十八）年七月末、富士丸は、正午を期して、人々のさまざまな感情を汽笛の余韻に乗せながら神戸港の埠頭から離れていった。

六甲山《ろっこうさん》の上に広がる突き抜けるような真っ青な夏空と入道雲を、この時、多くの乗客が脳裡に焼きつけているのは、内台航路が持つ独特の感傷がもたらしたものであることは確かだろう。

（昔日の遣唐使たちも、こんな思いで船出したのだろうか）

三十六歳となっていた坂井徳章は、埠頭から船に向かって手を振る人々の姿を見ながら、そんなことを考えていた。

もちろん、安全性というだけなら、まだ「遣唐使時代」よりはましだったかもしれない。しかし、実際に、

(無事に台湾に着けるのか)

(また、内地に来ることができるだろうか)

そんな不安を、口にこそ出さないものの、乗客の誰もが胸の奥に呑《の》み込んでいた。

四年前の昭和十四年、徳章は、身を立てるために齢《よわい》三十を過ぎて父の生まれた「内地」にやって来た。

死に物狂いで勉強をつづけ、そして、ついに高等文官試験の「司法科」と「行政科」の両方に合格するという快挙を成し遂げたのである。

今の司法試験と国家公務員上級試験にあたるこの試験は、当時も最難関だった。ましてや台湾で生まれ育った徳章にとっては、難攻不落の〝巨大な壁〟に見えていたことだろう。

大学も出ていない徳章には、無謀とも言える挑戦だったかもしれない。

「青年」とは言い難い三十過ぎの徳章は、それでも、東京・御茶ノ水の神田駿河台《するがだい》に

建つ中央大学キャンパスに聴講生として通い、懸命にこの壁を突破する努力をつづけた。亡き父親の弟にあたる坂井又蔵《またぞう》と養子縁組をして、「父子」の関係となり、その又蔵の勧めで、中央大学を勉学の場としたのである。

又蔵は明治大学を出て朝日新聞に勤め、独立してからは、大正十四年に『銀行王安《やす》田善次郎《だぜんじろう》』（喜文堂書房）を著わした政財界に詳しいジャーナリストだった。

「司法試験をやるなら、中央大学か日本大学で学べ」

又蔵は、徳章にそう伝えていた。当時の高等文官試験で、力を発揮しているのは、東京帝大や京都帝大といった帝国大学を除けば、この二つの私学が最有力だった。しかも、いずれも「神田駿河台」にキャンパスを置いている。

同じ神田駿河台にあった明治大学出身の又蔵は、どちらの大学のことも熟知していた。徳章は、そのアドバイスに従って、「中央大学を選んだ」のである。

瀬戸内海の蒼《あお》い海原を走り始めた富士丸のデッキの上で、徳章は、丸四年を超えた東京での苦闘の日々を思い出していた。

開戦から一年八か月が経過したアメリカとの太平洋戦線は、日に日に、戦況が悪化している。巷《ちまた》では、もはや文科系学生の徴兵猶予撤廃も「不可避」と囁《ささや》かれていた。

徳章が通っていた中央大学のキャンパスにも、「学徒動員は免れそうにない」という切迫感が充満していた。

それは、どうせ「動員」されるなら「志願を」という空気を醸成し、腰を据えて学問をするような落ち着きが、大学でも、いや、社会全体から消え失《う》せつつあった。

前年の司法科試験合格、司法修習、そして行政科試験の受験と合格という慌ただしい日々をおくっていた徳章は、久しぶりに訪れた中大キャンパスの変わりように暗澹《あんたん》となった。

キャンパス自体が、「いざ、戦場へ！」という貼り紙やスローガンに満ち、もはや「学問の場」ではなくなっていたのだ。

国の将来を担う「宝」である大学生まで戦場に送り込まなければならない事態は、まもなく現実となる。開戦から一年ほどの間の戦勝に浮き立った雰囲気はそこにはなく、米英なにするものぞ、という勇ましいスローガンだけが空しく響いていた。

すでに戦争は、軍艦のみならず、民間の客船も狙われるという〝仁義なき戦い〟に突入していた。東シナ海には、アメリカの潜水艦が遊弋《ゆうよく》しており、「平和な船旅」など、とっくに過去のものとなっていたのだ。

それどころか、今の「内台航路」には、目的地に無事に辿《たど》りつけるという保証すら、どこにもないのである。

神戸から、およそ千六百キロの南西にある台湾の基隆は、出港して「三日」もかかる彼方にある。神戸を正午に出た船は、翌日の朝七時に北九州の門司に着く。その日の正午に門司港を出て、基隆港に到着するのは、翌々日の午後一時である。民間人の乗る客船が、危険極まりない東シナ海を「丸二日」も航行しなければならないのだ。

そこで、かつては、民間船の単独行だった内台航路も、この年の三月から、駆逐艦が警備にあたりながら航行する護送船団方式にさま変わりしていた。

きっかけとなったのは、大阪商船の高千穂丸《たかちほまる》が三月十九日に米潜水艦の魚雷攻撃を受けて、基隆近くの海域で沈没したことである。高千穂丸の犠牲者は、実に八百三十九人に及んだ。

同じ頃、富士丸自身も米潜水艦の雷撃を受けて、間一髪、逃れたこともあった。内地と台湾との往来は、完全に「覚悟が伴う航路」となっていたのである。

学問と議論の日々

「坂井さん！」

デッキで物思いに耽《ふけ》る徳章に、背後から声をかけた女性がいた。

振り返ると、そこには、白いブラウスが目映《まばゆ》い、おしゃれな若い娘が立っていた。大きな目とパーマをかけた黒髪の女性は、にこにこと徳章に微笑みかけてきた。かたわらには、友人らしい同年配の娘もいる。

声をかけてきた色白のその女性の名は、林雪梅《りんせつばい》。目黒《めぐろ》の洋裁学校「ドレスメーカー女学院」（現在の杉野服飾大学）に通っている台湾女性だ。まだ十八歳の彼女は、前年三月に台南第二高等女学校を卒業し、同校に通うために故郷台南から、東京へ〝内地留学〟していた。

「やあ、やっと見つかったね」

徳章は、笑顔で雪梅に応《こた》えた。

二人とも、お互いがこの船に乗ることを事前に知っていたのである。雪梅は、女友だちと一緒ではあるものの、知り合いの男性が同じ船にいてくれることは、何といっても心強いことだった。デッキで徳章の姿を発見した彼女は、思わず駆け寄ったのだ。

三十六歳の徳章から見れば、十八歳の雪梅は、まだ〝可愛らしいお嬢さん〟である。それほど歳が違うのに、二人はなぜ知り合いなのか。

徳章は日本に滞在中、台湾から来ていた若者たちと数多く交流を持っていた。特に、故郷の台南出身の若者とは、いろいろなかたちで交わりがあった。

勉学のかたわら、徳章をほっとさせるのは、そんな台湾の青年たちと酒を飲んだり、議論をすることだった。

休みの日によく行くのは、法政大学に通う荘紹銘《そうしょうめい》という名の台湾青年の家だった。小田急線の東北沢《ひがしきたざわ》から歩いて四、五分のところにある一軒家だ。

徳章は、隣駅の代々木上原《よよぎうえはら》のアパートに住んでいて、荘の家には徒歩で行き来できた。当時の代々木上原は、駅前に店もほとんどなく、いきなり住宅街と畑などの農地が広がる、のどかなところだった。

荘紹銘は、徳章が警察官だった時代に懇意《こんい》にしていた人物の息子で、その縁で親交を結んでいたのである。

荘紹銘は大学に通いながら、東北沢の家で同じ台南出身の林金釵《りんきんじょ》という女性と家庭を築いていた。すでに男の子二人、女の子一人の三人の子供をもうけていた。

休みの日には、台南出身者たちがこの家に集うのだ。なんといっても夫人の林金釵が気さくで、料理上手だったことが大きいだろう。

お腹が空《す》けば、どんな手料理でも、ささっと出してくれる夫人の存在はどれだけ大きかったかしれない。玄関を入った奥の部屋が応接室で、ここが台湾青年たちのいわば〝溜《た》まり場〟となっていたのである。

台湾人らしい口角泡を飛ばした議論が、休日のたびに繰り返されていた。

荘宅に行きさえすれば、誰かは来ているし、さまざまな新しい台湾情報に接することもできた。徳章もまた、ここに行くことを勉強の合間の息抜きにしていた。

雪梅も、休みが来るたびに、この家に遊びに行っていた。ただし、目的は、青年たちのような口角泡を飛ばす議論などではない。

荘夫人の妹が、雪梅の親友だったのだ。

「私は台南第二高等女学校を出て、ドレメ（ドレスメーカー女学院）に入ったんですが、その親友は文化服装学院の方に来ていました。彼女が、姉夫婦が住むこの東北沢の一軒家に間借りしていたんです。私は休みのたびに、遊びに行っていました」

雪梅は、その時から七十年以上が経った二〇一五年に、筆者にその頃のことをこう語った。

「坂井さん（注＝徳章のこと）は、その家によく来られていました。集まる中では、一番年齢も高く、しかも、抜群に頭がよかったと思います。中央大学に通っていて、私の記憶では、すでに司法試験に合格されていたと思います。だから、いつも坂井さんの言うことに結論が決まる、というか、最後は、坂井さんが仰《おつしや》ることでみんなが納得しました。議論の中心は、台湾人と日本人のことで、台湾人がいかに差別を受けているかというようなことを、いろいろ話し合っていたように思います。

坂井さんのお父様が日本人で、かつて台湾で警察官だったことは皆、知っていました。でも、坂井さんは、いつも台湾人の立場で議論をされていました。私は、そこに集まっていた男性の名前は、ほかに誰も覚えていないんです。でも坂井さんだけは知っていたし、今も覚えています。なんというか、ほかの人にはないオーラを持っていましたからね。とにかく独特の雰囲気を持っていらっしゃった方でした」

雪梅は、不安を抱えながら乗船した富士丸のことも記憶していた。

「坂井さんは、台南の銀座通りの『五福《ごふく》』という雑貨屋さんの息子さんと一緒に乗船されていましたよ。私と同じぐらいの歳の青年です。私も二人連れで、坂井さんも二人連れでした」

駆逐艦に守られているとはいえ、いつ、なにが起こるかわからない危険な船旅である。できるだけ知り合いと一緒に乗りたいというのは、人情だ。

徳章は、台南で警察官だった時代に『五福』の主人、つまり、青年の父親とは懇意だった。そのため、台湾へ帰ってくる時は、「内地留学中の息子も一緒に」と、かねて父親から頼まれていたのである。

徳章は、元警察官で、柔道三段。しかも頭脳明晰《めいせき》で物事の判断力も抜きん出ている。

まさに「そばにいてくれるだけで安心」という頼もしい存在だったに違いない。

男同士の徳章たちは、畳敷きの三等の大部屋にいた。運賃は、ひとり二十円だ。若い女性の雪梅たちは、大部屋とはいかないので、二等に乗っていた。こちらの運賃は、四十五円である。ちなみに一等は六十五円だった。

当時の大卒の初任給が七十五円で、巡査の初任給が四十五円だったことを考えると、「内台航路」の運賃は、相当な高額だったと言える。一等運賃は、今に換算すれば少なくとも二十万円近い額ということになる。

(もし、雷撃されれば、ひとたまりもない。一等も三等も同じだ)

徳章は、そう考えていた。畳敷きの三等の大部屋は、甲板から下りていけば、一番下。脱出するには最も不利だ。しかし徳章は、夜はそこで熟睡し、朝になるとデッキに出てきて、本を読むのである。

船が東シナ海に入ると、デッキ上の徳章は、できるだけ海原を見ることを心がけた。本を片手に、海面に注意するのだ。

魚雷攻撃には、必ず白い航跡が見える。波の間を、航跡を残しながら、迫ってくるのが魚雷だ。たとえ船員が見つけられなくても、乗客が先に見つければ、大声で知らせることもできる。難を逃れる可能性も出てくるのである。

徳章は、わずかな徴候も見逃すまいと、常に海原に気を配っていた。

どうしても台湾に帰りつかなければならない理由が、徳章にはあったからである。

台湾の発展に尽くす「決意」

それには、徳章のこれまで歩んできた人生が大きくかかわっている。

昭和十六年十月に司法科、そして、この帰国の直前、昭和十八年七月初めに行政科の高等文官試験に合格した徳章は、日本社会でエリート中のエリートになったと言える。

叔父・又蔵と養子縁組して、父方の「坂井姓」を名乗るようになった徳章は、両方の国家試験に合格した瞬間から「内地」、特に「東京」でエリートとしての人生を約束されていた。

後述するように徳章は、経済ジャーナリストだった又蔵の関係から「製紙王」と呼ばれた藤原銀次郎《ぎんじろう》にその力を買われていたのだ。

藤原銀次郎は、昭和十五年一月から米内光政内閣で商工大臣を務め、昭和十八年十一月から東条英機内閣で国務大臣、さらに昭和十九年七月からは小磯国昭内閣で軍需大臣を務めることになる政財界の巨頭の一人だ。

その藤原が、徳章を「秘書」兼「ボディガード」として、正式に雇おうとしていたほどだった。

そこには、徳章の類《たぐ》いまれな頭脳と、精強な心身を当初から見抜いていた藤原からの、一種の〝配慮〟も感じとれる。

跡継ぎがいなかった銀次郎は、温厚かつ頑健で、抜群の明晰さを持つ徳章の将来に、特別な期待を寄せていたのかもしれない。

しかし、徳章には、「東京ではなく、台南で人々のために貢献する」という願望を消すことはできなかった。

父・徳蔵が台湾へやって来たこと、父の死後、台湾人の母・湯玉が女手ひとつで、自分を育ててくれたこと、父のあとを継いで警察官として勤め、その職を辞し、志をもって台湾を離れて勉学の道に進んだこと、警察官時代にすでに結婚しており、妻子もいること——さまざまな理由で、徳章は、どうしても台湾に帰らねばならなかった。

なかでも、「母の存在」は大きかった。

年老いた母親に、「もし、東京で生活することになったら、東京へ来てくれるか」と、以前、訊《き》いたことがある。

母の答えは、即座に「だめだめ」というものだった。

台湾から出たことがない母にとって、内地、特に東京など、考えたこともない場所だった。

台湾人に対する差別は、台湾でも厳然と存在している。そもそも給料が違う。同じ職場で働いていても、内地人は、台湾人の六割増しの給与をもらっていた。正確には、本給のほかに遠隔地手当なるものが支給されていたのだ。

しかも、台湾で生まれた〝内地人〟、いわゆる「湾生《わんせい》」にも、この遠隔地手当が適用されていたため、台湾人には、それが完全な「給与差別」と映っていた。

学校も、内地人と台湾人には、同じ成績であっても進学先に明確な差が生じていた。「一等国民」と「二等国民」という言葉もあった。

日本人であり、同時に台湾人でもある徳章には、その差別が誰よりもわかった。両方の立場でものを考えることができたからである。

しかし、あくまで徳章の思考は、「台湾人」としてあった。

幼くして父を亡くしたせいもあっただろう。母が、どれほど苦労しながら自分を育ててくれたかを徳章はよく知っている。差別を受ける側の感覚で、徳章は「なにごとも考えた」のである。

それは、台湾のために働きたいという願望に、いつしか繋《つな》がっていた。いくら難関試験に合格しようと、自分は「内地」ではなく、「台湾」で働くという思いを、常に心の奥に秘めていたのである。

母が、「東京に行くつもりはない」という思いを表明してくれたことで、徳章はある意味、安堵《あんど》したに違いない。

母は、昔の人だけに「檳榔《びんろう》」を好んだ。檳榔とはヤシ科の植物で、この実《み》に石灰をまぜたものが台湾では嗜好《しこう》品として親しまれてきた。

覚醒《かくせい》作用のある檳榔は、なかなかやめることができない。母は、「東京には檳榔がないから」と言った。

それこそが東京に行かない理由だと。その言葉に徳章は、どれだけ救われたかしれない。

「母が、檳榔がないから東京に来ることができない、というんです」

自分が故郷台湾に帰らなければならない理由を、ユーモアを交えてそう語ったものである。徳章の親孝行ぶりはかねて有名だけに、この説明で誰もが納得した。

もちろん徳章自身の胸のうちには、台湾のことを思う輪郭のはっきりした問題意識があった。それは、内地と台湾との大きな「差」について、である。

文化、便利さ、清潔さ、道徳……ありとあらゆるものが、内地と台湾は違っていた。「法律」、そして「秩序」に対する意識についても、市井の暮らしの中で、あるいは行政・司法の勉学を通して、違いを実感させられることが多かったのだ。

だが、逆に言えば、それだけ「台湾社会には発展の余地がある」ということでもある。あらゆる意味で、自分自身が台湾の発展のために貢献できる、ということなのだ。

母と家族と生活を共にしながら、故郷台湾のために力を尽くそう。

徳章は、内地での約束されたエリートとしての生活を選ばず、こうして命の危険を冒してまで富士丸の乗客となっていたのである。それは、養子縁組で父と子となった叔父・坂井又蔵のもとを「去る」ということでもあった。

本当のわが子同然に可愛がってくれた又蔵には、出征中の二人の息子をふくめ、四男二女がいた。従弟妹《いとこ》であり、義理の弟妹ともなった又蔵の子供たちには、二十代後半の長男・周資《しゅうじ》、長女・三保子《みほこ》がいて、まだ十代の次女・磬子《けいこ》と末っ子の鈴馬《すずま》もいた。

厳格な父・又蔵のもとで、戦時下の東京で生きる一家の姿は微笑ましく、徳章は、この新たな家族との別れの辛《つら》さも乗り越えなければならなかった。

徳章の台湾への強い気持ちは、さまざまな思いを克服した上で貫かれたものだったのである。

のちに起きる台湾での動乱に際して、多くの台南市民の命を救うことになる「英雄・湯徳章」は、自らの使命を信じて父の故国から、生まれ育った故郷台湾へと帰っていった。

同じ船で台湾に戻った十八歳の林雪梅は、のちに言語学者であり、台湾独立の政治運動家ともなる王育徳《おういくとく》（注＝のちの明治大学教授）の妻となり、戦後、人権弾圧のさなかの台湾を脱出し、九十歳を超えた現在も元気に東京で暮らしている。

それぞれの運命と希望を乗せた富士丸は、無事、昭和十八年八月初め、台湾の基隆港に到着した。

ちなみに、その富士丸も、わずか三か月後の十月二十七日、東シナ海を航行中、米潜水艦が発射した二発の魚雷を受け、沈没している。

総員避難ののち沈没したため、船客九百三十六人のうち、死者行方不明者は奇跡的に「船客五十人、乗組員三人」だけにとどまったことが記録には残されている。

貨客船「富士丸」の生涯は、昭和十二年四月の処女航海以来、わずか六年半という短いものだった。

第二章　ルーツは「熊本」

熊本県宇土《うと》の名家

徳章の父・坂井徳蔵が熊本県宇土郡宇土町（注＝現在の熊本県宇土市）で生まれたのは、一八七五（明治八）年八月のことである。

坂井家は、酒造業や、ろうそくの原料となるハゼ（櫨）の栽培を手広くおこなっていた資産家だった。

ハゼの実からつくられるろうそくは、肥後《ひご》細川藩の財政を長く潤《うるお》してきたが、もとを辿れば、かの「赤穂《あこう》浪士」とつながる因縁を持っている。

伝承では、主君の仇《かたき》を討った赤穂浪士の大石内蔵助《くらのすけ》が事件後、お預けとなった肥後細川家に手厚くもてなされたお礼として、切腹を前にハゼの栽培と精ろう法を教えたのが起源とされている。

ハゼの苗木《なえぎ》を取り寄せ、栽培に励んだ細川藩の財政は潤い、長く和ろうそくの産地とされてきた。まさに「大石殿の恩義」によるものである。そのハゼの栽培を広大な敷地で営んでいたのが坂井家だったのだ。

また、宇土の中心地に酒造のための大きな酒蔵も持ち、この二つの事業が、坂井家を支えていた。

徳蔵の父・坂井民治《たみじ》は、宇土の町会議員や水利《すいり》委員も務める名士だった。

当時の町会議員は、高額の税金を納める地方の名士が、同じく税金を一定以上納めている〝有権者〟の投票によって選ばれた。

民治は、明治二十二年四月十八日に行われた第一回の宇土町会議員選挙に、第六位で当選している。

また水利委員とは、日本最古といわれる宇土の「轟泉《ごうせん》水道」の運営を任された委員である。轟泉水道とは、初代の宇土藩主となった細川行孝《ゆきたか》によって、白山麓《はくさんろく》の水源から宇土のご城下まで引かれた総延長四千八百メートルにおよぶ瓦管《かわらかん》による「水道」のことだ。

轟《とどろき》水源から届く綺麗《きれい》な上水によって宇土城下では、酒造りが盛んにおこなわれた。

この轟泉水道の管理は、地域の有力者たちに代々、任されてきた。

町会議員選挙が実施された同じ年に、水利委員は、轟泉水道に関係する五町村から、選挙によって十五人が選出された。民治はその委員にも選ばれている。

民治は妻・セイとの間に徳蔵を頭に三人の男子と一人の娘をもうけた。長男・徳蔵、次男・収蔵、長女・サム、三男・又蔵である。

徳蔵は、資産家だった坂井家の中で異彩を放っていた。通常なら資産家の御曹司、つまり、名家の跡取り息子として、恵まれた人生を歩んだはずである。

しかし、徳蔵は違った。幼い頃から親が手を焼くやんちゃ坊主で、そのまま奔放な肥後青年へと育っていく。豪放磊落《らいらく》な徳蔵の性格は、幼い頃、彼の〝間近《まぢか》〟で起こった大事件と無縁ではないだろう。

徳蔵が二歳の時、明治政府を揺るがす大動乱が九州で勃発《ぼっぱつ》している。西南戦争だ。

「征韓論」に敗れて明治政府から退き、故郷・鹿児島で私学校を営んでいた明治の元勲・西郷隆盛――明治政府の武士解体政策に不満を抱く不平士族たちから、絶大な支持を集めていたその西郷が、薩摩《さつま》の青年たちに推《お》されて、ついに決起したのが、明治十年二月のことだったのだ。

肥後に向かってくる西郷軍に騒然とする大人たちのようすを、わずか二歳の徳蔵にわかったはずもないが、その後、このすさまじい戦《いく》さの模様は、肥後のやんちゃ坊主たちの間で、武者震《ぶる》いを伴う話として、語られていく。

熊本城をめぐる五十日を超える攻防戦も、結局、守る側が凱歌《がいか》を揚げている。

「我らは官軍に負けたのではない。(加藤)清正《きよまさ》公に敗れたのだ」

熊本城を陥《お》とすことができなかった西郷のこの言葉は、あまりにも有名だ。

西郷軍が激戦の末、肥後を越えることができず、西南戦争が〝士族最後の反乱〟として終結するのは、なんといっても「肥後熊本」の誇りとなった。

雨は降る降る　人馬《じんば》は濡れる
越すに越されぬ　田原坂《たばるざか》
右手《めて》に血刀　左手《ゆんで》に手綱《たづな》
馬上ゆたかな　美少年

山に屍《しかばね》　川に血流る
肥薩《ひさつ》の天地　秋にさびし
草を褥《しとね》に　夢やいずこ
明けのみ空に　日の御旗《みはた》
泣いてくれるな　かわいの駒よ
今宵しのぶは　恋でなし
どうせ死ぬなら　桜の下よ
死なば屍《かばね》に　花が散る
田原坂なら　むかしが恋し
男同士の　夢の跡
春は桜よ　秋ならもみじ

夢も田原の　草枕

今も民謡として歌い継がれる田原坂の激戦をはじめ、血湧き、肉躍る戦さの話は、肥後の少年たちの心を捉えて離さなかった。

「肥後もっこす」とは、正義感が異常なほど強く、一度決めたら梃子《てこ》でも動かないという頑固な肥後熊本の男たちを象徴する言葉だ。その気質は、この名家の御曹司に脈々と受け継がれていたのである。

「意地は熊本、気は薩摩」

曲がったことは大嫌いで、しかも誇りと反骨精神を併せ持った熊本人の性格は、隣の薩摩人の意気盛んな性質と比較され、そんな言葉であらわされたものである。

徳蔵は、裕福な家庭に育ちながら、そんな〝肥後もっこす〟そのものの青年に育っていった。

日清戦争がもたらしたもの

徳蔵の成長は、明治政府の統治が安定してくる時期と重なっていた。

欧米列強に追いつけ追い越せという明治政府の「富国強兵」「殖産興業」政策は、日本を短期間で、近代国家へと変貌《へんぼう》させていた。

徳蔵が十八歳の時、ついに血気盛んな若者たちが息を呑《の》む出来事が到来した。

日清戦争である。

〈元来日本国の宣言する所にては、今回の戦争はその意全く朝鮮をして独立国たらしめんにあり〉

陸奥宗光《むつむねみつ》・外務大臣が外交記録『蹇々録《けんけんろく》』に自らそう記している通り、「朝鮮半島」の支配権をめぐって、日本と清国は、ついに激突したのである。日本は、長くアジアの最強国とされた清国と雌雄を決することになったのだ。

戦争は、「国民皆兵」策によって急速な近代化に成功した日本が清国を圧倒し、清国が誇った艦船「経遠《けいえん》」「致遠《ちえん》」「超勇《ちょうゆう》」などの北洋艦隊は、黄海《こうかい》海戦で壊滅した。

開戦九か月後には、早くも下関で講和会議が開かれている。

休戦を求める清国の全権、李鴻章《りこうしょう》は、宿舎近くで日本の青年に狙撃され、顔面に重傷を負う。しかし、これで、逆に日本側が交渉を有利に進めることができなくなり、結局、「停戦」に際して、李鴻章側の言い分が通る。

だが、翌月の一八九五年四月、関門《かんもん》海峡を望む高台に建つ料亭「春帆楼《しゅんぱんろう》」で結ばれた講和条約(「馬関《ばかん》条約」とも呼ぶ)では、日本は、清国から「遼東半島」「台湾」「澎《ほう》湖《こ》諸島」の割譲を受けるのである(注=のちに三国干渉によって「遼東半島」は清に返還された)。

台湾は、日本が明治政府発足以来、初めて対外戦争によって獲得した新領土となった。その時の日本の興奮ぶりは、「帝國祝捷《しゅくしょう》大煙火」と銘打って全国各地で祝賀の花火大会が催されたことでもわかる。

青年よ、台湾へ――。

それは、鬱屈《うっくつ》していた日本の青年たちの気持ちをこの上なく湧き立たせる慶事だった。

しかし、台湾は清国が「化外《けがい》の地」と呼ぶ島でもあった。治安や衛生状態が悪く、清国によって「文化の及ばない地」とされていたのだ。

そこを統治するには、なによりも「治安」の確立が不可欠だった。

清国から台湾の割譲を正式に受けたにもかかわらず、実際には、清国が糸を引く日本統治反対の武装蜂起《ほうき》が台湾全島で相次いだ。

これを平定するために、日本は、北白川宮能久親王《きたしらかわのみやよしひさ》を師団長とする「近衛《このえ》師団」を台湾に派遣し、およそ五か月で、これを平定。しかし、当の北白川宮能久親王は陣中でマラリアに罹《かか》り、台湾全土平定直前に台南で薨去《こうきょ》した。

終焉《しゅうえん》の地には「台南神社」が建てられ、日本統治時代を通じて、長く祀《まつ》られることになる。そして、この台湾平定戦と並行して、内地で実施されたのが、「警察官の募集」である。

平定した地の「治安」を守るのは、今度は警察の役目だ。

馬関条約締結後、三か月を経ないうちに、日本では台湾での「警察官」の募集が大々的におこなわれた。

全国で頑健なる若者が募られたが、その中心は、あくまで「九州」だった。

台湾への「道」

北部は亜熱帯、南部は熱帯に属するモンスーン気候の台湾には、マラリアをはじめとする日本では見られない謎の〝風土病〟も存在していた。そんな環境に耐えうるのは、東北や関東に生まれ育った男たちではなく、「九州男児ではないか」と考えられたのは、当然だっただろう。

「俺は台湾に渡る」

国が苦境に打ち克《か》つ人材を求めているならば、その仕事に身を投じたいと、坂井徳蔵は熱望していた。

しかし、この時、坂井家には大きな変動が生じていた。徳蔵の父であり、当主だった坂井民治が死去するのである。

民治の病名については、記録がない。だが、日清戦争のさなかに突然、坂井一族のリーダーである民治が逝《い》ってしまったのだ。

台湾への道か、それとも熊本か――。

一族の動揺がつづく中、徳蔵が選んだのは、台湾への道である。台湾の治安を確立する仕事にやり甲斐《がい》を覚えたのだ。

(今こそ俺が台湾へ)

すぐ下の弟・収蔵は十六歳、末っ子の又蔵は、まだ十歳である。しかし、弟が二人もいるのだ。

自分が台湾に行こうと、坂井の家は、二人の弟が守ってくれる。

それが、徳蔵に大胆な行動をとらせた理由のひとつとなった。

小さい時から親が手を焼く〝きかん坊〟でありつづけた徳蔵が、一度、言い出したらきかないことは、一家の誰もがわかっている。一旦《いったん》、決めたら、梃子でも動かないのが、〝肥後もっこす〟だ。

逆に、当主であり、絶対的な力を持つ父・民治が生きていたら、徳蔵の台湾行きは「許されなかった」だろう。その意味では、徳蔵がなにかに導かれるように、台湾を目指したのは、運命的なものだったのかもしれない。

台湾へ向かう警察官を採用する試験は、厳重な審査によっておこなわれた。試験には、熊本県下全域から、多くの若者が馳《は》せ参じた。腕に覚えのある青年たちが新天地での活躍を夢見て集結したのだ。そして、徳蔵は、見事合格する。

熊本・宇土の資産家の御曹司、二十歳となったばかりの坂井徳蔵は、一八九五年、こうして台湾へと旅立っていった。

台湾と日本の〝絆《きずな》〟を縒《よ》り合わせる「坂井家」の〝五代百二十年〟の激動と波瀾《はらん》は、この時、始まったのである。

反乱おさまらぬ台湾

徳蔵をはじめ、台湾を目指した若者が衝撃を受けた事件がある。台湾では、今も「芝山巌《しざんがん》事件」として有名な「六氏先生」が殺害された事件だ。

日本は、台湾統治の基本に当初から「教育」を据《す》えていた。

「台湾統治には、教育を最優先すべきである」

文部官僚の伊沢修二《いざわしゅうじ》（注＝のちの貴族院議員）は、初代台湾総督・樺山資紀《かばやますけのり》にそう進言し、台湾統治が始まった翌月の六月には、早くも日本全国から集めた教育者七名を連れて台湾へ渡っている。

伊沢は、彼らと共に台北の北部・芝山に「芝山巌学堂」という小学校を設立して、まず台湾の子供たちに日本語を教え始めたのだ。

生徒わずか数人から始まったこの学校は、年末には数十人規模へと発展していた。

だが、伊沢ともう一人の教師が、その年の暮れに日本に帰ったあと、悲劇は起きた。

日本への割譲からまだ半年しか経っていないこの時期、日本の統治に反対する勢力による暴動が台湾各地で起こっていた。台北も例外ではなかった。

年が明けた元旦のことだった。ある住民が、芝山巌学堂の日本人教師たちが狙われている、という情報を聞き込んできた。芝山巌学堂が襲撃される、と。

「一刻も早く逃げてください！」

教師たちの命を守りたい一心で、住民たちは六人の教師に訴えた。

しかし、教師たちは、その懇願に耳を傾けようとはしなかった。のちに台湾で「六氏先生」と讃《たた》えられることになる六人の教師のこの時の言葉が現在に伝わっている。

「我らは教育者。身に寸鉄《すんてつ》を帯びず」

「死して余栄《よえい》あり、実に死に甲斐あり」

余栄とは、死後の名誉のことである。

自分たちは、「教育」に命を懸けて台湾にやってきた教育者である。身に戦うものなど一切つけない。逃げるつもりもない。その結果、たとえ死んだとしても名誉が残る。実に死に甲斐のあることだ――。

決然とそう言って逃げようとしなかった六人の教育者たちを襲ったのは、およそ百人の暴徒たちだった。六人は、暴徒たちを説諭しようとしたが、功を奏することはなく、惨殺されるのである。

暴徒たちは、用務員を含めた七人の首をはねた上に、芝山巌学堂にあった金品を強奪した。

殺された六人の教師とは、かの吉田松陰の甥《おい》である楫取《かとり》道明（三七）を筆頭に、関口長太郎（三六）、中島長吉（二五）、桂金太郎（二六）、井原順之助（二三）、平井数馬《かずま》（一七）である。

この事件は、日本と台湾双方に衝撃を与えた。

それと共に、死を覚悟した上で、暴徒の襲撃から逃げようとしなかった日本の教育者たちの毅然とした態度に台湾の人々は驚愕《きょうがく》した。

「死して余栄あり、実に死に甲斐あり」

彼らのその言葉が語り伝えられ、やがて、台湾の教育にかけた「六氏先生」の犠牲的な精神は、「芝山巌精神」と呼ばれるようになる。

遺骸《いがい》が葬られた芝山公園は、今では台湾教育界の聖地となり、李登輝《りとうき》元総統をはじめ、その後の指導者や教育界の重鎮たちの精神的支柱となったことで知られている。

犠牲者の中でも、特筆されるのは、わずか十七歳で台湾へ派遣される教育者の一人に選ばれた平井数馬である。「神童」と呼ばれるほどの抜群の頭脳と、優れた柔剣道の才を持っていた数馬は、徳蔵と同じ熊本の出身であり、年齢は徳蔵より三歳下だった。

台湾に行くことは、疫病《えきびょう》や風土病の怖さだけでなく、治安の面でも、まさに命がけだった。暴動の鎮圧という任務で赴くのであればまだしも、台湾子女の教育に情熱を注ぐ者たちでさえ、命の覚悟が必要だったのである。

当時の台湾には、日本の寺子屋に近い「書房」と呼ばれる私塾が存在していたが、児童の就学率は、わずか〇・五パーセントに過ぎなかった。

ところが、「芝山巌精神」に基づくその後の教育の普及はめざましく、半世紀にわたる日本の統治の結果、台湾の就学率は、ほぼ七〇パーセントを超え、識字率もおよそ九〇パーセントとなり、世界の教育水準の最先端をゆくほどのものになっている。

今でも、台湾では「勇気を持ち、正直、かつ勤勉であり、約束を守ること」を「日《リッ》本精神《プンチェンシン》」と表現することがある。そのもとは、この「芝山巌精神」にある。

「六氏先生」の死が、まさに「死して余栄あり、実に死に甲斐あり」という言葉通りのものになったことを思うと感慨深い。

「六氏先生」の悲劇は、徳蔵たち台湾の「治安確立」のために海を渡った若者に、「覚悟」を促す大きな出来事となった。

その覚悟とは、台湾を「第二の故郷」とし、ここに「骨を埋める」という固い意志である。中途半端な気持ちで台湾へ渡った若者はほとんどいなかった。そして、実際にその気持ちは、生涯を通じて示されることになる。彼らの多くが内地に帰ることは、現実にほとんどなかった。徳蔵もその一人であり、彼が歩んだ台湾での人生は後述する。

台湾に渡った徳蔵ら警察官の奮闘には、多くのエピソードが残っている。

日本統治に反対する人々の暴動は、なかなか収まらなかった。台湾全島に散らばった日本人警察官は、治安維持だけでなく、日本語の普及など、教育の最前線に立つ役割も負った。

日本による台湾統治は、欧米各国がアジアで展開した植民地経営とは異なり、あくまで「日本」という「内地」の延長だった。だからこそ、日本の警察官も、誇りと覚悟をもって、任に当たったのだろう。

同じ警察官でも、平野部と山間部では、まるで勤務の実態が違った。天と地ほどの「差」といっていいだろう。平野部は、いわゆる台湾人相手の町の中の治安維持であり、山間部は、主に先住民相手である。

首狩りの風習をつづける先住民も多かった台湾の山間部に駐在することは、そのまま「命をかけた勤務」となった。

そこで問われたのは、威厳と勇気と度胸である。このうちのどれが欠けても、任務を全うすることはできなかった。

日本統治時代の台湾で、「一番威張っていたのは警察官だった」とよく言われた。しかし、威厳と勇気と度胸がなければ、たったひとり山間部に駐在することなど、とてもできるものではなかっただろう。

日本人警察官は、「威張っていた」というより、いつも、人々に「威厳と勇気と度胸」を見せることに腐心していたのである。

徳蔵が勤めたのは、台南県だった。

当時の台湾で栄えた三大都市を表わす「一府《ふ》、二鹿《ろく》、三艋舺《もうこう》」という言葉がある。一の「府」とは府城、すなわち「台南」のことで、二の鹿は鹿港と呼ばれた港を有する「彰化《しょうか》」を表わし、艋舺とは萬華、すなわち「台北」を指していた。

台南は台湾随一の都市であり、同時に古都でもあった。鄭成功《ていせいこう》が一六六二年にオランダを追放してから二百二十年あまり、台南は、台湾の「首都」だったのである。徳蔵は、ここで警察官としての生活をスタートさせたのだ。

第三章　父の死

「内台融和」とは

「内台一如《いちじょ》」という言葉がある。

日本が台湾統治の基本に「教育」を据えたのは前述の通りだが、台湾総督府は、台湾古来の風俗、信仰、習慣、生活も同時に尊重している。

日本は、のちに支那《しな》事変（日中戦争）が勃発《ぼっぱつ》（一九三七年）して以降、「皇民化政策」を採《と》っていくが、徳蔵が台湾で意欲を持って勤務を始めた頃は、「内台一如」のスローガンのもとに新しい国づくりがおこなわれていた。

鉄道を敷き、道路を通し、灌漑《かんがい》を施し、製糖業をはじめとする台湾独特の産業を興していくのである。

内台一如とは「内台融和」、つまり日本の「内地」と「台湾」をいかに融合させていくかという方針を表わした言葉である。

その中で大きな役割を果たしたのは、「日本語の普及」である。

台湾は「多言語国家」であり、多くの言語が使われている。主に山間部に住む先住民は、それぞれの部族の言葉を話し、平野部では、大陸の福建《ふっけん》南部から台湾に移り住んだ人たちが使う福建語がベースになった台湾語、あるいは客家《ハッカ》系の人々が使う客家語などが話されていた。

多彩な言語が特徴の台湾に、新たに日本語が入っていったことは、台湾社会に大きな影響を与えることになる。

日本語が「共通言語」となり、これが広まっていくにつれ、台湾に住む多民族が、互いに意思疎通をおこなうことができるようになったのだ。

台湾の山岳部の部族には、前述のように「首狩り」を風習とするものも少なくなかった。狩り場をめぐって部族間の衝突は頻発《ひんぱつ》しており、敵の部族の首を狩ったり、狩られたり……という事態まで発展していくことがあった。

しかし、そこに「日本語」という共通語が入ってきたのである。共通言語の存在は、彼らの争いごとを決定的に減少させる要因となった。

極端な話、峠で出会った対立しあう部族同士が、共通の言葉で挨拶《あいさつ》をすれば、争いは「避けられる」わけである。

「おはよう」

「こんにちは」

たったそれだけの挨拶で、「首を狩るか、狩られるか」の事態を避け、お互いが「通り過ぎる」ことができるようになったのだ。日本語の普及は、そんな大きな意味を持っていたのである。

今も台湾山岳部で古老が、なつかしそうに昔の日本語でそのまま語りかけてくるシーンに出会うのは、その頃の名残《なご》りでもある。

「内台一如」「内台融和」

理想に燃えて、多くの若き警察官が、台湾全土で勤務に励んだ。そして、任地で日本語を教えるのも、彼らの大きな使命でもあった。

山間部の集落に、たった一人で駐在する警察官が教える日本語が、やがて台湾の「共通語」となっていくのである。

徳蔵が、一人の若き台湾女性に恋をするのは、明治三十年代半ばのことである。日露戦争が近づく不穏な時代の空気は、次第に台湾の片田舎にも伝わっていた。

二十代後半を迎えた徳蔵は、台南市街から三十五キロほど東にある台南庁内新化《しんか》南里南庄《なんしょう》という地に駐在していた。

一帯は、マンゴーの産地として知られ、阿里山《ありさん》山脈の南端部に広がる高原地帯である。たとえ暑くても、一年を通じて爽《さわ》やかな風が吹き抜けるこの地が、徳蔵は気に入っていた。どこか故郷・熊本にも似ているような気がしたのかもしれない。

徳蔵が恋した相手は、湯玉といった。徳蔵よりひとまわり下で、まだ十代の湯玉の楚々《そそ》としたかわいさに、徳蔵は惹《ひ》かれた。

日本人警察官と赴任先の台湾人女性――同僚は、警察の上司や関係者が勧める見合いによって、続々と結婚していた。しかし、徳蔵は、そんな見合いには、目もくれなかった。

そもそも、徳蔵は、〝常識〟や〝慣習〟にとらわれるのが大嫌いだった。

熊本・宇土の「坂井家」という、人も羨《うらや》む一族に生まれながら、それに背を向けて、台湾の大地に向かった男である。普通の人生、いや、他人の生き方とは一線を画すのが、徳蔵の持って生まれた性分と言えた。

(俺は、台湾人と一緒になる。それこそが〝内台一如〟じゃないか)

〝肥後もっこす〟徳蔵に、迷いはなかったのである。

徳蔵と湯玉が結ばれたのは、明治三十五(一九〇二)年のことだった。

しかし、当時の台湾には、〝内台一如〟というスローガンとは、まったく裏腹の制度が存在していた。

既述のように、〝内地人〟と呼ばれた日本人と、台湾人との婚姻は、「許されていなかった」のである。まさに「内台融和」「内台一如」と矛盾したものというほかない。内地人と台湾人との結婚を推進しようという動きが生まれ、「内台共婚法」ができ、両者の婚姻が許されるようになるのは、徳蔵が家庭を持ってから、三十一年後の一九三三年のことだ。

これ以前に、政府の方針に反して台湾人女性と「家庭を持つ」ことは、警察内における徳蔵の地位や出世に当然、影響があっただろう。

しかし、一度決めたらそれを貫く肥後もっこすは、出世や、警察内での空気に影響を受けるようなことがなかったのだ。

徳蔵は湯玉と家庭を築き、二男一女をもうけた。

長女の柳《りゅう》は、明治三十六年三月に生まれ、長男・徳章は、その四年後の明治四十年一月、さらに次男・徳次郎《とくじろう》が明治四十四年三月に生まれた（徳次郎は七歳で夭折《ようせつ》）。

この長男の徳章こそ、のちに〝台南の英雄〟と讃《たた》えられる坂井徳章、台湾名・湯徳章その人である。

残された「坂井家」のその後

徳蔵が去ったあとの「坂井家」は、どうなったのだろうか。そのことについても、簡単に触れておこう。

熊本・宇土の資産家だった坂井家は、その後、大きな時代の流れに巻き込まれていく。明治の近代化とは、すなわち、急速な「電化」を意味するものでもあった。

坂井家が収入の柱にしていたハゼの栽培は、前述のように和ろうそくの生産のためである。だが、次第に進んでくる「電化」は、その事業を直撃する。

熊本県に「熊本電灯株式会社」ができたのは、一八九一（明治二十四）年七月のことだ。宇土は、県内でも電灯の整備が他に先駆けて進み、電化の嵐は、宇土にかぎらず、九州一円を次第に煌々《こうこう》と照らし出していくことになる。

当時、福岡に九州の盟主たる地位を奪われつつあったものの、まだまだ熊本は、九州随一を誇る都市だった。

東シナ海の彼方にある大陸や台湾に航路が開かれている熊本は、自分たちの住む地こそ、日本の「玄関」であり、「代表」であるという強い意識を持っていた。

その地が、九州の中でも真っ先に電化されていくのは、当然だった。和ろうそくの事業は急速に衰えていき、資産家「坂井家」に大きな翳《かげ》りが生じていたのである。

追い打ちをかけたのが、宇土を発信源とする「金融恐慌」である。

宇土の歴史を綴《つづ》った『新宇土市史　通史編』（第三巻）には、こんな記述がある。

〈一九〇〇（明治三三）年ももはや暮れようとしている一二月二五日、熊本第九銀行が突然支払い停止を行った。この事件をきっかけに金融恐慌が全国に波及した。熊本の銀行が、日本における金融恐慌の引き金になったのである。翌年早々には北九州地方の銀行を襲い、やがて関東に及び、ついで関西に波及した〉

それは、全国的な金融恐慌の始まりだった。

この文章に出てくる熊本第九銀行とは、熊本を代表する銀行だが、もとは、豪商や資産家が資金を出し合った、いわゆる「講」からスタートしている。

当時の熊本の資産家たちは、地元の「講」に多額の資金を醸出《きょしゅつ》し、地域の経済発展を支えてきた経緯がある。

郷土史の研究家でもある髙木恭二《きょうじ》・宇土市民会館館長は、こう語る。

「その金融恐慌のもともとの発信に、宇土は大きくかかわっています。九州商業銀行というのがあったんですが、これは、宇土の銀行が熊本に進出したものです。講から始まったもので、資本のもとは宇土の資産家たちなんです。ここも苦しい対応を迫られました。この時、宇土の町会議員をやっていたり、水利組合に名前の出ている有力者たちが、かなりいなくなっています。有力者たちが、ほとんど宇土から出ていかざるを得なくなったのです」

不渡りを出したり、会社が倒産に追い込まれたりするのは、いつも「突然」、起こるものである。

「坂井家の痕跡《こんせき》が宇土から消えるのもこの頃なので、おそらく宇土の経済が破綻《はたん》したことが影響しているのではないでしょうか。この時の経済破綻は熊本県内から北九州へと波及し、全国に影響が広がっていきます。明治三十三年十二月から三十四年の四月の間がどん底で、九州一円で金融恐慌となりました。連鎖的に銀行が破綻していったのもこの頃です」

宇土を代表する資産家のひとつだった坂井家も、この時期に宇土から姿を消している。ほかの多くの名家と同様、坂井一族もまた、時代の荒波を乗り切ることができなかったと推測される。

坂井家が宇土を去って百年以上経った今も、坂井家のよすがが残るのは、宇土市本町にある「熊井《くまい》醬油《しょうゆ》合名会社」だ。旧宇土城のご城下の中でも、特に「門内《もんない》」と名づけられた一等地にある。

そこの大きな敷地を使って坂井家は酒造業を営んでいた。しかし、明治三十二年に、坂井家は土地・家屋と酒造業に必要な大樽《おおだる》や桶《おけ》に至るまで、すべてを同社に売却している。

売却したのは、徳蔵に代わって坂井家の当主となっていた次男の坂井収蔵である。

熊井醬油合名会社の現在の当主、熊井良洋《よしひろ》（六七）はこう語る。

「酒造と醬油の醸造は、使う道具が同じなんです。私どもの曾祖《そうそ》父《ふ》である熊井安平《やすへい》が明治二十七年に創業したのですが、明治三十二年になって、ここを坂井家から買い取ったようです」

熊井家には、その時の坂井家からの土地売渡証が今も保存されていた。

〈土地賣渡證《うりわたししよう》

一金百五拾圓也

宇土郡宇土町大字宇土字門内八百四番弐

郡村宅地七畝拾八歩

右之土地今般貴殿へ

賣渡代金正ニ領収《りようしゆう》仕《つかまつり》候《そうろう》為後証《こうしようのため》

依而《よつて》如件《くだんのごとし》

宇土郡宇土町宇土五百八拾五番地

明治参拾弐年拾弐月十二日　坂井収蔵

全《どう》郡全町全所五百九十番地

熊井安平殿〉

そこには、「坂井収蔵」の名と「売買金額」が、しっかりと記されていた。

経済破綻と金融恐慌が重なる明治の大不況の中で、坂井家は、先祖伝来の地「宇土」から去った。そして、その後の坂井家は、苦難の道を歩む。

収蔵は、兄・徳蔵が台湾に渡ったのと同じく、新天地を求め、朝鮮に向かう。しかし、その地で、収蔵はわずか二十七歳で生涯を閉じている。病死なのか、不慮の死なのか、それを知るものは誰もいない。ただ、坂井収蔵の戸籍には、〈定州にて死去〉と記されているだけである。

一方、三男・又蔵は東京へ出て勉学の道を進み、明治大学で学ぶ。又蔵は、のちに朝日新聞の記者となり、朝日から独立した後、前述のように安田《やすだ》財閥の総帥・安田善次郎の生涯を描いた『銀行王安田善次郎』を著わしている。

徳蔵にとっては末弟にあたるこの又蔵に、息子・徳章が、帝都・東京で世話になり、大いなる影響を受けることになるとは、想像もつかなかっただろう。

日本人を父とし、台湾人を母とする徳章は、すくすくと育っていく。

しかし、その幸せな一家を突然の悲劇が襲うのは、一九一五年八月のことだ。「西来庵《せいらいあん》事件」、または「噍吧哖《タパニー》事件」とも呼ばれる大事件が、徳蔵の勤務する地で起こるのである。それは、徳章の人生を「根本から変える」ものとなった。

西来庵事件

「徳章、声は絶対に出すな。静かに行くんだ」

それが、坂井徳蔵が息子、徳章にかけた最後の言葉となった。

「子供たちを頼む」

徳蔵は、妻の玉の目を見て短く言うと、長女の柳の頭を撫《な》でた。

深い眠りからいきなり揺り起こされた子供たちには、事情が呑《の》み込めない。まだ四歳に過ぎない次男の徳次郎は、母の胸に抱《いだ》かれ、眠ったままだ。

八歳とはいえ、徳章には、父と母の切迫したようすから、「ただならぬことが起こった」ことだけはわかった。

「いいか。裏口からだぞ。頼む」

徳蔵は、かたわらに立っている用務員の黄木春《こうぼくしゅん》にそうひと言だけ残すと、そのまま派出所の建物に向かった。父は、振り返らなかった。

それが、家族が見た父の最後の姿となった。

「さあ、行きましょう!」

感傷に浸《ひた》っている時間などなかった。黄木春に促された母子四人は、すぐさま敷地の裏口に走った。徳章は、黄におぶってもらった。十二歳の姉、柳の手は、母親にしっかりと握られている。

黄木春は、母子にとってまさに命の恩人だ。そもそも〝異変〟を知らせたのは、黄自身だったのだ。

派出所からの帰路、南庄の町はずれで、手に手に銃や槍《やり》、斧《おの》、あるいはナタなどを持った暴徒たちの姿を目撃した黄木春は、

（派出所だ。派出所を襲うつもりだ……）

そう直感した。そして、物陰から彼らのようすを窺《うかが》い、ただちに派出所に「取って返した」のである。

一九一五年八月二日午後十一時過ぎのことである。

台南庁の噍吧哖支庁に属する南庄警察官吏派出所――彼らの襲撃目標は、坂井徳蔵が勤務する、まさにその派出所だった。

派出所と言っても、日本のものとは規模が違う。交番のような小さなものではなく、立派な警察署である。二階建ての建物と、裏には、警察官宿舎も併設されている。勤務する警察官も十名以上いた。宿舎のほうは平屋だが、家族持ちも、独身者も、それ

ぞれ独立してそこで生活しているのである。

黄がもたらした一報は、派出所を一気に緊迫させた。すでに一か月近く前に〝襲撃事件〟は始まっていたからである。

七月九日朝四時頃、突然、「甲仙埔支庁《こうせんほ》」の三つの警察派出所が暴徒に一斉に襲撃された。甲仙埔支庁は噍吧哖支庁の東隣に位置している。暴徒は、手に手に刀や槍を持ち、人々が寝静まった払暁《ふつぎょう》、いきなり警察官やその家族を襲ってきたのだ。

この最初の蜂起《ほうき》で犠牲になった日本人は、三十四人に達した。のちに「西来庵事件」、あるいは「噍吧哖事件」と呼ばれる事件の始まりだった。

現在の台湾では、この事件は英雄的な「抗日事件」と捉《とら》えられているが、事件の実態は、かなり異なる。

首謀者の余清芳《よせいほう》は、台南市の中心部にある宗教施設「西来庵」で、神様のお告げを伝える者として活動していた人物だ。もともとは巡査でもあったが免職となり、放浪生活の中で、日本への恨みを募《つの》らせていた。

余は西来庵で神様の〝お告げ〟を人々に説明する内に、次第に自分が「帝」となることを夢想するようになる。

余は、「大明慈悲国《だいみんじひこく》」という国の大元帥《だいげんすい》であると名乗り、蜂起にあたっては、「大明慈悲國奉旨平台征伐天下大元帥余」として、信者を事件へと導いたのである。

しかし、決起の前に計画が発覚し、町の中での蜂起をあきらめ、身を隠すことになる。台南から山間部に移った余清芳は、自分の信者や日本の統治に不満を持つ農民たちを集め、派出所を襲ったのだ。

日本に対して不満を持つ農民は当時、少なくなかった。

理由は、日本が統治にあたって、農地を測量し、収穫量や税額などをできるだけ正確に把握しようとしたことにある。

台湾の農民にとっては、それまでは、土地の登録の必要もなく、納税もなかった。土地を耕作することによって生じる税金の存在を「知らなかった」と言っていいだろう。

しかし、日本の統治下で、農地の所有権の登録が必要になり、納税の義務も生じたため、農民の間に不満が生じ、それが年月を経るごとに沈殿し、マグマのように爆発を待っていたのである。

西来庵事件の研究者として知られる陳信安《ちんしんあん》・嘉南《かなん》薬理科技大学観光事業管理系助理教授は、農民が加わったこの事件のありさまをこう語る。

「もともと事件は、余清芳による宗教的色彩の濃いものでしたが、同時に日本の統治に不満を抱く農民、あるいは、もともと山の人々には、反日の意識を強く持っている人も多く、彼らが、余清芳の呼びかけに応じたため、事件が大きくなっていったのです」

それは、予想を超えるほどの規模になっていったという。

「余清芳は、大変、頭のいい人間です。当初、お金と人を集めるために宗教を利用しました。神様が新しい国をつくれと言っている、というお告げがあったとしたのです。しかし、最終的には宗教とは関係なくなっています。彼らは、日本の統治に反対してはいましたが、別に、清の時代に戻りたかったわけではない。むしろ、日本の統治から独立をしたかった。余清芳は、〝大明慈悲国〟という自分の国を建て、自身が皇帝になりたかったのです。つまり、宗教的なものから始まり、そこに反日の意識を強く持っている人たちが同調し、さらに、税金に苦しみ、生活ができないことへの不満を持つ農民たちが加わったということです。そして多数の犠牲者が出る大きな事件となっていきました」

首謀者の余清芳は、まだ三十八歳だった。

暴徒たちは、甲仙埔支庁内の山の中を転々としながら、次に、台南庁（注＝五年後に「台南州」となる）の噍吧哖支庁へと移動してきた。そして、徳蔵が勤務する南庄警察の派出所を襲ったのである。

暴徒の数は、三百とも五百とも言われる。守る警察は、吉田國三《よしだくにぞう》警部補を筆頭に徳蔵を含む十四人の警察官である。

圧倒的な人数差がある戦いは、激しいものとなった。

道路に接した派出所の敷地への入口に急遽《きゅうきょ》、土嚢《どのう》を積み上げた徳蔵らは、襲いかかる暴徒たちに銃で応戦した。

暴徒側にも銃はあったが、主な凶器は、刀と槍と斧である。

（頼む。無事、逃げてくれ）

徳蔵は、戦いながら徳章たちの無事を祈ったに違いない。

撃ち合いから始まった攻防戦は、やがて数の力に警察側が押されるようになる。その時、余清芳は、〝火炎瓶〟攻撃へと戦術を転換する。空き瓶にガソリンを入れた中に、干し草や紙くずを入れ、これに着火するのである。

多勢に無勢の中で一人、また一人と斃《たお》れていく巡査たち。防御が次第に手薄になっていく中で、窓をめがけて火炎瓶が投げ入れられた。

派出所や宿舎から炎が噴き出した時、暴徒は一挙に派出所の敷地内になだれ込んだ。

（だめだ……）

徳蔵ら警察官は、絶望の中で、それでも暴徒と組みあい、あるいは、一人で何人もの敵を相手に奮戦した。

南庄派出所と宿舎は、業火《ごうか》に包まれた。

建物が大炎上していく中、警察官たちは次々と討ち取られていった。台湾の秩序と治安の確立のために理想に燃えて内地からやって来た男たちは、こうして渡台後二十年を経て、その生涯を閉じるのである。

徳蔵、この時、満四十歳。犠牲者は、吉田警部補ら十四名の警察官と、その家族を合わせて二十二人に及んだ。逃げ遅れた家族は、外に脱出するより、派出所内にいる方が生き残れる可能性があると判断したためだった。また暴徒の手を逃れて派出所に逃げ込み、逆に命を落とした者もいた。

満八歳の徳章は、派出所の用務員だった黄木春と、父・徳蔵の機転のおかげで、かろうじて「命を拾う」のである。

苛烈《かれつ》な事件後の「報復」

事件への報復は、苛烈なものとなった。

その後も、各地で銃撃戦などのゲリラ活動を展開した余清芳らは、二十日後の八月二十二日、ついに日本軍によって、鎮圧、逮捕される。捕まった暴徒の数は、当初の想定よりはるかに大きく、八百人を超えた。

日本側の追及は、それでは収まらなかった。徹底的な共犯者探しがおこなわれたのである。まったく関係していない者まで、摘発されていった。

それがいかに厳しいものだったか。さまざまなエピソードが残っている。

焼け落ちた派出所は、その後、新しい建物となり、事件の痕跡はない。建物の右半分は、今も警察が台南市政府警察局玉井分局南化分駐所として使用している。左側は、台南市南化区戸政事務所となっている。

町には、西来庵事件のことを証言する古老が今もいる。父親が、暴徒の一味であるとの嫌疑をかけられ、事件後、危うく「処刑されかかった」という人物である。

事件現場から数百メートルしか離れていない南化（もとの南庄）の町なかに住む顔《がん》秋雨《しゅうう》（九三）だ。ちなみに、彼は、戦時中、日本海軍の陸戦隊として戦った台湾人日本兵でもある。

「私の親父は、事件後、（暴徒としての）疑いをかけられて、捕まったんです。土匪《どひ》（抗日ゲリラ）の襲撃で、日本の警察の人間が、全部殺されていたからね。鎮圧したのは、警察ではなくて軍隊ですよ。この南化に来るまでに大砲も撃ってね。厳しい追及だったそうです」

顔老人は、日本語世代である。矍鑠《かくしゃく》としたこの旧日本海軍の元兵士は、懐かしそうに、かつて使った日本語を思い出しながら、こう語った。

「十八歳以上の男は、軒並み捕まえられたんですよ。親父はその頃は、町ではなく、山の方で暮らす農夫でした。しかし、山まで捜索に来て、父は捕まった。派出所の前に学校があるでしょ？　その頃は、公学校（注＝小学校）ですよ。そこに、十八歳以上の男は捕まえられて、縛って連れてこられたそうです。親父も山から縛られて連れてこられたんです。〝これは殺される〟と親父は思ったそうです」

日本側の有無を言わせぬ捜索のありさまが窺える。

「一緒に捕まった中に、口のきけない人がいたそうです。その人間が、たまたま小刀《こがたな》を見つけられずに隠し持っていた。数珠《じゅず》つなぎにされて、一緒に縛られていた父は、その男が夜中、小刀を使って縄を切ったので逃げたそうです」

まさに、命をかけた脱出だった。

「親父は、椅子を重ねて塀を飛び越したと言っていました。縄を切ってもらえた者は、全部逃げ出したわけです。しかし、見つかって、逃げる途中で親父はうしろから撃たれました。弾が手首にあたったんです。それで、小指と薬指が曲がらなくなりました。しかし、そのまま親父は、逃げ切ったんです。しばらく山に潜んでいたそうです。この時の後遺症で、親父は一生、小指と薬指が曲がらないままでした」

おそらく手首の腱《けん》が切れたに違いない。それは、生涯治らない傷となったが、必死の逃避行によって、顔老人の父親は、命だけは守ることができた。

「父は、撃たれた傷に、金瓜《きんか》というウリの一種が腐ったものを塗りつづけて治した、と言っていました。山でじっとしていて、落ち着いてから町に戻ったそうです」

運悪く公学校から脱出できなかった人はどうなったのだろうか。

「全員殺されました。殺したあと、今の派出所の前に大きな穴を掘って、そこに埋めたのです」

顔秋雨は、そう言うと顔を歪《ゆが》めた。しかし、事件で殺された日本人も無惨だったと、こうつづけた。

「襲撃で、派出所の中にいた日本の婦人は、残酷な殺され方をしています。そのため、日本のその後の捜索は、厳しいものになったと親父は言っていました」

台湾総督府法務部編纂による『台湾匪乱小史』（台南新報支局印刷部大正九年二月十三日発行）には、暴徒によって派出所内で殺害された日本の婦人のありさまがこう記述されている。

〈身に紺絣《こんがすり》の單衣《ひとえ》に　黒繻子《くろしゅす》の帯に　足袋《たび》を穿《うが》ちたるまま　死體《したい》は靡爛《びらん》して　野犬臓《ぞう》腑《ふ》を食し　局部には奇怪なる痕跡さへ　明瞭《めいりょう》に認められ　又一人にして四十八箇所或《あるい》は二十餘箇所の槍傷《そうしょう》を見る等　憎みても餘《あま》りある暴戻《ぼうれい》非道の惨虐に　流石《さすが》に猛《たけ》き我今村《いまむら》中隊も熱き涙に戎衣《じゅうい》の袖《そで》を濡《ぬ》しつつ　一同の屍體《したい》を取り纏《まと》め　同派出所の右側龍眼《りゅうがん》肉樹の下に　堆積《たいせき》し　薄く土砂を以《もっ》て之《これ》を掩《おお》ひ　心ばかりの草花を手向《たむ》けたる何ぞ悲惨の極みなる〉

一方、事件後、日本側の捜索と摘発によって殺害された人々の数も膨大なものとなった。

台南市玉井区の樹糖街にある「噍吧哖紀念館」には、〈噍吧哖事件死亡人數前十名各庄一覽表〉が掲げられている。

そこに記された「受難者」という名の事件の「台湾人死亡者数」は、実に千二百五十四名に及んでいる。各庄別に割り出された死亡者数は以下の通りだ。

噍吧哖事件死亡人數前十名各庄一覧表

			戸數	死亡人數
一	竹園庄	玉井區	60	240
二	竹頭崎庄	南化區	84	230
三	南庄	南化區	107	165
四	青浦寮庄	南化區	109	158
五	内庄仔庄	左鎮區	71	117
六	崗仔林庄	左鎮區	45	93
七	沙仔田庄	玉井區	24	83
八	中坑庄	南化區	50	78
九	左鎮庄	左鎮區	28	51
十	北寮庄	南化區	29	39

凄まじい勢いで共犯者が捜索され、摘発されていったことを窺わせる数字である。

顔秋雨老人の父親が、いかに運がよかったかは、この数字が物語っている。

顔老人が証言するように、暴動に参加もしていない罪なき人々までこの中に含まれているとしたら、それは許されることではない。

西来庵事件というのは、事件そのものも凄惨だったが、その後の「報復」とも言える日本側のやり方も、長く恨みと憎しみを残すものとなった。

事件は、同年九月二十三日、首謀者の余清芳の死刑が執行され、決着した。

日本の統治に反対する台湾人たちによって、思い出したように起こってきた暴動は、結果的にこの西来庵事件をもって終息する。

その「最後の事件」によって、熊本から希望に燃え、台湾の発展と治安維持のために渡ってきた徳章の父・徳蔵は、不幸にも命を失ったのである。

ちなみに、この事件は、戦後、国民党政権下で、英雄的な抗日事件として再評価され、一九七七年、事件の地・南化に「抗日烈士余清芳紀念碑」が建てられている。

第四章　マンゴーの里の「ガキ大将」

困窮生活の中で……

台湾を南北に貫く中央山脈には、三千メートル級の峰々が聳《そび》え立っている。その最高峰は、玉山《ぎよくざん》である。

日清戦争の勝利で新しい日本の領土となった台湾には、富士山を標高で百七十六メートル上まわる三千九百五十二メートルを誇るこの玉山があった。

明治天皇は、一八九七（明治三十）年に、新しい名山を得た喜びを込めて、この山を「新高山《にいたかやま》」と名づけた。後年、太平洋戦争開戦となった真珠湾《しんじゆわん》攻撃で、作戦開始の電文に用いられた「ニイタカヤマノボレ」のニイタカヤマは、この山のことである。

この名山から駆け下り、南西部に広がる一帯の中に、「マンゴーの里」と呼ばれる玉井という地がある。中央山脈がつくりだした盆地の中心に位置するのが玉井である。

マンゴーは、明の第十二代皇帝・嘉靖帝《かせいてい》の御代《みよ》だった十六世紀半ばに台湾に伝わった。台南を取り囲む高原や盆地で広く種がまかれ、広範囲にマンゴー栽培が広がっていく。

そんな中でも、圧倒的に人気を博したのが、玉井で採れたマンゴーだった。この天然の盆地は、土壌がアルカリ性であり、かつ日照時間が長く、甘いマンゴーを実らせる絶好の条件を備えていた。

今では、台湾で「マンゴー」と言えば、誰からも条件反射のように「玉井」という地名が出てくるほどの名産地となっている。

そんな玉井で、抜群の腕力と統率力によって子供たちを率いていた〝ガキ大将〟がいた。

徳章である。

西来庵事件で大黒柱である父・徳蔵を失った一家は、窮乏生活を余儀なくされた。

しかも、父が築いた家庭は、法的には認められていなかったため、犠牲者に対する日本政府からの弔慰金も家族は受け取れなかった。さらに、父・徳蔵は、いかなる理由があったのか、熊本出身の新居《あらい》トメという老女と養子縁組をして、親子となっていた。

故郷出身のこの女性の老後の面倒を見る約束だったのかどうか、今となっては、理由は何もわからない。いずれにせよ、最後は、戸籍上は、「坂井徳蔵」ではなく「新居徳蔵」として、父は死んだ。

徳蔵との間の三人の子供を養わなければならなかった湯玉の苦労は、大きかった。台湾で大きな権力を持っていた警察官の一家から、突然、徳章は、母の手ひとつで育てられる困窮家庭の子供となった。

母・玉は手先の器用さを生かして、布製のボタンをつくる内職をするようになった。「布釦《ぬのぼたん》」と呼ばれる中国や台湾独特のボタンだ。

ひとつひとつ、丹念につくっていくため、手間ひまはかかるが、腕さえ良ければ、注文が途絶えることはない。玉は、外に出かける仕事ではなく、屋内でこなせるこの仕事で生活費を稼いだ。

時々、野良仕事や家事の手伝いの声がかかれば、これも絶対に断わらなかった。お金になる仕事をこつこつとやりつづけたのである。

日本人の血を引く子供は、やはり台湾人の間で差別を受けた。しかも、その父はすでに死んでいる。日本人の血が流れていることで得をすることは、玉井のような田舎では、何ひとつなかったのだ。

だが、徳章は、そんなことで困るような子ではなかった。

腕っぷしが滅法、強かったのである。

「行くぞ！」

同じくらいの歳の子供たちを引き連れて、玉井をガキ大将として闊歩《かっぽ》するのは、いつも徳章だった。

「おい、小便するぞ！」

玉井の町はずれには、台南へとつづく曾文渓《そぶんけい》という川が流れている。のちに巨大なダム・曾文水庫が上流にでき上がって、文字通り、台南の飲料水や農作物のための水源となるが、徳章が子供だった時代も、この川が台南の人々の飲み水の〝水源〟であることに変わりはなかった。

徳章は、曾文渓にやってくると、決まって川面《かわも》に向かって、皆で放尿した。

「俺の方が飛んだ！」

「ウソ言うな！　俺の方だよ」

おしっこの飛ばしあいをしながら、玉井の腕白坊主たちは、腹を抱えて笑い合った。

後年、徳章は、台南の町なかで育った人間に、いつもこう言ったものだ。

「おまえたちは、俺たちのしょんべんを飲んで育ったんだよ。俺たちは、町へ流れていく川にいつもしょんべんしてたんだからな」

これは、徳章の口癖となった。徳章は、マンゴーの里であると同時に、台南の水がめに近い玉井で育った少年時代をそう言って懐かしんだ。

当時の子供たちの遊びは、なんといっても〝ちゃんばら〟だ。内地でも男の子の遊びは、棒切れを持って斬り合う〝ちゃんばら〟である。内地でも、台湾でも、ちゃんばらは、同じ呼び名だった。

徳章は、子供たちを二手に分けて、ちゃんばらをして遊んだ。片方の大将は、いつも徳章である。のちに柔道三段となるような腕っぷしの強さを持っていた徳章は、近所の子供たちを集めて、活発に遊ぶ少年へと育っていたのである。

ちゃんばらと共に、子供たちが興じるのは、やはり〝隠れんぼ〟だ。

台湾語では、これを「ビーツィ」と呼ぶ。「ビー」というのは、台湾語で隠れることを意味する。「ツィ」は、探すという意味だ。すなわち「ビーツィ」とは、隠れているものを探す、つまり〝隠れんぼ〟だ。

また「カンロ」と呼ばれる独楽《こま》の遊びも盛んだった。ガキ大将の徳章が、「今日はこれをやる！」と決めると、子供たちはみなそれに興じたのである。

日本人の血を引きながら、地元でいじめられることもなかった徳章は、その腕っぷしと気の強さに助けられたのである。

この腕白少年は、公学校で徐々に、目立った特徴を見せ始めた。

成績が抜群によかったのである。

下級生の頃は、ご多分に洩《も》れず、先生の言うこともあまり聞いていない奔放な子供だったが、学年が上がっていくと、周囲の子供たちとは、まったく異なるレベルを見せ始める。

勉強などしているとは思えないのに、なぜか、いつもずばぬけて成績がいいのである。

徳章には、先生の話す内容が、そのままストレートに頭に入り、それが、脳細胞にしっかり刻まれるという類《たぐ》いまれな能力が備わっていた。勉強をしなくても、授業で先生の話を聞くようになると、それだけでテストでも満点に近い成績をとってしまうのだ。

徳章の成績がいいことは、母の玉にとって、次第に生き甲斐《がい》になっていく。

(あの人の血を受け継いだに違いない……)

徳章の評判を聞くたびに、玉は、亡き徳蔵のことを思い浮かべた。徳蔵は、警察官だけあって、物事の道理に通じていたし、やはり教養があった。山の中の駐在に赴任した警察官は、その地方の部族の子供たちに字を教えたり、広い世界のありさまを話して聞かせることが多かった。夫の徳蔵も、玉にとって、さまざまなことを教えてくれる「先生」でもあったのだ。

頼もしかった亡き夫の血を継いで、徳章は頭がいいに違いない。玉は、疑いなくそう思うようになった。

そんな子供の成長を糧に、玉は必死で家計を支えたのである。

徳蔵と親しかった篠田八千代《やちよ》という玉井の郵便局長や、近所の漢方薬屋のご主人が、食糧をよく提供して徳章たちを支えてくれた。一家は、玉井の町の中で、こうして生活を維持できた。

(あの人のあとを継いで、徳章は警察官になれるかもしれない)

玉は、そんなことも、思うようになった。

田舎で、「警察官」と言えば、これはもう憧《あこが》れの職業だった。警察官に逆らえる台湾人はいないし、頭がよくて、鍛錬を積んだ「男子として」立派な人間しかなれないと思われていた。

（徳章が警察に入ってくれたら、どれだけ心強いか……）

母・玉は、そんなことを夢想するようになる。

徳章の在学時代の成績表が、今も玉井国民小学校（当時は、「噍吧哖公学校」）に残されている。

それは、目を見張るものである。甲乙丙のうち、「甲」が見事なまでに並んでいる。学校始まって以来とも言うべき秀才少年は、担任の教師ばかりか、校長も期待をかけるようになっていった。

当時の校長先生は、どこの学校でも日本人が務めていた。噍吧哖公学校も同じだ。校長先生は、いつしか徳章を「上の学校」に行かせるべきだと考えるようになっていた。

しかし、一家の収入が、母の内職によって支えられていることは、担任だけでなく校長もわかっている。経済的に、徳章を上の学校に行かせることができないことは皆、知っていたのである。

（この子の頭脳は、小学校だけで終わらせるのは、あまりにももったいない……）

校長は、それでも、あきらめなかった。さまざまな方策を講じようと奔走するのだ。

（徳章の学費を〝公費〟で賄うことはできないのか）

校長の熱意がついにその壁を突破させた。ある日、徳章は突然、校長室に来るように告げられた。

「徳章君、いいか。君は師範学校へ行くんだ」

「えっ？」

真顔で校長がそう言った時、徳章の口から驚きの声が洩れた。

上の学校に進む。そんなことがあり得ないことは、とうにわかっていた。自分には関係のない世界だ、と。

父がいない自分には、親を頼って勉学をするなんてことは、考えも及ばないことだった。そのため、勉学に励むということが徳章には、そもそもなかった。

だが、学校の先生方が一生懸命、動いてくれて、それを実現してくれるというのだ。師範学校とは、文字通り、教師を育成する学校である。しかし徳章は、自分が学校の先生になるなどということを考えたことは一度もなかった。

自分が学校の先生になる？　そんな馬鹿な……。

考えたこともなかった道が目の前に示された時、人間とは、奇妙な心理に陥るものである。先生方が、自分をその道に進めるために、必死で動いてくれたことのありがたさ。たとえ子供であっても、そのことはわかる。そして、「学校の先生」という考えたこともない職業に対して、「なぜ?」という思いも同時に湧き起こってきたのである。

その違和感は、のちに明確なかたちとなって現われて来るのだが、それは後述する。

徳章十三歳。喧嘩《けんか》が滅法強く、頭のいいこの少年は、「新たな道」に挑戦することになる。

台南師範学校と挫折

台湾の統治に対して、日本が最も力を注いだのが「教育」である。そもそも割譲を受けた一八九五年には、すでに文部官僚の伊沢修二が、台湾の教育に力を注ぐために、のちに「六氏先生」と呼ばれる教師たちを連れて渡台したことは、既述の通りである。六氏先生が殺害されるという悲劇を乗り越え、台湾には多くの教育者が内地から赴き、同時に台湾各地には、師範学校が設立され、若い教師たちが毎年輩出されていた。

台北には、のちに台北師範学校となる台湾総督府国語学校が一八九六年に早くも設立されている。一八九九年には、台南にも台南師範学校が設けられた。

師範学校では、全員が授業料免除である。いや寮費も要らない。つまり、食・住が保証されている。

これは「完全公費制」と呼ばれ、「台湾の教育のために尽くす人材発掘」のために、台湾総督府の予算ですべてが賄われた。もちろん、卒業後は、教員として任官する義務を課せられていた。

日本の統治が終わる頃に、当時としては世界でも驚異的な数値と言える「識字率九〇パーセント」を超える水準に台湾が達していたことは、この師範学校の充実に拠《よ》るものであることは言うまでもない。

それだけに、台南一中という台南トップの人気校よりも台南師範学校は入試突破がむつかしかった。

もちろん徳章は、それを難なく突破した。

徳章が収入の乏しい母子家庭であるにもかかわらず、師範学校で学ぶことができたのは、日本統治下の台湾で、教育者への道が、経済的に恵まれていない者にも大きく開かれていたことを示している。

台南師範学校は、日本への割譲四年後に設立された名門で、すでに台湾南部の教育界で大きな影響を及ぼす存在となっていた。

徳章が、もし、この学校で学び、教育者としての道を歩んだのなら、彼には、まったく別の人生が待っていたことになる。しかし、徳章の人生には「激動」という言葉が最もふさわしく、彼が教育者としての道を歩むことはなかった。

教師になるという意欲をどうしても持てなかった徳章は、一年、二年と学年が進むにつれ、自分の中で、師範学校で学ぶことの「違和感」を拭《ぬぐ》うことができなくなったのである。

たとえ教師になったとしても、どこの学校も、トップは内地人（日本人）であり、本島人（台湾人）は、日本人の上には立てなかったこともあるだろう。

もちろん父・徳蔵は日本人であり、本島人である母との間に生まれた自分は、「俺は内地人だ」と言うこともできる。

しかし、八歳の時に父が死んで以降、ずっと困窮の中で「湯」姓で育ってきた徳章には、どうしても「俺は内地人だ」と叫ぶことができなかった。むしろ、本島人であることの誇りを胸に刻みながら生きてきたことを「自覚」するようになっていたのである。

（俺は、このままでいいのか。教員としての一生をおくることでいいのか）

そんなことを徳章は考えるようになり、それが心の中で大きく膨《ふく》らんでくることになる。

きっかけは、些細《ささい》なことだった。

「湯君、その服はなんだね」

ある日、徳章は、日本人教師からそんな声をかけられた。

「はあ？」

意味をつかみかねた徳章が、そんな曖昧《あいまい》な返事をした時、その反応が気に入らなかったのか、教師は、

「師範学校には、師範学校生徒にふさわしい服がある。気をつけなさい！」

そう叱声《しっせい》を浴びせたのである。

師範学校生徒にふさわしい服？　なんだそれは――。

徳章は、この時、腹の底から怒りがこみ上げてきた。

地方の秀才たちが集まった台南師範学校の制服には特徴がある。ボタンではなく、ホック式で、襟《えり》の立った紺色の制服は、真ん中にまっすぐラインが入っているように見えるものだった。内側をホックで留めるために、そう見えるのだが、それがなんとも恰好《かっこう》よかった。

女学生たちに人気のその制服は、台南師範学校の生徒の誇りでもあった。

しかし、経済的に余裕のない徳章は、その制服を買うことができなかった。母の手縫いの服を着て、毎日、学校に通っていたのである。

つまり、「学費」と「食」と「住」を保証していた師範学校でも、「衣」までは賄われていなかったのだ。

だが、徳章は、そのことを恥ずかしいと思ったこともない。

学費免除のおかげで確かに自分は、将来、教員になるために勉強をさせてもらっている。しかし、貧乏な自分は母の手縫いの服を着ている。それの、どこが恥ずかしいんだ。

徳章は、そう言い聞かせて学校に通っていた。

夜、たまたま目を覚ました時、いつも、母は夜なべして「布鈕」をつくっていた。その小さな母の背中を見て、自分は大きくなっている。

母がつくってくれたその服が、師範学校の生徒として、「ふさわしくない」というのか。

徳章は、そんな言葉を投げかけて去っていった日本人教師のうしろ姿を見ながら、ずっと抱《いだ》いてきた違和感の「正体」がわかったような気がした。

師範学校を卒業し、教員として任官して人生を過ごすこと、それはすなわち内地人の指示に従い、内地人の教育方針に従って、過ごす一生だ。そんな人生への違和感を自分はずっと「持っていた」のではないか。

徳章は、そう気づいたのである。

おまえは、本当にこのまま内地人の言うがままの「教員人生」をおくるのか――。

内地人による台湾人差別の気持ちに対する拭いがたい反発と、自分にはほかにもっと「やるべきこと」があるのではないか。そんな思いが噴出してきたのである。

それは、自分でも不思議な感覚だった。なぜ、今まで、この「正体」に気がつかなかったのだろう。徳章の気持ちは決まった。

「退学させてもらいます」

翌日、徳章は誰にも相談しないまま、担任教師のもとに行き、そう告げた。

「湯君、なにを言っているんだ」

教員室で担任教師は、突然のことに驚きながらも、きっと、まだ「説得できる」と思ったに違いない。成績の問題や人間関係に悩んで、そんなことを言って来る生徒が一年に一人や二人は必ずいる。十代特有の一時的な悩みで「退学」を口にする生徒がいるのは、毎年のことだ。

担任は、それと同じだろうと、考えたのである。

「一体、何があったんだ？　考え直しなさい」

担任は、あらためてそう言った。

しかし、徳章は答えない。

徳章は、前日の出来事を担任の先生に敢《あ》えて伝えるつもりなどなかった。それは、単にきっかけに過ぎず、些細なことであることが徳章自身もわかっていたからである。突きつめていけば、内地人のもとで、「教員人生」をおくること自体に対する反発であることを、担任に話して何がわかってもらえるのか。徳章はそう思っていた。しかし、

（では、おまえは一体、何がやりたいのだ）

そのことへの答えがないのも事実だった。

徳章は一晩、何度も自問自答したが、その答えは出ていなかったのである。

しかし、父があの西来庵事件の時、死を覚悟して「声は絶対に出すな。静かに行くんだ」と最後に自分に告げた瞬間を徳章は忘れていなかった。

あの父の最後の姿、自分の目をしっかり見て、父の口から出てきた最後の声。徳章には、死ぬことがわかっているのに、自分たちと一緒に脱出しなかった父のことを考えることがあった。

なぜ、父さんは死ぬことがわかっているのに、あの時、残ったんだろう。

いくら考えても徳章にはわからなかった。しかし、父に対して、「恥ずかしいことはできない」という思いが自分の身体の中に、ずっとあることだけはわかっていた。

子供の頃は、明確にその思いを言葉にすることはできなかった。しかし、少年から青年へと成長していく今、次第に形としてそれが現われてきたような気がしていた。

少なくとも、台南師範学校を卒業して、教員人生をおくるよりも、

(俺にふさわしい生き方が、ほかにあるはずだ)

そんな潜在的な願望を、徳章は、初めて自覚したのである。

それは、日本人であり、台湾人でもある徳章が、どう人生を歩んでいくべきかの、最初の岐路《きろ》だったかもしれない。

こうして、徳章は、せっかく入学した名門・台南師範学校を自ら退学するのである。

それは、師範学校の三年に進級した直後のことだった。

父のあとを継いで……

故郷・玉井に戻ってきた徳章は、母に退学のきっかけについて、ひと言も告げなか

った。

母も、敢えて深くは聞かなかった。

わが子が、しっかりした考えを持っていることは、母は誰よりも知っている。その子が学校をやめて帰ってきたのなら、それは余程のことだろう。

自分から話すならともかく、あれこれ母から聞くことはやめよう。玉はそう思っていた。

十五歳となっていた徳章は、まる二年の間に、すっかり大人になっていた。どこから見ても、凜々《りり》しい青年である。「少年」と呼ぶには、不釣り合いな存在となっていた。

「徳章、じゃあ、仕事を探さないとな」

長い人生、いろんなことがあるからな、と明るく、声をかけてくれたのは、玉井の郵便局長、篠田八千代である。

父・徳蔵とは昵懇《じっこん》の間柄で、父の死後もなにかと一家のために世話を焼いてくれた恩人だ。篠田は、師範学校をやめて徳章が帰ってきたと聞くや、さっそく、家を訪ねてきて、そう言った。

篠田も「何があったんだ？」というようなことは聞きもしない。何かがあって、徳章が実家に帰ってきた――それだけで十分だったのだ。

徳章のことをそれほど信頼していたし、誰もが徳章が曲がったことをするはずがない、と信じていた。

そんな大人たちに囲まれて自分が大きくなってきたことを、徳章は、あらためてこの時、知ったに違いない。

（ありがとうございます。ありがとうございます……）

心の中で徳章は、そう繰り返すだけだった。父の親友でもあった篠田のありがたさが身に染《し》みた。

篠田の紹介で、徳章は、玉井糖廠《とうしょう》という製糖会社に就職する。玉井一帯は、マンゴー栽培だけでなくサトウキビや甘藷《かんしょ》をはじめ、さまざまな農作物が収穫されていた。そのサトウキビを原料に良質の砂糖を生産するのである。

もともと台湾総督府では、台湾の産業をどう興すかということを発足以来の大きな命題としていた。

一八九八年に着任した第四代台湾総督の児玉源太郎は、後藤新平を総督府の民政局長として招聘《しょうへい》し、台湾のインフラ整備を本格化させた。

後藤の徹底した「現地主義」、すなわち現地調査によって導き出されたのが、「製糖業」である。恵まれた自然環境から糖度の高いサトウキビが大量にとれる台湾にあって、製糖業はうってつけだった。

後藤の読み通り、製糖業の振興は当たり、徐々に台湾産業の基盤となっていった。まず台湾製糖株式会社が一九〇〇年に設立されるや、次々と各地に製糖会社が設立されたり、あるいは、日本の製糖会社の台湾進出が現実のものになっていく。やがて製糖業は、台湾の主要産業として確固たる地位を築いていくのである。

台南にほど近い玉井にも、玉井糖廠の製糖工場が建てられ、内地人も数多くやって来ることになる。

サトウキビからつくられた原料糖が「砂糖」となるまでには、さまざまな工程がある。原料糖から不純物を取り除き、再結晶化させるためには何段階もの過程を経るが、それぞれの段階で、熱による「分離」が必須《ひっす》だった。

そのためには、大量の炭が必要だ。台湾の中央山脈を背後に抱える玉井には、豊富な木材資源がある。これを熱源とすべく「炭」を生産することが求められたのだ。

熱源を確保するために、どの製糖会社も安くて質のよい炭をどう生産するか、ということに腐心した。

採用された徳章は、さっそく炭の生産に従事することになる。

十五や十六の少年が山の中で炭の大量生産の一翼を担うことになったのだが、ここで徳章はさまざまな経験を積むことになる。それは、のちの人生に大いに役立つものとなった。

製糖に不可欠な炭をつくるために、「炭焼き村」ともいうべき村落が形成されていた。

徳章が行くことになったのは、南化庄の菁埔寮《せいほりよう》という村である。台南の市内からは東へ二十数キロ、玉井からは南へ八キロほどの山の中にある。

この炭焼き村には、今まで会ったこともないような人々がたくさんいた。

ひとり身で、酒を呑むことだけが楽しみな労働者から、家族連れの者、そして、炭焼きの仕事をしながら、休みの日には、好きな本を読んでいる教養人まで、種々雑多の人間が入り込んでいた。

材木を担《かつ》いで炭焼き用の窯《かま》に入れ、焼け具合を調節し、良質な炭を大量につくるためのすべての工程に、徳章はここでかかわっていく。

つまり、「肉体労働」に始まり、技術者としての専門の目による「監視」に至るまで、炭づくりの全工程を掌握していったのである。

まだ若く、しかも賢い徳章は、抜群に物覚えが早かった。

しかも徳章は、なんとなく愛嬌《あいきょう》があって、誰からも可愛がられた。それは、天性のキャラクターなのだろう。「人に好かれる」という〝特技〟が備わっていたと表現した方がいいかもしれない。

「徳章、徳章！」

大人たちからそう声をかけられて日々を過ごしていた徳章は、ここでのちに自分自身を大いに助けることになる経験を積んでいくのだ。

ひとつは、柔道と拳法《けんぽう》だ。

台南師範学校でも必修として柔道の手ほどきを受けていた徳章は、柔道に大いなる才能を見せていた。もともと腕っぷしには自信があったガキ大将だが、そこに、独特の受け身や投げのおもしろさが加わり、柔道が大好きになっていた。そこへ、

「徳章、柔道を教えてやろう」

そんな声をかけてくる大人がいたのである。

「俺は、拳法を教えてやる」

愛嬌のある徳章に、大人たちは、楽しそうになんでも教えてくれるようになった。

大人たちにとっては、単に休みの日の退屈しのぎだったかもしれない。だが、徳章にとっては、授業料を払うこともなく、柔道だけでなく、格闘技として不可欠の突き、

打ち、蹴《け》りなどの拳法まで教えてもらえるのである。

めきめきと上達するこの若者に、大人たちはますますおもしろがって、より本格的な技を教えていった。徳章は、単に給与をもらうだけではない充実した日々を、山の中で過ごすのである。

肉体的な鍛錬だけでなく、徳章にとって、大きな教養となる〝頭の鍛錬〟もこの時、おこなわれた。

もとになったのは、「漢文」である。この時代を回想する時に、徳章の口から必ず出てきたのが、「漢文の先生」のことだ。

村には、本当にさまざまな人がいた。町でもめったに出会えないような教養人がいたのである。

もともと台湾には、日本に割譲されるまでに、独特の教育システムがあった。日本で言えば、江戸時代の「寺子屋」ともいうべき私塾のことだ。

「書房」、「義塾」、あるいは「学堂」とも呼ばれるこの初等教育機関の先生役には、教養の高い学者顔負けの市井の知識人が少なくなかった。日本の寺子屋がそうであったように、台湾でも、そうした市井の教養人が、大衆の教育水準を一定に保つ大きな役割を果たしていた。

それは、台南のような大きな町でなくても、地方や、あるいは山の中にもいたのである。

徳章は、柔道や拳法にとどまらず、そんな教養人である老人から、この時期、漢文の手ほどきを受けた。もともと学問的な頭脳が発達していた徳章には、これが大いなる刺激となり、教養の源になっていった。

中国の古代、春秋戦国時代、南北朝時代、明清時代を問わず、古今の漢文を読み下し、その背景にあるものまで教えてくれる教養人によって、徳章は、はかりしれないほどの財産を自分の内面に蓄積していくことになる。それは、台南師範学校で得る知識に優るとも劣らないものだったかもしれない。

「自分にとって、あの時代が大きかった」

徳章が、のちに必ずそう回想する炭焼き時代とは、何人もの〝台湾の父〟に育まれた雌伏《しふく》の時だったとも言えるだろう。

徳章に「亡き父のあとを追いたい」という気持ちが、はっきり芽生えてきたのは、この炭焼き時代だった。

給与を得ながら貴重な日々をおくった徳章が、台南州乙種《おっしゅ》巡査試験を受験したのは、間もなく二十歳になる一九二六年十一月のことである。

武道で日々心身を鍛え、しかも、漢文の教養を備えた徳章が、尊敬する父が就いていた「警察官」を目指すことになるのは、ある意味、自然のなりゆきだっただろう。

しかも、警察官という職業は、台湾の人間にとっては、畏怖《いふ》すべき仕事であり、見識と教養と心身の剛健さ……すべてが備わっていなければ、なかなかなれない憧《あこが》れの職業と言えた。

母・玉が、徳章のことを父のあとを継ぐような立派な人間になるかもしれない、と期待していたのも、そんな空気と無縁ではない。

徳章は、母だけでなく、職場の先輩たちの期待も一身に背負って、「巡査試験」に挑戦した。

頭脳明晰《めいせき》で、試験に対して無類の強さを発揮して来た徳章が、合格を勝ち取ることに不思議はない。

徳章は、筆記、口頭試問、いずれも、高得点でこれを突破する。

ところがそこで、今も逸話として残る思わぬ問題が起こった。徳章の年齢が「足らなかった」のである。

この台南州乙種巡査試験は、「成年であること」が受験資格だった。徳章は、成年まであと一か月あるが、実際に採用される時に成年であれば「大丈夫だ」と勝手に思い込んでいた。しかし、それは、「受験時」の年齢条件だったのである。

「一か月足らない」

当然、合格を取り消すかどうかの問題に発展した。

しかし、わずか一か月の差で、「合格取り消し」というのは、いかにも惜《お》しかった。

それだけ徳章の試験の成績は、ほかの受験生を圧倒していたのである。

特例により合格――。

間もなく、徳章のもとに朗報が届けられた。

（やっと俺も親父のあとを追えるのか）

徳章は心の底から、喜びがこみ上げてきた。

その本人よりも、母・玉の喜びの方が大きかったことは言うまでもない。それは、長年の苦労が報われた瞬間でもあったのである。

第五章　許せない「台湾人差別」

生涯の伴侶《はんりょ》

ワワワンワンワン……

一匹の犬が吠《ほ》え立てていた。

今にも咬《か》みつかんばかりだが、吠える犬は臆病《おくびょう》だから、実際に咬みつくことはないだろう。

徳章は、そう思って、家の中に向かって声を張り上げた。

「ごめんください。家庭調査です」

「はーい」

中から若い女性の声が届いてきた。

「静かにしなさい」

犬に向かって、そんな声をかけながら出てきた女性の顔を見た瞬間、

（あっ）

徳章は思わず心の中で叫んでいた。

ウェーブがかかった黒髪に、ぱっちり開いた愛らしい目が、自分の方を見ていた。白いブラウスにスカート姿の華奢《きゃしゃ》なその女性を見た瞬間から、徳章はわれを忘れてしまった。

（こんなところに、これほどの美人が……）

ひとめ惚《ぼ》れとは、こういうことを言うのだろう。

一九二七（昭和二）年秋、「一般家庭調査」と呼ばれる仕事の最中だった徳章は、担当区域をまわって、各家庭を調査する基本台帳づくりをおこなっていた。

担当区域にどんな人がいて、どういう家庭があるのか。それを把握するのは、警察の最も基礎的な仕事である。

乙種巡査試験に合格した徳章は、無事、採用され、四月には巡査としての基本訓練

も終え、台南州警察教習生となった。八月には、実習期間も終了し、正式に台南州巡査となり、最初の赴任地である台南州東石郡《とうせきぐん》で仕事に没頭していた。

当時の台南州の面積は広い。台湾はこの頃、「五州三庁」に行政区が分けられており、台南州は、その五州のうちのひとつだった。今の自治体で表記すれば、台南州とは「台南市」「嘉義市《かぎし》」「嘉義県」そして、「雲林県《うんりんけん》」にまたがる広大な行政区である。

徳章の任地である東石郡は、嘉義市の海側に近い地域にあった。その担当区域で、徳章が真っ先に命じられたのが、「一般家庭調査」だったのだ。

徳章は、担当区域を一軒一軒、丹念に訪ねていた。その途中、六脚庄《ろつきやくしょう》の双涵《そうかん》という地で、ある家に近づいて、声をかけたのである。

コメと芋、野菜……そんな農作物をつくったり、また、土地を貸して耕作してもらったり、決して大規模ではないものの、地主として地域にしっかり根を張っている一家だった。

広い前庭に、周囲を畑が囲むかたちで家が建っていた。このあたりでは、番犬はほとんどが放し飼いで、徳章は、一軒ごとに犬の吠え声と戦わなければならなかった。

「またか」と思いながら、家の中に向かって声をかけた徳章の目の前に、ハッとするような美人が現われたのだ。

「わざわざ、ありがとうございます」

女性は、徳章に丁寧にお礼を言った。逆に、徳章から、言葉が出なくなっていた。

本来なら、家族構成をきちんと聞いて、前回の調査から住人に変化がなかったかどうかなど、てきぱきと調査を済まさなければならない。しかし、徳章の問いがどうにも要領を得ないのである。

「父の名は、陳城《ちんじょう》です。母は蔡緞《さいか》……」

彼女の方がリードするかたちで、家庭調査は進んでいく。

「はい、はい、ありがとうございます」

徳章は、調査票に鉛筆を走らせながら、関心は女性の一挙手一投足に集中していた。

（この人は、濫《らん》という名前なのか）

徳章は、家族の名前と年齢を一人一人記しながら、そんなことを考えていた。

彼女は、「濫」といい、三人姉妹の次女で、まだ十六歳だった。

彼女の歳を知って、徳章は驚いた。年齢のわりには大人びていて、とても少女には見えなかったのだ。

家族の構成を確認しながら、徳章には、確かなことがわかっていた。

自分が、彼女に〝ひとめ惚れ〟してしまったということである。

彼女の優しい対応ぶりが、徳章には特に心に残った。折れそうに華奢な身体をしたこの陳濫という女性が、徳章の心を鷲《わし》づかみしてしまったのである。

それからというもの、徳章は、毎日のように陳家のある地域を警らするようになる。男は、押しの一手である。

彼女に思いを打ち明けるまでに、それほどの時間はかからなかった。巡査と言えば、生活は安定しているし、身持ちの堅い仕事だ。そして、誰もが一目を置く職である。まだ二十歳の爽《さわ》やかな若者、徳章の気持ちが、濫の両親にも、すぐにわかった。

「近頃の若者には、珍しいほどのまじめな青年だ。濫、徳章君のことをどう思う？」

濫自身より、両親の方が先に徳章を気に入ったのかもしれない。

徳章が日本人の血を引く人間であることがわかるのは、二人の交際が始まったあとのことである。

しかし、それも二人の間の障害にはならなかった。両親にとっては、娘の生涯を託す人物が、まじめな青年であり、娘を好《す》いてくれていればそれで十分だった。

娘は、華奢な姿が示すように、決して身体が丈夫なわけではなかった。娘を愛してくれる心身共に健康な人間が、親には最もありがたかったのだ。

こうして、徳章は、生涯の伴侶を得ることになる。

一九二八（昭和三）年一月二十日、二十一歳になったばかりの徳章は、可憐《かれん》で美しい女性・濫と結婚した。知り合ってから、わずか五か月というスピード結婚だった。

徳章がほかの人間と違っていたのは、新婚生活をおくりながらも「次のステップ」への努力を怠らなかったことだろう。

日々の勤務に精励する一方で、勉強も欠かさず、早くも結婚翌年には、「文官普通試験」に合格している。

これは、筆記試験が、数学・国語・漢文・地理・歴史・民法概論・刑法概論・経済学の八科目に及び、口頭試問は、法制と経済学について問われるという難関だった。

徳章のように中学中退組が、合格できるようなものではまったくなかった。

だが、徳章の試験に対する強さは無類のものがある。おまけに彼には、「負けてたまるか」という強い意志があった。

「この試験に挑戦する」と一度決めたら、それがどれほど困難なものであっても、ことが成就するまで、絶対に挑戦をつづけるのである。

たとえ徹夜が何日つづこうが、そんなことはいかほどのことでもなかった。

結婚の翌一九二九年には、見事、文官普通試験の合格を勝ち取り、徳章は、まだ初々しい新妻と喜びを分かちあうことができたのである。

奮闘する青年巡査

「おい、誰だ！」

迫力のある徳章の声に、普通なら、それだけですくみ上がってしまいそうなものだ。

一九二九（昭和四）年七月二十八日午前二時過ぎ。台南の中心街・開山町《かいざん》の派出所に転勤していた徳章は、警ら中に異様な風体《ふうてい》の男が暗闇から飛び出してきたところに遭遇する。

「待てえ！」

つづいて発した徳章の大声に、さすがに男の動きもぴたりと止まった。寝静まった深夜に、いきなり路地から走り出てくるなど、尋常ではない。

「何やってるんだ」

すでにこの時、徳章は、柔道二段である。男を見て、

（こいつは変だ。何かある）

そんな直感があった。いつでも組み敷《し》いてやる、という徳章の気迫が男に伝わったに違いない。男は、観念したようにこう言った。

「へい、この先に〝怪物〟がおりまして……一緒に行っておくんなさい」

いかにもあやしい話しぶりである。

怪物？　なに言っているんだ、こいつ……

徳章は、ますます疑念を深めながら、出てきた路地を指して奇妙なことを言う男を睨《にら》みつけた。

「よし、案内しろ！」

男に気を許すことなく、徳章はそう告げた。男は、徳章を暗闇の方に導いた。

いつ飛びかかってくるかもしれない。警戒を解かず、徳章は、暗闇の方よりもむしろ男の方に注意を向けたまま路地へ入っていった。

二分、三分、四分……暗い路地を二人は進んでいく。やがて路地は行き止まりになった。〝怪物〟など、予想通り、どこにもいない。

横に立つ髭面《ひげづら》の男に、

「おい、一体、何があるんだ。署に同行したまえ」

そう言った瞬間だった。

いきなり男は徳章に躍りかかってきた。

「おい！　なんだ」

「この野郎！」

そのまま二人は、大格闘となった。男は、飛びかかった瞬間に、徳章のサーベルを抜き取っていた。

（しまった！）

男はサーベルで徳章に斬りつけてきた。

（こいつ！）

ひと振り目を素早くかわした徳章は、サーベルを持つ男の手を摑《つか》み、締め上げようとした。

その時、男が、徳章の手首に嚙みついた。

（うっ）

さすがに、徳章も怯《ひる》んだ。

男は、嚙みついたまま離さない。激痛が走る。

この野郎……

徳章はうめき声も出さず、男に対して激しい顔面へのパンチを繰り出した。サーベルを握る男の手を左手で押さえ込んだまま、右手で男の顔を殴りつけたのだ。

「ううう……」

たちまち男の顔が、噴き出した鼻血で染まった。目と言わず、鼻と言わず、ところかまわず徳章のパンチが男の顔面に炸裂《さくれつ》しているのである。あっという間に、男の顔は血だらけになった。

男の力が緩んだ。その瞬間、徳章は、男を投げ飛ばしていた。柔道の払い腰だ。したたか背中を地面に叩《たた》きつけられた男の手から、サーベルが離れた一瞬、男は暗闇に向かって脱兎《だっと》のごとく駆け出した。

「待て！」

嚙まれた手の激痛をこらえて、徳章はサーベルを拾い上げると、男を追った。

二十メートルほど走ったところで、徳章は男に追いつき、飛びついた。

またしても、すさまじい組み合いになった。

大声と激しい物音で、路地の家々に灯《あか》りがともり始めた。

「なんだ」

「何事だ！」

男たちが家から飛び出してくる。目の前の光景を見て、男たちは息を吞《の》んだ。

血だらけの男ふたりが格闘しているのである。片方は、手が血で真っ赤で、巡査の制服を着ている。逃げる犯人を捕らえているところに違いない。もう片方の男は、顔面血だらけで凄惨な様相だ。

「早く！」

その時、徳章の声が発せられた。立ったまま茫然《ぼうぜん》としている男たちに加勢を要請したのだ。

「お、おう！」

男たちはわれに返り、顔じゅう血だらけの男に飛びかかった。

あやしい男は、徳章や近所の男たちに、大地に組み敷かれた。

男はついに観念した。

徳章の腕っぷしの強さと勇敢さが明らかになったこの深夜の捕《と》り物《もの》劇は、徳章自身も驚くような大騒ぎとなる。

捕まえた男が、前科七犯で「指名手配中」の凶悪犯だったのである。

闇夜の格闘で、巡査が前科七犯の兇賊《きょうぞく》を逮捕――。

それは、たちまち台南中に轟《とど》ろく大ニュースとなった。

〈誰何《すいか》した巡査の剣を奪ひ 矢庭《やにわ》に斬る

　台湾日日新報の一九二九（昭和四）年七月三十日の第五面には、この深夜の捕り物劇がそんな大見出しのもとにこう報じられている。

〈應援《おうえん》を得て捕へてみれば　捜索中の兇賊〉

【臺南電話】

二十八日午前二時十分頃臺南市開山町派出所の湯徳章巡査が綠町《みどりまち》附近を警邏《けいら》中臺銀宿舎前の暗がりから突然怪しい本島人男が飛び出して來たので誰何するとその男はついその先に怪物がゐるから一緒に行かうと湯巡査を誘ふので湯巡査は相手の樣子がをかしいと睨み乍《なが》らも一應取調べるべく同行したが何ら怪しい物も見ないので件《くだん》の男を詰問し本署へ連行を求めた所その男は矢庭に湯巡査に打ってかゝり湯巡査がひるむ隙《すき》にサーベルを引抜き斬ってかゝったので湯巡査も直《ただち》に之《これ》に組つき大格闘約二十分間の後漸《よう》く《や》サーベルだけは取戻したがその際件の男から右の手首をしたゝか嚙みつかれたはづみに同人を取逃したので七八間《けん》追跡又もや大格闘の上開山町四丁目堤藤太郎、田中米男、開山町二丁目鄭坤の三名の應援を得て遂に逮捕したが右は臺南市開山町一ノ三五方成受（三五）と言ふ前科七犯を有する兇賊で大正十三年以来行方捜査中の者で一昨年夏臺南市内の婦人連を恐怖せしめた某事件の犯人と目されてゐる尚右格闘現場に同人が落した蟇口《がまぐち》があったがそれは前夜市内の某所で盗難にかゝった品物でそれらの點《てん》から見て餘罪《よざい》多き見込みで目下取調中〉

まる五年間も逃亡中の凶悪犯を、深夜の大格闘で逮捕した徳章は、たちまち有名人となった。特に、開山町は、台南の中心にあるロータリー「大正公園」から南西に広がる町で、孔子廟《こうしびょう》や北白川宮能久親王を祀《まつ》る台南神社にもほど近い台南の中心街だ。その開山町派出所に勤務する青年巡査が、大手柄を挙げたのだ。新聞に大報道されたこの勇敢な青年巡査の顔を見るために、わざわざ派出所までやって来る市民も出た。

うちの娘の婿《むこ》に――と、言って来る人もいたほどで、

「いえ、湯巡査は、すでに結婚しています」

派出所の玄関でそう教えられて、とぼとぼ帰っていく市民も少なからずいたのである。

この出来事は、警察内部の幹部たちにも、湯徳章という巡査は頭がいいだけでなく、「剛の者だ」という認識を与えるきっかけとなった。

その意味では、徳章の人生にとっても、大きな出来事だったと言えるだろう。

この開山町派出所時代に、徳章は、人脈を大いに広げることになる。新聞にまで出た有名な巡査ということもあったが、偉ぶることがまったくなく、誰に対しても分け隔《へだ》てない態度で接するこの青年の姿勢が好感を呼んだのだろう。

徳章は、一九三〇（昭和五）年には、早くも派出所の次席巡査となった。難関の文官普通試験を突破している巡査は稀《まれ》なので、当然と言えば当然だが、巡査部長に次ぐ職位となったことで、徳章の人脈は、さらに充実していく。既述のように、台湾では、派出所とは、その地域を預かる一定規模を有する警察署のことであり、日本の派出所とは規模と役割が異なっている。

徳章は、すでに二十三歳にして、警察内に大きな存在感を示すようになったのである。

父・徳蔵を知る警察の古株には、

「おお、あいつの息子がこんなに立派な男になったのか」

そう言ってくれる人もいた。

あの西来庵事件の時、死ぬことがわかっていても、そこに残って敵に立ち向かった父のことを徳章は誰よりも尊敬していた。

「親父こそ真の男だ」

子供の頃から、そう揺るぎなく思いつづけている徳章にとって、父・徳蔵と共に、自分のことが語られることは、なによりの喜びでもあったし、誇りでもあった。

(父さん、今日も父さんを知っている人に会ったよ)

徳章は、たびたび、心の中でそう父に語りかけた。自分が頑張ることは、非業の死を遂げた「父のため」でもあったのだ。

徳章は、充実した人生を順調に歩んでいた。

白昼のひき逃げ事故

誰から見ても人が羨《うらや》む道を歩んでいる徳章には、生まれついての強い性分があった。それは、「曲がったことが許せない」というものだ。「不正や、道理に合わないことは、絶対に許せない」のである。

その強烈な性分は、徳章の正義感と勇気を示すものであり、父・徳蔵をはじめ、代々、「坂井家」に受け継がれてきたものに違いない。

だが、通常は、社会に出て、一定の組織に属し、社会的な地位が上がってくるにつれ、さまざまな事情からそこに「妥協」が生じ、いわゆる〝角《かど》〟がとれてくるものである。しかし、徳章には、それがなかった。

これも幼い時に経験した「父の死」が影響していることは間違いないだろう。死の淵《ふち》に立った時に〝究極の勇気〟を示した父を持つ自分が、目の前の不正や理不尽な出来事を見逃すことなど、できようはずがなかった。

その性分は、徳章を語る場合に、人間として素晴らしい長所として挙げられるのだが、一般社会、特に警察組織の中では、「融通《ゆうずう》が利かない」、あるいは「頑固《がんこ》過ぎる」というマイナスに捉えられる場合が少なくなかった。やがて、この強烈な正義感が徳章自身の足を引っ張ることになるのである。

「台湾人差別」というものが、官僚組織に現に存在していることを肌で感じるにつれ、徳章の中で生来の「正義感」は次第に大きくなっていった。日本人の父、台湾人の母を持つ自分だからこそ、内地人、すなわち日本人による本島人への差別を許してはならないと、自分に課していたのかもしれない。

警察というがちがちの官僚組織の中で、その強い正義感と妥協のなさは、やがて徳章を追い込んでいく。徳章の運命を変えることになるその出来事が起こったのは、一九三三（昭和八）年十一月二十日のことである。

この日午後三時頃、台南市の中心街・錦町《にしき》二丁目の「巴里《パリ》酒場」前の路上で、交通事故が発生した。現在の民生路と永福路との交差点付近である。

道路を横断しようとした荘通興《そうつうこう》という三十八歳の本島人に、走ってきた黒いシボレーが衝突したのだ。

荘は転倒。左膝《ひざ》をしたたか打ち、右足の指に数か所の傷ができた。重傷でこそなかったが、荘の叫び声と大きなブレーキ音に、通行人は騒然となった。

しかし、シボレーは、一瞬、停まったものの、そのままエンジンを吹かして、全速力でその場から走り去った。

「なんだ！」

「どうなっているんだ！」

事故の目撃者たちは、荘に駆け寄って声をかけた。

顔をしかめてうずくまったままの荘を抱き起こした目撃者の一人は、逃げ去ったシボレーのナンバープレートをしっかりと目に焼きつけていた。

「〝南八七四号〟だ！　俺は見たぞ。〝南八七四号〟だ！」

目撃者は、叫んだ。

車自体が珍しい台南で、高級車であるシボレーに乗っている人間など、そうはいない。急発進して逃げて行った者が、金持ちであることはわかっている。

しかし、裕福な人間であろうと、これは、卑劣なひき逃げ事故だ。人として許されない行為に、目撃者たちは憤《いきどお》っていた。

彼らは、荘を支えて錦町の警察派出所に連れていった。大勢の台湾人に担ぎ込まれた荘の証言によって、事故は警察の知るところとなった。

「南八七四号」というナンバープレートと、黒いシボレーという車種から、持ち主はすぐに判明した。

台南駅近くの大正町で「鹿沼《かぬま》医院」を経営する医学博士・鹿沼政雄《まさお》（三二）がその所有者だった。現在の台南市中西区中正路の天主堂の向かい側に聳え立っていた病院だ。

「鹿沼医院」と聞いて、巡査たちは、

（これは、厄介《やっかい》だぞ……）

思わずそう呟《つぶや》いた。

なぜなら鹿沼政雄自身が台南市の有力者というだけではなかったからだ。その父親である鹿沼留吉《とめきち》は、台南で知らぬもののいない大立者《おおだてもの》だったのである。

台南市計程車株式会社という大きなタクシー会社を経営する一方、息子にも病院を経営させ、同時に台南州の「協議員」でもあった。

台湾では、一九二〇（大正九）年に州制が公布され、以降、各州では、州知事がその行政を担ったが、州知事の諮詢《しじゅん》機関として設置されたのが、「州協議会」だった。現在の「議会」の前身にあたるものである。

協議員は、すべて「官選」で、有力者や資産家が選ばれ、彼らは、州知事からの諮問を受けて意見を述べた。鹿沼留吉は、その一人だった。

日常的に州知事と顔を合わせ、これに意見を述べる有力者が鹿沼留吉であり、もともと州知事とは肝胆相照《かんたんあいて》らす仲であったからこそ、協議員に選ばれたという経緯がある。警察にとっては、最も敵にまわしてはいけない人物であり、もちろん、台南の政財界に強い影響力を持つ鹿沼留吉の名を警察内部で知らぬ者はいなかった。

それは、とても派出所レベルで扱えるような案件ではなかった。事件は、台南警察に持ち込まれた。

事故翌々日から、この担当になったのが、台南警察の警部補へと昇進していた湯徳章だった。

徳章は、その後も、努力を怠らず、出世を重ねていた。一九三二（昭和七）年には台南警察の巡査部長となり、翌年には、警部補となった。

警部補は幹部人事の扱いであり、その昇進は新聞にも紹介されている。「湯」姓を名乗る徳章は、父親が日本人であったとはいえ、あくまで「本島人」である。そのため、内地人よりは出世のスピードが遅かったものの、それでも「本島人唯一の警部補」と新聞に報じられるまでになっていたのだ。

鹿沼医師ひき逃げ事件は、そんな湯徳章警部補のもとに持ち込まれたのである。

徳章は、ただちに鹿沼政雄に出頭を命じた。

正しく法を執行するのが警察官の使命である。その使命に忠実な徳章には、相手がどれほどの有力者であろうと、もとより関係がなかった。

警部補とはいえ、徳章は、まだ二十六歳である。世間では、年齢からいえば、まだ若造だ。三十二歳の鹿沼政雄から見ても、六つも年下だった。

出頭した鹿沼政雄は、取調室で徳章と向かい合った。

「警部補の湯徳章です。これから事情をお訊《き》きします」

鹿沼は、そう聞いた瞬間、態度が横柄《おうへい》になった。「湯徳章」という名が、本島人の名前だったからだ。

こんな若造が、しかも本島人が俺を取り調べるのか。

鹿沼は、そう思ったに違いない。その微妙な表情の変化を徳章は見逃さなかった。

（徹底的にひき逃げ事件の真相を明らかにする）

二十六歳の徳章は、そう心に誓った。

「あなたは、なぜ事故を放置して逃げたのか」

「車から降りて、事故の確認をおこなわなかった理由はなにか」

「あなたは医者でありながら、ケガをした人間を放置するのか」

徳章は、ひき逃げの〝犯意〟を明確にするために、鹿沼を問い詰めた。

しかし、「なぜ本島人に私が追及されなければならないのか」という思いを持つ鹿沼は、この取り調べ自体が気に食わなかった。

「すでに被害者の治療はおこなっている。失礼なことを言うな」

鹿沼は、そう開き直った。

事故翌日、鹿沼は病院から人を派遣して被害者の荘を医院まで連れてきて、簡単な治療を施していた。そして、「五圓《えん》」を握らせて家に帰していたのである。

「すでに事故の処理は終わっている」

それが、鹿沼の言い分だった。

だが、徳章には、そんな言い逃れは通じない。

「私が訊いているのは、あなたが、なぜ被害者を放置して走り去ったのか、というその理由です」

表情もまったく変えず、徳章は、まっすぐ鹿沼政雄の目を見て、そう言った。

（こいつ、俺がどういう人間かわかっていないのか）

おそらく鹿沼はそう考えたに違いない。

父親と自分の素性《すじょう》を知っていたら、普通なら、「穏便《おんびん》に事故は処理しておきますから……」という態度で接してくるはずである。

しかし、目の前にいる警部補は、表情も変えず、自分に〝向かって〟くる。あくまでも人間としての「道義」を突いてくるのだ。

意外だった。

警察など、どうとでもなる、と思っていただけに、鹿沼は面食らった。

「私は、道義を忘れたわけではない」

しばらくの沈黙ののち、鹿沼は、そう言った。目の前の若者の何とも言えぬ迫力に気圧《けお》されたのである。

「なぜ、そう言えるのですか」

相変わらず表情も変えず、徳章が尋問する。

「車を停めて降りていけば、周囲に人が集まってしまうと思ったからだ」

鹿沼は、そう応《こた》えた。

「ほう、それで？」

徳章が訊く。

「人が集まってしまって、自分の行動を妨害する者が出てきてしまえば混乱になる。それを恐れたのだ」

鹿沼は、そんな言い訳をした。

「すると、あなたは、混乱を恐れて、被害者を放置したまま、走り去ったということですね」

徳章は、そう畳《たた》みかけた。

事故を起こし、そこに「被害者」がいることを認識しながら、混乱を恐れて走り去った――鹿沼は、ひき逃げに対する〝犯意〟があったことを、自ら吐露してしまったのである。

完全に徳章のペースになっていた。

「あなたは、それで翌日になって被害者に連絡し、治療を施したというわけですね。それで、いくら被害者に手渡したのですか」

淡々と訊いてくる徳章に、鹿沼は、ふてくされたように、

「五圓」

と言い放った。心の中で、徳章に対して、

（こいつ、ただでは済まさんぞ）

そう思っていただろう。ひき逃げの犯意を吐露した鹿沼に、あとは、事実関係を確認する所定の質問がおこなわれた。

聴取は、二時間ほどで終わった。

わずか「五圓」で示談が成ったと、この男は思っているのか。被害者の処罰感情はどうなるのか。

実は、徳章は、この日の午前中に、すでに被害者である荘通興の聴取を終えていた。そこで、荘が簡単な治療を受けて、「五圓」という金額を受け取っていることも、承知していた。

鹿沼は、これで事件は終わっていると思っているに違いない。しかし、そんな形ばかりの善後策で終わらせるなど、許されるはずがない。これは、立派なひき逃げ事件であり、刑事罰は、きちんと受けてもらわなければならなかった。

翌日、徳章は、被害者の荘通興をふたたび呼び出した。

そこで、渡された「五圓」に対する見解や、処罰感情などを細かく訊いていった。

徳章の聴取を受けるうちに、荘は、あらためて鹿沼への怒りを呼び起こされたようだった。

「私は、鹿沼医師を告訴します」

荘は、断言した。

「お金も返す」

淡々と訊いていく徳章の〝詰め〟の尋問に、荘は興奮を抑えられなくなっていた。

「わかりました」

法を厳正に執行することが警察官の使命であり、徳章にそのことへの逡巡《しゅんじゅん》など、いささかもなかった。

被害者からの告訴状は、徳章に預けられたのである。

その頃、警察内部は、有力者鹿沼留吉からのクレームで、てんやわんやになっていた。州知事の盟友である鹿沼一族を相手に、こともあろうに警察がコトを構えようというのである。

「湯警部補、これはどういうことかね」

「なんとか穏便に済ませられないのか」

わずか二十六歳の正義感あふれるこの警部補に、上層部から、さまざまな声が掛かった。しかし、徳章は、こう言うだけだった。

「これは、悪質なひき逃げ事件です。業務上過失傷害罪に該当します。すべての構成要件を満たしており、うやむやにするわけにはまいりません」

頑固なこの若者に、警察上層部は頭を抱えた。

すでに、新聞も騒ぎ始めていた。それも、台湾の現地紙の漢文の紙面だけがこの事件を取り上げていた。

現地紙には複数の日本語紙面の中に、漢文の紙面が一面だけあった（注＝のちに皇民化政策の徹底のため漢文紙面は廃止される）。鹿沼医師の事故の記事は、この漢文の面にのみ掲載されていたのだ。言うまでもなく、それは本島人たちの間に強い関心を呼び起こした。

同じ新聞でも、日本語面は、事件について、〝完全黙殺〟したことになる。いかにこの事故報道が日本人社会でタブーに属していたかが窺《うかが》える。

頑として譲らない徳章の力で、事件は、業務上過失傷害として台南市検察局に送検され、法廷に持ち込まれた。「示談」によって、出来事そのものをうやむやにすることはできなかったのである。

だが、鹿沼一族と州知事の力は、やはり大きかった。

判決は、「鹿沼政雄は、被害者荘通興に賠償金二十圓を支払え」という略式命令で終わった。初犯であったことが考慮されたこともあったが、明らかに裁判に大きな力がかかっていることを徳章は、感じた。

〈自動車人身事故　悪徳医師に罰金二十圓〉

一九三三年十二月二十九日付の台湾日日新報の漢文面には、そんな見出しのもとに、判決がこう報じられている。

〈台南市大正町二丁目鹿沼医院院長で医学博士の鹿沼政雄氏は、先月二十日、自家用車を運転中に市内錦町二丁目の路上で北門郡七股庄の荘通興に衝突して怪我を負わせた上、そのまま現場から去った。その後台南警察署の出頭命令を受け、業務上過失傷害に問われた。

本件は台南市検察局に送検され、去る二十六日、台南法院の第三法廷において岡裁判官が審判を担当し、小松原書記官が立ち会った。柳沢検察官の関与のもと、罰金二

十圓の略式命令が下され、これで結審することとなった〉

裁判官以下、すべての当事者が「日本人であること」を伝え、同紙は〈罰金二十圓の略式命令〉であった事実を淡々と記述している。

有力者であり、日本人であれば、すべてが曲げられる現実がそこにはあった。徳章の頑張りで、事件が法廷まで持ち込まれたこと自体が、奇跡的なことだったのかもしれない。

「融通が利かない」「頑固者」「上司の意向に沿わない男」――官僚組織の理不尽さと、徳章の正義感とが真っ向からぶつかり合ったこの事件は、そんなマイナス評価を徳章にもたらしたことは確かだった。

しかし、徳章は、「俺は間違ったことは何ひとつしていない」と妻・濫に言うだけだったという。

人生の岐路

〝本島人〟としては珍しいエリート街道を突っ走ってきた徳章に、突然、中国本土の広東《カントン》省の勤務が命じられるのは、鹿沼事件から一年あまり後の一九三五（昭和十）年一月のことだ。

広東省の警察顧問として、現地警察を指導する役割であり、名誉ある職だと言える。しかし、実際には、それまで順調だった「出世コース」から外されたという感触は、徳章にもあったに違いない。

広東とは、革命の父・孫文《そんぶん》が出た地でもあり、辛亥《しんがい》革命を成し遂げた〝革命派〟の故郷でもあった。その意味では、革命の中心地と言えた。

しかし、広東の乱れようは、徳章を仰天させた。

警察の顧問として、組織の指導を命じられていた徳章は、賄賂《わいろ》と情実が横行する乱れた社会を初めてその目で見た。

広東では、警察官というのは、「怖《おそ》れ」と「尊敬」と「侮《あなど》り」を同時に受ける不思議な存在だった。

人々は、権力を持つ警察という組織と人間に対して、常に心づけ、すなわち賄賂を用意していた。何かがあった場合に、袖の下にそっと賄賂をしのばせ、また、何かをおこなう時には、便宜をはかってもらうために露骨に金品の提供を申し出てきた。

警察官の収入は、俸給《ほうきゅう》よりむしろそっちの方が大きく、警察官という職にさえつけば、お金に困ることはなかったのだ。

しかし、それは、警察とは、賄賂次第でどうにでもなる存在であると、人々が考えていることを意味していた。つまり、「侮り」の対象である。

台湾でも、たしかに警察官は威張っていた。しかし、厳しい日本統治のもとで、賄賂が社会で「幅を利かす」ということはなかった。

秩序は保たれており、賄賂がなければ物事が動かない、ということなどは決してなかった。それだけに、賄賂が横行し、不健全で、不公平な社会を見つづけた一年の広東暮らしは、徳章にとって、貴重で、大きな経験となった。

徳章は、社会の隅々まで不正が蔓延《まんえん》している地には、まともな文化と秩序は育たない、ということを広東で学んだのである。

徳章は、悩んでいた。いや、迷っていた、という方が正確だろう。

鹿沼事件でも明らかになった台湾人差別と警察組織の腐敗——悪を取り締まり、法を執行し、正義を体現するはずの組織の情けない姿は、徳章を失望させていた。それは、自分が頑張って直せるようなものではなく、その根の深さと大きさは、とても、個人の力で是正できるようなものではないことがわかっていたからだ。

もし、警察組織を正すなら、いや日本統治下での不条理な部分を少しでも直すつもりなら、警察組織にいつまでもいても仕方がない。変えるならば、外部から動かしていくしかない。それには、どういう方法があるのか。

徳章は、それを考えていたのである。

このまま内部にとどまるか、外に飛びだして行動するか。徳章にとって、人生のわかれ道ともいえる決断の時が迫っていた。

今までの「安定」を捨て、新たな「挑戦」をするかどうか。大きな決断が必要だった。

徳章と濫の間には、子供が生まれなかった。濫の華奢な身体は、子供を産む体力を持っていなかったのである。

徳章の姉の柳は、製糖会社に勤める陳珠文《ちんしゅぶん》と結婚をし、丈夫な子供を産んでいた。あの西来庵事件で母の腕に抱かれて逃げた弟・徳次郎が夭折したため、柳が唯一、血がつながっているきょうだいだった。日本人の父を持ち、台湾人の母を持つ、二人だけのこの姉弟は、どんな時でも、助け合って生きてきた。成人してからも同じだ。

一家の大黒柱である父・徳蔵が早くに亡くなったため、この姉と弟にとって、「お互いの力」になることは生きるための術《すべ》でもあったのである。

その姉は、子供に恵まれ、最終的な子供の数は、六男三女の九人となった。徳章は、濫の身体を気遣い、五男の聰模《そうも》が生まれる前に、「次の子は、養子として、自分にもらえないだろうか」と柳に相談していた。

柳も、夫の陳珠文も、徳章の願いを聞き入れてくれた。

一九三三（昭和八）年八月に生まれた聰模は、生まれてまもなく「湯聰模」となり、徳章と濫の子供として育つのである。

また、徳章は、母・玉とも、生活を共にした。

徳章を誇りに思い、自慢の種とした玉は、徳章といつも一緒だった。転勤でも一緒に移り、徳章が結婚してからも新婦・濫と、二人で徳章の食事をつくった。

仲のいい二人は、嫁と姑《しゅうとめ》ではなく、実際の母娘と誰もが信じて疑わなかった。

家族は、徳章にとって、「最も大切なもの」であり、同時に「絶対に守らなければならない存在」でもあった。

人生の岐路――それは、警察を辞めるかどうか、である。

安定した職業である警察官は、家族を持つ者にとって、実にありがたいものである。まして、徳章は、台南州で唯一の台湾籍の警部補なのである。まわりから見れば、警察の立派な幹部である徳章に、「一体、何の不満があるのか」と首を傾げただろう。

人が羨むような職と地位を敢《あ》えて手放すのか。誰もがそう思うに違いない。

しかし、徳章が生来、持っている「正義感」は、それを許さなかった。

広東から台湾に戻って以後も、徳章は、台湾籍の者は任命されない単独分野の「主管」であるポストを歴任した。しかし、それでも日本籍の人間に比べたら、地位は劣っていた。鹿沼事件で見せた頑固さを上層部が嫌ったのは間違いない。徳章は、鹿沼事件以後の六年間、黙々と仕事を重ねたが、警部には昇進していない。

警部補でさえ、台湾籍の人間では、徳章がただ一人だった。警部となれば、もう一段、上になるが、明らかに徳章より劣る内地人が、すでに警部への昇進を果たしていた。

徳章が台湾籍であるがゆえに、そして、あの鹿沼事件で示した断乎《だんこ》たる正義感ゆえに、日本人の支配層が「昇進」を認めなかったのではないか。誰もがそう感じていた。

そのことについて、徳章が果たしてどんな思いを持っていたのか、徳章はどんな文章も残していないし、また、家族にも、語っていない。しかし、

「俺のやるべきことは、ほかにある」

そんな思いを次第に募らせていったことは、のちの勉学仲間たちの証言からも、間

違いない。

そして、ここで二つの大きな出来事が、徳章の決断をあと押しすることになる。それは、徳章にとって、青天の霹靂《へきれき》とも言うべきことだった。

長い間、探し求めていた父・徳蔵の実家「坂井家」の人間の消息がわかったのである。

徳章は、警察人脈を利用して、坂井家の〃その後〃を探しに探していた。台南という遠隔地からではあるが、熊本の宇土を出た父・徳蔵と、その後、宇土から去った坂井家の足跡を台南州警部補の立場で、徳章は調べていた。

すでに故郷の宇土には、坂井家の痕跡は残っておらず、遠隔地からの捜査では坂井家の消息を辿《たど》ることができなかったのだ。しかし、内地から来る出張者や、熊本にゆかりのある者など、さまざまなルートを辿るうちに、父の弟・坂井又蔵の存在がわかったのである。

父の弟を探しあてた喜びは、言葉には表わせないほどのものだった。八歳の時に父と死に別れて以来、どのくらい苦労したかしれない。

自分の中に父の血、すなわち熊本の血が流れていることがわかっていながら、熊本がどんな地なのか、父がどんな人生を辿って、台湾にやって来たのか、何も知らなかったのである。

父が、せめて自分が青年になるまで生きていてくれたら、先祖代々の土地と故郷のありさまを心ゆくまで、聞くことができただろう。

しかし、父の非業の死は、そんなあたりまえの望みを奪い去ってしまった。自分の先祖もわからない人間など、〝浮草〟のようなものではないか。いや、糸の切れた凧《たこ》のようなものではないか。

徳章は、そう考えていた。

だが、人生の岐路で行き迷い、真剣に考えていた折も折、坂井家の消息が判明したのだ。これは、坂井家の魂が、自分の決断を支持してくれているということではないのか。徳章は、運命的なものを感じたに違いない。

俺は、父の血縁に頼ることで道を切り開いて、もう一度、勝負すべきではないのか。

そんな自問自答が心の中で繰り返された。

徳章は、警察での勤務の中で、「人権」というものを強く意識するようになった。

台湾人の人権がどれだけ軽視されているか。人は、すべて人として尊重され、法の下に平等でなければならないはずである。

しかし、実際には、貧富の差や、職業、あるいは内地人か本島人か、ということで、生まれながらの「平等」を実現するまでには、巨大な壁が存在していた。

いや、それよりも、「人権」という概念自体が、理解されるまでに長い歳月が必要だろう。

台湾における「人権」の確立。これこそが、自分がなしうる使命だと徳章は考えるようになっていた。その使命を全うするには、弁護士となって、人々の「人権」を守り、また、「啓蒙《けいもう》」していかなければならなかった。

その職に就いてみたい。人権の概念を確立させるような弁護士になりたい。徳章は、そんな未来を思い描くようになっていた。

もうひとつの出来事は、支那事変の勃発《ぼっぱつ》である。内地では、軍部、特に陸軍の発言力が日に日に強まり、一九三六（昭和十一）年二月二十六日には、陸軍の青年将校たちが「昭和維新」を唱えてクーデターを敢行し、失敗。しかし、逆に軍部の力が増し、誰も陸軍に逆らえない雰囲気が生まれていた。

すでに、満洲事変と満洲国の建国・存続をめぐって国際連盟を脱退していた日本は、確実に国際的な孤立化の道を歩んでいた。

そんな中で、一九三七（昭和十二）年七月七日、北京市郊外の盧溝橋《ろこうきょう》において、ついに日本軍と中国国民革命軍の第二十九軍との衝突事件が発生。日中全面戦争へと突き進んでいく。

日本中を憤激させたのは、三週間後の七月二十九日に起こった「通州《つうしゅう》事件」だった。北京市の東およそ三百キロに位置する通州で、冀《き》東《とう》防共自治政府保安隊によって日本人居留民が猟奇的な虐殺を受けた。婦女子が強姦《ごうかん》され、朝鮮人を併《あわ》せて二百二十三人が惨殺されたのである。それは、人間の所業とはとても思えないものであり、「現場」を伝える報道写真は国民に衝撃を与え、目を背《そむ》けさせた。

この事件は、日本中を怒りの渦に巻き込んだ。支那事変は、憎しみが憎しみを呼ぶ怨嗟《えんさ》の連鎖の中で、深みに嵌《は》まっていくのである。

日中全面戦争は、日本の隅々にまで影響を与えることになる。それは、台湾も同様だ。いや、台湾こそ、最もその大きな影響を受けたと言えるだろう。

台湾は、いうまでもなく、台湾海峡を挟んで大陸と向かい合う、最も大陸と〝近い位置〟にある。これは何を意味するのか。

日中の全面戦争が起こった時点で、「人的」にも、「資源的」にも、その供給の最前線基地となったのは、台湾だった。

そこで始まったのが「皇民化政策」だったのである。簡単に言えば、台湾人の日本人化運動だ。

これは、それまでの台湾統治政策とは、一線を画すものだった。統治開始以来四十年間、日本は、台湾人の言葉も、宗教も、さらに言えば、風俗も尊重していた。それは、児玉源太郎総督、後藤新平民政局長以来の基本政策だった。

そのため、台湾では伝統的な習慣が生かされたまま、日本からの近代文明を受け入れることができた。しかし、それとは異なる統治を日本は開始するのである。

〈皇国精神ノ徹底ヲ図リ、普通教育ヲ振興シ、言語風俗ヲ匡励《きょうれい》シテ忠良ナル帝国臣民タルノ素地ヲ培養スルコトヲ目的トス〉

戦争への台湾人の参加を目的とし、それまでのゆるやかな同化政策から、はっきりと、同じ天皇を仰ぐ「皇民である」という支配形態の強化が図られたのである。

これには、さまざまな運動があった。まずひとつは、日本語使用を奨励する運動であり、同時に改姓名運動もおこなわれた。日本名を名乗ることが奨励されたため、強制ではないものの、日本名を持つ者が数多く出た。

さらには志願兵制度も導入された。台湾の志願兵制度導入は朝鮮に比べれば遅かったが、それでも「陸軍特別志願兵制度」が一九四二（昭和十七）年から実施されている。

なお、第一回の募集枠「千名」に対して、四十二万人にのぼる台湾青年が志願者として殺到し、第二回の「千名」の募集に対しても、六十万人を超える若者が殺到している。

太平洋戦争末期の一九四四（昭和十九）年九月からは、台湾では徴兵制施行によって志願ではなく正式に「兵役義務」も課せられ、結局、台湾人日本兵は、軍人・軍属を併せると計二十万七千人に達した。戦死者は、そのうち一五パーセントにあたる約三万人にのぼっている。

皇民化運動の中では、宗教や風俗についても日本化がおこなわれた。「寺廟《じびょう》整理」という名の寺と廟の取り壊しと神社の建設である。

戦争が進むにつれ、こうした皇民化政策が台湾で強化されていった。

徳章は、変わりゆく台湾を見て、「帝都東京」へ行かなければ、と思った。世の「中枢」を見なければならない。

これから日本は、台湾は、どうなるのか。そして、世界を見なければならない。

それをこの目で確かめ、内地と台湾の行く末を見据えなければならない。

見たい。帝都東京に行きたい。

すべては、「台湾のため」である。自分が広い視野を持って、台南で大きな使命を果たすためには、閉塞《へいそく》した警察機構の中にいるのではなく、新たな挑戦が必要だった。ある程度の蓄《たくわ》えはある。十二年間も巡査、そして警部補として仕事をしてきたのである。無駄遣いなどできる身分でなかったこともあり、家計から遊興費に消えるものはなく、それなりの蓄えを徳章は持っていた。

俺には、まだまだ力がある。できるかぎり、自分の能力の限界に挑み、力をつけて、大きな役割を果たしたい。そう徳章は思った。

「東京へ出て勉強する。そして、高等文官試験に挑戦しようと思う」

徳章が濫にそう打ち明けたのは、「坂井家の消息」がわかったあとのことである。夫の真剣な目を見た濫には、反対する気など、あろうはずがなかった。ただ夫についていく。それが、濫のすべてだった。

「わかりました。この子を連れて、私も行きます」

やっと五歳になった聰模の寝顔を見ながら、濫はそう言った。

一九三九（昭和十四）年四月、徳章は、台南州新豊郡の司法主任を最後に、ついに職を辞した。徳章、満三十二歳の〝決断の春〟だった。

一家は、こうして帝都東京に向かうことになったのである。

第六章　戦時下の東京

やって来た「帝都東京」

初めて会う血のつながった父の弟・坂井又蔵は、想像以上の人物だった。最後に見た父の姿を忘れられない徳章にとって、叔父《おじ》・又蔵は、「父そのもの」だったのだ。

幼い頃の記憶にある父の目元や額《ひたい》、あるいは髪の生え際《はえぎわ》などが「そっくり」なのである。そして、話し方も、父本人と話しているような錯覚をするほどだった。

「おまえが、徳章か……」

叔父・又蔵にとっても、兄の忘れ形見との初めての対面である。やはり、徳章は、兄・徳蔵の面影をそのまま残しているように思えた。

警察官という特別の職業でなければ、到底、不可能だっただろう。伝手《つて》を辿りに辿って、血のつながった叔父である自分をついに探し出したこの甥《おい》を、又蔵はどれほど頼もしく思えたか知れない。

長兄の徳蔵と三男の又蔵とは、九つもの歳の差があった。まだ子供の頃に、もう立派な青年だった兄は、父ともよく対立していたと又蔵は記憶している。まだ子供の自分から見たら、おとなしい六歳違いの次兄・収蔵と比べ、随分豪快な兄貴に見えたものだ。やんちゃ坊主をそのまま大きくしたような徳蔵兄のことが又蔵は大好きだった。

しかし兄の側から見たら、まだ海のものとも、山のものともつかない子供に過ぎなかった自分のことなど、きっと〝数のうち〟にも入っていなかったに違いない。

兄がどんな思いで台湾に向かったのか、実のところ、又蔵には何もわかっていなかった。そもそも兄が台湾に向かったのは、自分がまだ十一、二歳の頃なのだから無理もなかった。兄弟でじっくり腹を割って話し合うことができる年齢までは、まだ年月が足らなかったのだ。

だが、それから四十年以上という歳月を経て、その兄の息子から連絡があり、そして初めて会うことができたのである。なんとも言えない驚きであり、血の不思議を感じる喜びであった。

お互いの消息を手紙で伝え合う中で、父親と同じ警察官となったが、それを辞めて、東京に勉学のために出て来たいという思いがあることがわかってきた。自分を頼ってくれる喜びと、東京にその甥を迎えて、きちんと世話ができるのかという若干の不安が、又蔵に湧き起こってきたのも事実である。

しかし、兄の面影を残した徳章とその妻子を見た途端、又蔵には、「どんなことがあっても、この一家の面倒を見る」という決意が生まれた。

又蔵には、妻・ハツとの間に、四男二女がいた。子供はほかにも四人いたが、いずれも夭折している。夭折した子供たちも入れると十人の子持ちだったことになる。

長男の周資は、徳章たちが東京にやって来た時は二十五歳、長女の三保子は二十二歳で、すでに二人とも働いていた。のちに戦死することになる三男・浩治《こうじ》と四男・佳《よし》民《たみ》は家にいた。次女の磬子はまだ十一歳、末の男の子の鈴馬は、九歳だった。

それでも、又蔵は徳章と養子縁組をして、自分の息子とした。同時に妻・濫も、子供の聰模も、自分の戸籍に入れたのである。

高等文官試験に挑戦するなら、台湾姓より日本姓の方がいいに決まっている。又蔵には、そのことがわかっていた。だからこそ、「親子」となったのである。こうして、晴れて徳章は、「坂井徳章」となった。

又蔵一家は、芝区（現在の港区）白金今里町《しろかねいまざとちょう》百四十二番地の借家に住んでいた。白金台の目黒通りから小さな道を南に入り、五、六十メートル先を左に折れた場所にある静かな住宅街だ。

又蔵は、徳章一家を迎えるために、近くに二階建ての一軒家を用意した。

それは、〝製紙王〟と称された「王子製紙」のドンであり、のちに米内光政内閣での商工大臣をはじめ、閣僚を歴任する政財界の大物・藤原銀次郎邸の中に建つ家だった。

又蔵が住んでいた家は、銀次郎邸から数十メートルのところにあり、この財界の大立者と以前から親しかった又蔵は、藤原本人に頼み込んで、その一軒家を借り受けたのだ。

藤原邸の大きな門を入ると、左側には、門番が住む平屋の一軒家があり、右側には、もとは秘書や書生などが住んでいた二階家の一戸建てがあったのである。

家賃という形ではなく、電気水道代を支払うだけで徳章たちは、この一軒家に住むことができた。まさに破格の扱いの「門番」と言えた。

多くの財界人と親交のあった又蔵は、元朝日新聞記者であり、相場にかかわる兜《かぶと》町《ちょう》の記事も書いていた。大正十五年には、『銀行王安田善次郎』という本も上梓《じょうし》しており、その「序文」を〝日本資本主義の父〟渋沢栄一に書いてもらうほどの間柄だった。

多くの財界人とつき合いを持っていた又蔵にとっては、甥たちの住む家を藤原銀次郎から破格の条件で借り受けることぐらいは、朝飯前だったに違いない。

又蔵の教養と経験、そして幅広い人脈は、さまざまな面でそれからの徳章のために役立つことになる。

中央大学と司法試験

高等文官試験の勉強をするにあたって、又蔵から最も勧められたのは、中央大学である。

中央大学は、高文司法科の試験において東京帝大と激しい鍔迫《つばぜ》り合いを演じている私学だった。合格者数は、ほぼ拮抗《きっこう》しており、明治大学出身の又蔵は、そのあたりの実情に通じていた。

ちなみに、高文司法科試験の合格者数は、昭和十四年度が「東大六十三名、中大六十一名」であり、翌昭和十五（一九四〇）年度は、逆に「中大六十七名、東大五十四名」となり、初めて中大がトップの座を奪っている。

又蔵が、すでに合格者の実績で東大を凌駕《りょうが》しつつあった中央大学を勧めたのは、ほかにも理由があった。

高等文官試験は言うまでもなく、国家試験の中で最も難しい試験である。中学すら出ていない徳章にとっては、容易に合格できるようなレベルのものではない。

最も問題なのは、中学を卒業していない徳章には「受験資格」そのものが「なかった」ことである。

徳章が高等文官試験を受験するためには、通称「専検《せんけん》」と呼ばれる「専門学校入学者検定」にまず合格しなければならなかった。次に高等文官「予備試験」も通過しなければならない。つまり、徳章の目の前には、本試験の前に〝二重の壁〟が存在していたのである。

専検は、「高等試験令第七条」の規定によって、国語・漢文・地理・歴史・数学・物理・化学の七科目があった。その次の予備試験は、論文と外国語があり、外国語は英・仏・独・中国語のうち一科目の選択だった。

徳章は、中央大学には、入学するのではなく、あくまで「聴講生」として通うことを考えた。つまり、専検の七科目と、予備試験の論文と外国語、さらには、本試験の三つの試験突破を「一体にする」計画を立てたのである。「大学受験の資格」をとり、さらに「大学合格」を勝ち取り、そこを「卒業する」というまわり道をするより、その方がはるかに「早い」と考えたのだ。

又蔵は明治大学に通っていたため、同じ神田駿河台にあり、聴講生に対してどこよりもオープンで寛大だった中央大学のことを熟知しており、そのために勧めた経緯がある。

有名な教授の講義は、神田駿河台では〝共有〟されており、ほかの大学の学生が授業を聴講することなど、当時は一般的でもあった。

又蔵は、中央大学が「最も適している」と考え、徳章もこれに同意した。高等文官司法科の試験に強さを発揮している中央大学の聴講生となり、法律の専門知識を得ながら、三位一体の受験勉強をおこなうという作戦である。

徳章には、一年間の広東勤務の経験もある。「専検」さえ合格すれば、「予備試験」の外国語で中国語を選択したら、かなりの高得点が見込まれる。

ほかの受験生と徳章が違うところは、そこにあった。専検、予備試験、本試験を〝一体〟と考え、三つの勉強を並行しておこなう――これは、徳章だけの方法と言えた。

こうして、台南州の警部補だった元警察幹部の〝大学通い〟が始まったのである。

白金台から神田駿河台に通う徳章にとって、それは何から何まで目新しかった。そもそも通学の交通手段が「路面電車」だったのだ。

帝都東京をゴトンゴトンと走る「東京市電」の窓から見える風景が、とにかく新鮮だった。

東京市電とは、もともと路面電車を走らせていた東京鉄道を明治四十四年に東京市が買収し、「東京市電」と改称して、営業距離をどんどん延ばしていったものである。

グリーンを基調とする車体は、〝近代都市東京〟の象徴ともいうべき存在だった。どこまで乗っても運賃は、「七銭」で、庶民の足として定着していた。ちなみに昭和十八年には「十銭」に値上げされている。

徳章の目を見張らせたのは、町の清潔さである。町はどこも綺麗《きれい》で、ゴミがほとんど落ちていないし、道行く人々がとにかくこざっぱりしているのである。

台南と最も違う点を挙げるとしたら、やはり街並みの清潔感ではないだろうか。

白金台町の駅（停留所）から乗り、魚籃坂下《ぎょらんざか》駅を経由して、二の橋、一の橋を通り、赤羽橋《あかばねばし》から一挙に北上し、飯倉《いいくら》一丁目を経て霞が関の官庁街を突っ切るのである。桜田門を右折し、憲兵司令部がある日比谷の交差点を左折して宮城《きゅうじょう》を左に見て、そのまま神田駿河台に向かうのだ。小川町の駅で降りると、そこから中大は、歩いて数分の距離である。

東京のビジネス街、官庁街、そして宮城前をも通って大学に至るという通学路は、まさに「刺激に満ちていた」というべきだろう。

なにしろ、大蔵省、外務省、内務省、司法省といった、日本、いやアジア全体に大きな影響力を持つ官庁街を通っていくのだ。高等文官試験突破を目指す徳章にとって、〝国家の中枢〟を通って大学に向かうことは、日々、新たな意欲を掻きたてられる刺激に満ちていたと言っていいだろう。

なかでも徳章が好きな建物は、桜田門で右折する角に聳え立つ司法省の建物だった。赤煉瓦《れんが》と白壁がコントラストを描くこのドイツ・ネオバロック様式の建造物は、日本の「法曹の世界」を牛耳る総本山だった。

ドイツの建築家ヘルマン・エンデと、ヴィルヘルム・ベックマンの設計による、明治を代表するこの近代公共物は、関東大震災にも無傷で耐え、歴史的建造物として霞が関に定着していた。

いつも徳章はここに来ると、背筋が伸びた。高文合格を夢見る徳章は、ゴトンゴトンと揺られながら、毎朝、司法省ビルの前を「決意」を新たにしながら通過していたのである。

そんな東京市電にも、ひとつだけ欠点があった。

輸送量の多さに比べて車両の数が追いつかないのだ。つまり、東京市電は通勤通学者のために、いつも満員で、ぎゅうぎゅう詰めだった。

「満員鈴なり」こそ、東京市電の名物だったと言えるだろう。いつもゆっくり座席に座って、本でも読みながら、悠々と〝東京市電の旅〟が楽しめたら、どれだけ優雅だったかしれない。しかし、それは、とても叶《かな》わぬ夢だった。

昭和十六年二月十八日付の朝日新聞には、〈『歩いて下さい』市電遂に悲鳴あぐ〉という見出しのもとに、激増の一途をたどる交通量の「緩和対策」について、興味深い記事が出ている。

それによれば、市電の座席を改良して「立ち席」を多くしたり、通勤通学者以外は、正午を中心として、前後六時間以内、つまり午前九時から午後三時までに市電やバスを利用するよう指導を始めたことが報じられている。それでも、混雑は筆舌に尽くしがたく、同記事には、こう書かれている。

〈例を市電にとつて見るとラッシュ・アワーにおける日比谷交叉点《こうさてん》の市電運轉《うんてん》回数は、一時間に南北（巣鴨方面―三田方面）が二百九十台、東西（築地方面―渋谷、新宿方面）が百八十台が運轉してゐるにもかゝはらず、満足に収容しきれないで、ステップにぶら下るといふ命がけでなくては乗車出來ない有様である〉

ステップに人がぶら下がるほどの混雑は、東京市電にとっては、それこそ〝日常〟だったのである。それでも、徳章は、東京の名所めぐりのように走る満員の路面電車に徐々に身体を適応させ、やがて混雑もさして苦にもならず、充実した「勉学の日々」を送るようになる。

紀元二千六百年

勉学が大変だったとはいえ、徳章にとってこの頃は、たしかな幸せを実感できた時期だっただろう。

息子の聰模が、自宅からほど近い白金尋常小学校に入学したのは、昭和十五年四月のことだ。支那事変が泥沼の状態に陥り、次第に内地全体の軍事色が強まっていく中、この年は、お正月から雰囲気が異なっていた。

昭和十五年は、神武《じんむ》天皇の即位から二千六百年が経つという「皇紀《こうき》二千六百年」を祝う年だったのである。

正月の記念行事に始まり、十一月十日の内閣主催の宮城前広場における「紀元二千六百年式典」を頂点として、一年中、祝賀ムード一色だったと言える。

その年の春爛漫《らんまん》の四月、聰模は、白金尋常小学校に入学するのである。

今は八十三歳となった聰模は、それから七十六年もの歳月を経て、流暢《りゅうちょう》な日本語で当時をこう振り返った。

「一年中、お祝いのムードだったという記憶があります。白金尋常小学校は、つぶつぶした白い建物でね。白金という名前そのままでした。色が白いなあ、名前通りだなあ、と思いました。私が台湾から来ているからといってイジめられることもなかったし、ゆったりした学校の印象があります」

徳章が、家族を連れて東京へ来ていたのには、もちろん、理由がある。妻・濫が

「私たちも一緒に行きます」と徳章に告げたからだけではない。

聴模に「東京」を見せ、実際に東京での生活を経験させたかったのだ。台湾では、内地人による本島人差別を見てきている。そのため、本島人には、「内地」というものに、特別な意識があった。

コンプレックスという言葉でも表現できない特別な感情である。

(聴模には、そんな感情を持たせたくない)

徳章は、そう考えていた。そのためには、内地で暮らす、特に「帝都東京」での暮らしを経験させるのが一番だった。

内地人と一緒に学校に通い、内地人と一緒に泣き、笑う。そうすれば、聴模には、本島人であり、同時に内地人である感覚が自然に身につくだろう。徳章は、そう思っていたのである。

こうして、家族と共に、徳章の受験生活はつづいた。

環境は整ったが余裕はない。警察官時代に貯めた多少の蓄えが底をつかない内に合格を果たさなければならない。いわば〝期間限定〟の闘いなのである。

専検と予備試験、さらには本試験の合格——客観的に見れば、中学も出ていない人間には、〝無謀〟な挑戦と言えただろう。

しかし、徳章には、人並み外れた記憶力と、これまた人並み外れた負けん気がある。これまで発揮されてきた試験に対する無類の強さは、徳章が持って生まれたこの二つの力によるものだったと言える。

だが、三十歳を過ぎれば、さすがに記憶力が衰え、かつてのようにはいかない。それをカバーするのは、不屈の闘志しかなかった。

その猛勉強ぶりには、妻の濫も舌を巻いた。

一日中、本とノートを手放さないのである。いつも、何かを記憶するために、ぶつぶつ唱えていた。三つの試験勉強を「並行しておこなっている」のだから、無理もない。徳章は、一日がわずか「二十四時間」しかないことを恨んだ。

せめて、もう十時間、いや五時間は欲しい。

中学も出ていない自分が、帝大出の連中と闘うのだ。勉強のための時間を「神様、もう少し自分に与えてください」――徳章は、そんなことを考えながら、日々、猛勉強を続けていた。

(俺は、抱えているものが違うんだ)

家族を背負っての受験勉強であることが、合格への執念をさらに強固にしていた。

徳章の勉強一筋の生活に、ほっと息をつかせてくれるのは、家族と出かける東京見物であり、又蔵一家との交流である。

徳章は、濫と聰模にできるだけ東京を見せてあげたかった。そもそも東京へ来た目的のひとつがそれなのだ。

勉強の疲れを癒《いや》すためにも、徳章は二人をいろいろなところに連れだした。濫は、ほとんど家を出ないので、知っているところと言えば、白金台の付近だけである。徳章が同行しなければ、どこにも出かけようとしなかった。

上野、浅草、宮城前、神田、日本橋、四谷、新宿……東京には、観る場所がいくらでもあった。

物にあふれ、活気があり、人々も親切だった。

路面電車も休みの日は、さすがにラッシュではなく、いつも座って移動できた。小さな聰模は、窓に向かって正座して座り、移り変わる外の景色を飽きずに眺めていた。台南の風景とのあまりの違いに、子供なりに驚きを隠せなかったのだろう。普段は使わない省線《しょうせん》（注＝のちの国鉄。現在のJR）の電車にもよく乗った。

休みの日ごとにどこかに出かけていき、お汁粉《しるこ》やお団子《だんご》を頬張った日々を聰模は、忘れることができない。

それは、徳章にとっても、人生のオアシスだったに違いない。

養子縁組して父となった又蔵の家族との交流も、徳章の生活の張《は》りのひとつだった。子だくさんの又蔵一家は、いつ行っても賑《にぎ》やかだった。

聰模は、又蔵の末っ子の鈴馬とは三歳しか違わず、その上の磬子とは、五歳違いだ。まさに聰模の新しい〝お兄ちゃん〟と〝お姉ちゃん〟だった。

藤原銀次郎邸の門を出て左へ三、四十メートルほど走れば、そこは又蔵おじいちゃんの家だったのである。

「おじいちゃんの家には、よく遊びに行っていました。近かったですよ。それに（藤原銀次郎の）お屋敷にも、私と似たような歳の女の子がいました。時たま子供同士の呼びかけで、玄関のところまで行ったんですが、そこから奥には入りませんでした。お屋敷の中まで入るのは、子供ながら遠慮していました。でも、思い出深いですよ」

屋敷の門の横に建つ住居は、邸宅の警備を兼ねていた。そのいわば門番でもある家の人間が、お屋敷の中に入っていくことは、憚《はばか》られたのだろう。

聰模は、こうして子供の頃の東京暮らしを懐かしんだ。

軍靴《ぐんか》の響きの中で

「やった!」

徳章が専検合格の報を受けたのは、昭和十五年の十一月のことである。紀元二千六百年の祝賀行事のさなかのことだった。

よし!

これで、やっとスタートラインに立てた。徳章の心は勇んだ。

苦労の甲斐《かい》があって、わずか一年半で、専検に合格し、高等文官の予備試験に挑むことになったのである。

予備試験は、「中国語」と「論文」だ。徳章は、両方、得意だ。

いける。絶対、いける。

暗示にかけるように、徳章は自分自身を奮《ふる》い立たせた。試験は、半年後の昭和十六年五月だ。この間、徳章は中国語と論文だけでなく、法律の勉強にも没頭した。

仮に予備試験に合格したら、高文司法科の本試験まで、時間的な余裕は数か月しかなかった。

最初から、三つの試験の勉強を同時に進めていた徳章にとっては、三つが「二つ」になっただけである。しかし、本試験には、憲法、民法、刑法など、必須《ひっす》科目だけで六科目もあり、選択科目も含めれば、勉強しても、勉強しても、とても追いつかない量といえた。

それだけ高文は難関だった。

世の中は、長引く支那事変がさらに膠着《こうちゃく》状態に陥り、昭和十六（一九四一）年の年明け早々に陸軍大臣の東条英機が、「生きて虜囚《りょしゅう》の辱《はずかし》めを受けず」という「戦陣訓《せんじんくん》」を発表するなど、ますます大きくなる軍靴の響きの中にあった。

〈暴戻《ぼうれい》支那ヲ膺懲《ようちょう》ス〉

〈抗日絶滅〉

〈戦力増強に　さァ！　頑張らう〉

町なかには、「戦争貫徹」のためのスローガンがあちこちに掲げられ、帝都東京は、軍事一色に染まりつつあった。

三国同盟を結んでいるヒトラー率いるナチスドイツは、すでに昭和十四年の九月にポーランドに電撃侵攻し、ヨーロッパ全土に戦火が広がっている。ヨーロッパと同じく、広大な中国大陸においても日中の軍隊が激戦を繰り広げており、日本を取り巻く国際的な環境は悪化の一途を辿っていた。

帝都東京に、不穏な空気が増してくる中、徳章は、それでも一心不乱に勉学に励んでいた。これを突破しなければ、徳章には「未来」が開けてこないのである。

昭和十六年五月、高文予備試験が実施された。

濫は、いつも通り、試験に向かう夫を見送った。

(どうして、いつもこれほど落ち着き払っているんだろう)

夫の背中を見ながら、濫は、そう思った。夫の合格を「願う」よりも先に、どうしてもその姿に感心させられるのだ。それだけ、夫は、堂々と試験に臨んでいた。

結果は、すぐに出た。予備試験も突破――。

夫が試験に落ちるはずがない、と信じてはいたが、それでも本当に、夫の凄《すご》さを感じざるを得なかった。

予備試験合格は、さすがに特別の思いを徳章にもたらした。

これで「高等学校高等科卒業生」、もしくは、「大学予科修了者」の資格をとったことになるのである。

台南師範学校を三年に進級した直後に退学した徳章が、師範学校のさらに上の学校を卒業した「資格」をとったのだ。中学を五年通ったあとに行くのが、高等学校であり、大学の予科だった。長年の苦労が報われた気がしたのも当然だっただろう。

人生に無駄なことは何ひとつない。

それが、徳章の日頃からの考えである。専検と予備試験を突破した徳章には、実感としてそのことが「受け止められた」といえる。

公学校の校長先生がわざわざお膳立《ぜんだ》てしてくれた台南師範学校を辞めてしまい、十五歳で製糖会社の炭焼きを始めた頃、そこで習った柔道や拳法は、警察官となった時に大いに役立ったし、同時に、あの山の中で習った「漢文」のおかげで、試験ではほとんど「満点」をとることもできた。

一科目でも満点を取れる科目があれば、試験の突破は容易になる。それも、あの炭焼き時代に得たものである。

さらに、中国語は、警部補時代に、「広東駐在」で磨《みが》きをかけたものだ。あの時は、広東への異動は不満だったが、今となってはどうだろう。こと中国語に関して、自分は内地人に負けるはずはない、と思っていた。実際に、そこで一年間、暮らしているのだからあたりまえである。中国語が「高得点」だったことは間違いない。

人生に「無駄なものは何もない」という日頃の考えと信念が証明されたことが、徳章には嬉《うれ》しかった。合格を果たせたことが、なにより大きな満足感をもたらしていた。

しかし、ほっとするわけにはいかない。

徳章は、大学卒業生たちと同じスタートラインに、やっと「並んだ」だけである。本当の勝負はこれからだ。帝大出をはじめ、内地の名だたる秀才たちとの本当の闘いが始まるのは「これから」なのだ。

よーし、負けてたまるか。

相手が強大であればあるだけ、徳章には、武者震いが走った。

俺はやる。

数か月先の高文司法科試験に向かって、徳章には、闘志と気迫が漲《みなぎ》っていた。

第七章　国家試験合格

悲願達成への道

　これほどの気迫で勉学に励む人間は、どこにもいなかっただろう。専検と高文予備試験に合格したあとの徳章は、それまでにも増して、「鬼気迫る」ような受験勉強を繰り広げるようになった。

「あなた、身体を壊したら、元も子もないですから……」

　濫がそう言っても、徳章は聞かない。

　まさに〝炎〟のごとき、勉強への姿勢だった。

一階の日本間の窓側に置いた座り机に、いつも徳章は向かっていた。濫が起きている時も、寝ていてハッと目覚めた時も、夫は、常に机に向かっていた。

(ここまでやらないと合格できない試験なのでしょうか)

濫は、時々、本気でそう思った。

大学はおろか、高等学校すら出ていない夫が、にこにこしていつも明るかったあの巡査だった夫が、帝都東京で大学生を相手に闘うということは、こういうことだったのか。

当時の大学生は、エリート中のエリートである。同世代の一パーセント弱しか進めないのが、当時の大学だった。そんな中でも、さらに選《え》りすぐりの秀才たちが受けるのが、高等文官試験だ。その難関に、中学も出ていない夫が挑戦している。

濫にとって、それは誇りであると同時に、胸が締めつけられるほど苦しいことでもあった。

(神様、夫が身体を壊す前に、なんとしても合格させてください)

毎朝、毎晩、濫は祈りつづけた。徳章の高文合格への道は、夫婦の闘いでもあったのである。

夫婦がそんな日々を過ごす昭和十六(一九四一)年七月、日本は南部仏印に進駐した。

（まずい。アメリカとの全面戦争になる）

徳章は、人々が沸き立つこのニュースに接した時、瞬間的にそう思った。

資源の確保と、支那事変が長引いている原因とも言える「援蔣《えんしょう》ルート」遮断のためには、北部仏印につづいて、南部仏印への進駐が日本にとっては必要だったのだ。

戦後、この「南進策」自体が、ソ連のスパイ尾崎秀実《ほつみ》（朝日新聞記者）の近衛文麿《ふみまろ》首相に対する「工作」であったことが浮かび上がるが、市井の人々には、そんなことは想像もつかなかった。

ヒトラーがパリ入城を果たし、ドイツがフランスを占領したことを機に前年に北部仏印への進駐を果たしていた日本は、この「南部仏印進駐」に対するアメリカの出方を完全に見誤ることになる。

アメリカは、鉄やゴム、石油といった重要資源の「対日輸出禁止」のイニシアティブをとり、これを全面的に展開するのである。

資源小国の日本の弱みは、昔も今も、重要資源の乏《とぼ》しさにある。これを「輸入」にしか頼れない日本の急所を突くために、アメリカがついに〝奥の手〟を出してきたのである。

アメリカとの全面戦争——すでに、帝都東京では、「いつ」「どんな方法で」ということこそわからないものの、「米英に鉄槌《てっつい》を」という空気が、醸成されていた。不穏な空気が帝都を覆う中で、徳章は、それでも、一心不乱に勉学に励んでいたのである。

高文司法科の筆記試験は、九月だ。筆記に合格すれば、翌十月に口頭試問がある。いずれかで不合格になれば、「一年」を棒に振らなければならない。

戦争への足音が帝都に響きわたる中、さらに一年、自分は受験勉強に没頭できるのだろうか。大袈裟《おおげさ》に言うなら、その間に、日本も、そして、世界も、どうなっているか、わからないのである。

（一刻も早く合格を）

その思いが、徳章の踏ん張りを、さらに加速させていた。

司法科の試験は、必須《ひっす》科目が、憲法、民法、刑法、そして、商法と民事訴訟法および刑事訴訟法のうち二科目であり、選択科目は、哲学、商法、民事訴訟法、刑事訴訟法、破産法、行政法、国際私法、経済学および刑事政策のうち一科目（ただし、商法、民事訴訟法、刑事訴訟法については、必須科目で選択しなかった者にかぎる）というものだった。

さらには、口頭試問もあり、その科目は受験者自身の志望による三科目であり、そのうち一科目は、民法または刑法であることが義務づけられていた。

それは、勉強しても、勉強しても、追いつくものではなかった。

受験科目である法律のすべてを理解することなど、できようはずがなかった。しかし、徳章は、専検、予備試験の勉強と並行して、中央大学での法律の授業も聴講してきたのだ。

それに、三十四歳になってはいても、類《たぐ》いまれな記憶力と気迫が、これらの難攻不落ともいうべき膨大な法律への挑戦を可能にしていた。

それこそが徳章の強みだった。中大の名物教授たちが板書したことをノートに筆記するだけで、いや、その時、教授がどんな話をされたか、を思い出せば、かなりの部分をカバーできた。あらためて、そこを勉強し直さなくても、少なくとも答案に「何か」をぶつけることはできるだろう。

徳章は、そこに「賭《か》ける」しかなかったのである。

そして、徳章には、ほかの受験生の誰もが持っていない強みもあった。

それは、十二年間におよぶ警察官としての実務経験である。徳章は、法律というものを「身体で」知っていた。

犯人を検挙する時も、容疑を否認する犯人を取り調べる時も、また金銭的な争いごとがあって相談を受けても、徳章が拠《よ》りどころにしたのは、常に「法律」だった。法律の中の条文を形づくっていた「文字」というより、徳章には、「法律とは何なのか」という根本がわかっていた。それは、秀才の大学生たちにはない徳章の唯一のアドバンテージだった。

負けない。俺は絶対に大学生に負けない。

徳章は、自分自身にそう言い聞かせながら、法律書と格闘していた。

徳章が愛用していた参考書に、『新制　高等試験行政・司法科豫備《よび》本試験受験法』がある。

各学科に対する「準備錬成法」や「指導」、「委員の懇切なる注意」に至るまで、細かく試験突破術を網羅したものだ。

値段が「二圓」もする高価なものだったが、多くの受験生がこれを手元に置いて勉学に励んでいた。付録篇には、

〈合格記・問題集・関係法規・準備参考資料（統計・準備書）等〉

が収録されており、文字通り、受験生のバイブルともいうべきものだった。

徳章は、この本も擦《す》り切れるほど読んだ。いや、頭の中に、隅から隅まで叩《たた》き込ん

だ、というべきだろう。

とにかく、「これはいい」と言われるものは、なんであろうと試してみた。後悔するのが嫌だったからである。

悔いの残らない闘いをやりたい。

それが、徳章の願いだった。昭和十六年の暑い夏は、こうして、ただ座り机に向かうだけで終わった。

当時の東京には、今のような冷房のきいた図書館など、どこにも存在しない。じりじりするような、そして、うだるような暑さも、ただ「耐える」しかなかったのである。

しかし、その暑ささえ、徳章には関係がなかった。

上半身は裸で、ぶつぶつと一日じゅう何かを唱え、鬼気迫るようすで勉強をつづけた。ふと気がつくと、もう酷暑の夏は終わり、「秋」を迎えていた。

そして、運命を決する昭和十六年度の「高等文官司法科試験」の日がやって来た。

まだ暑さが残る九月、〝執念の人〟坂井徳章は、いつものように心を落ち着けて試験会場に向かった。

濫には、もう夫にかける言葉が、なかった。

「頑張って」

そんな言葉さえ、陳腐だっただろう。あれほど頑張ってきた夫に、「頑張って」という言葉など、かけることはできなかった。

濫は、ただ、

「待っています」

それだけを言った。帰りをただ待っています、と。

合格か不合格か、そういうことすら、濫にとっては、遠く離れた感情であるような気がしていた。不思議だった。

そんな「結果」よりも、ここまでやれたという「過程」に対する畏敬の念だったのかもしれない。自分が生涯を伴《とも》にしようと決意した時から、これほどの闘いが運命づけられていたのかもしれない。

父親の死でひたすら貧困の中を生きてきた夫が、勉学に勤《いそ》しむことのできる環境など、とても「なかった」にもかかわらず、ここまでの闘いをやってのけたことが誇らしかった。

試験の合否など、濫には、もう関係がなくなっていた。

あなたは立派でした。ただ、それだけだった。

濫は、この試験に不合格となったら、夫に「台南に帰ること」を話そうと思っていた。

これだけの夫の姿を見せてもらった濫には、台南でどんな仕事をしてでも、大丈夫だと思っていた。

自分は、身体が弱い。でも、できるだけ夫の仕事を支え、今は、夫の姉・柳の家に身を寄せている義母・玉を呼んで、もとのように「家族四人」でつつましく暮らそうと思っていた。

たとえ、合格できなくても、あなた、家族でまた台南で暮らしましょう。

それが、濫の偽らざる気持ちだった。

しかし、いわば〝戦場〟に向かう夫にそんなことを言うわけにはいかなかった。その時、濫の口から出たのは、

「待っています」

という言葉だったのである。

「うん、行ってくる」

夫は、にっこり笑って、家を出ていった。

それは、太平洋戦争開戦となる真珠湾攻撃のわずか三か月前のことだった。

故郷に届いた朗報

（あった……）

その瞬間の感情をどう表現したらいいだろう。

麴町《こうじまち》区西日比谷町の司法省。いつも市電の窓から、朝夕、眺めていた赤煉瓦造りの偉容。その前庭に張り出された高等文官司法科試験の合格者の中に、徳章は、自分自身の名を見つけたのである。

昭和十六年十月二十八日午前十時。

それは、長年の労苦が報われた瞬間だった。九月の筆記試験、そして今月の口頭試問。それは、いずれもぎりぎりの闘いだった。

その末に栄冠を勝ち取った時、徳章は、大声で叫び出したい衝動に駆られた。

ついにやった。俺はやったぞ！

なぜか、最後に見た父の顔が瞼《まぶた》に浮かんだ。そして、子供の頃、遊んだ玉井の風景が、そこにかぶさってきた。

（父さん、ついにやったぞ）

父・徳蔵が故郷熊本をあとにして台湾に向かってから、一体、今年は何年目なんだろう。

考えたこともなかったのに、なぜかそんなことが脳裡に浮かんできたのである。

高等文官司法科試験突破。それは、ひょっとしたら、亡き父の願いだったかもしれない。徳章の頭には、そんなことまで浮かんできた。

（父さん、やったぞ。濫、見てくれたか）

とにかく叫びたかった。大声で、その思いを口にしたかった。

しかし、徳章には、それができなかった。喜びを爆発させることは簡単だ。だが、喜びに浸る人間の陰には、必ず涙を呑《の》んだ人間がいる。その人たちの気持ちを思うと、とても忍び難かった。十二年間も警察官として生活してきた徳章には、その「陰にいる人」のことがわかっていた。

合否の差は、きっと紙一重だっただろう。

時に利あらずして、敗れ去った人もいる。自分がたまたま栄誉を摑《つか》んだ側だったとしても、そこに大きな実力の差はない。

この難関に挑戦した人々すべてが、徳章には仲間であるように思えたのである。

喜びは心の中におさえて家路を急いだ徳章にとって、合格を伝えた時の妻・濫の表情は、忘れることができないものとなった。

聞いた瞬間、濫は、感極まって何も言えなかった。

ただ、大きな瞳《ひとみ》から、あとからあとから涙があふれ出てきたのである。言葉もない妻の瞳の下に指をそっと添えてあふれ出る涙を受け止めた徳章は、彼女を抱きしめながら、妻がどんな思いで自分を支えてくれたかを、しみじみと感じた。

「長かったな……ありがとう」

徳章は、やっとそう口にした。しかし、濫は、ただ涙にむせぶだけで、徳章の胸の中で、小さく頷《うなず》いただけだった。

〈苦學力行に榮冠
　高文司法科の合格者〉

朝日新聞の昭和十六年十月二十九日付夕刊には、この司法科試験の発表のことがそんな見出しと共にこう報じられている。

〈本年度の高等試験司法科合格者は二十八日午前十時司法省から発表された、司法科受験総数二千五百一名中合格は約一割強の二百九十九名で、その中婦人合格者は滝野川中里四〇二松本方菅沼キョさん（三二）（栃木縣河内郡上三川村出身）と目黒區中目黒一ノ七〇八西塚静子さん（二七）（三重縣桑名郡深谷村出身）の紅二点だけだが、本年は苦學力行の榮冠獲得者が特に目だち司法部からは大審院書記尾崎力男、同小出吉次、司法省調査部属苑出礦、東京區裁判所書記高野平八、司法研究室囑託野崎光平の六君が見事に轡《くつわ》を並べてパスした〉

だが、のちに徳章を驚かせるのは、台湾日日新報が二日遅れではあったものの、十月三十一日付で、

〈元臺南《たいなん》州警部補　坂井氏高文合格〉

そんな見出しのもとに、徳章の高文合格を報じたことである。記事には、こう書かれている。

〈【臺南電話】

本年度高等試験の司法科合格者は二十八日発表されたが合格者二百九十九名（受験者二、五〇一名）のうち臺南州新化郡出身元臺南州警部補坂井德章氏（三四）が榮冠《えいかん》を獲得した　坂井氏は昭和二年臺南州巡査を拝命後同四年に普通試験に合格巡査部長、甲科を經て昭和八年十月臺南州警部補となり十四年五月退官、十五年四月高文を目差して上京

日大法科専門部に入學（筆者注＝中大聴講生の間違い）　同年十一月専倹《せんけん》合格、十六年五月高文豫備《よび》試験を通り十六年九月本試験に合格、今回最後の口述をパスして遂に榮冠を獲つたもの（中略）苦學《くがく》力行、初志一念を貫徹して最大の難関を突破した秀《ひい》でたる頭腦《ずのう》の持主である〉

この記事は、台南市民を驚かせた。

初志一念を貫徹して最大の難関を突破した秀でたる頭脳の持主――徳章は、開山派出所をはじめ、台南の中枢とも言うべき警察派出所で市民の親身になってくれた元巡査であり、また本島人として唯一の警部補に昇進した人物である。交友関係も広かった徳章には、知己、友人が極めて多い。

あいつが、ついにやったか。

それは、台南にとって、久々の明るいニュースとなったのである。

ちなみに、頑固で、上司とでも平気で闘う本島人元巡査・湯徳章のこの「偉業」に対して、かつての警察内部の上司がどんな思いを持っていたかについては、それを窺《うかが》わせる資料や記録は、何も残っていない。

それでもつづく「挑戦」

徳章の高文合格は、家族の生活にさまざまな変化をもたらした。

妻・濫と、息子の聰模が、台湾に帰ることになったのだ。徳章の司法修習の影響である。

昔も今も、司法試験に合格すれば、司法修習を受けなければならない。一家の大黒柱が家を空けるのに、妻と年端も行かない息子を残しておくのは、不安だった。母の玉のことも気がかりだった。

この際、一旦《いったん》、台湾へ二人を戻そう。徳章は、そう考えたのである。

白金尋常小学校の二年生だった聰模は、こう回想する。

「友だちから、私が台湾に帰っていく時、〝台湾に行ってくるの？〟と、言われた記憶があるんですよ。なにか家の用事で、台湾に行ってくるの？　という表現なんです。私は、学校では〝坂井聰模〟という名前だったし、自分が日本人であるとか、台湾人であるとか、そんなことを意識したこともないんです。まわりの友だちも、まったく意識していなかったような気がします」

ちょっと台湾に行ってくる、という感じで聰模は、台南に戻っていったのである。

「台湾に帰ってきて、台南の小学校に入ったんです。台南の中心部に近い南門《なんもん》小学校です。当時は、台湾人の子供が行くのが〝公学校〟で、日本人の子供が行くのが〝小学校〟です。私は、日本人の子弟が通う〝小学校〟の方に行ったわけです。同じエリアで、台湾の人が行くのは〝末廣《すえひろ》公学校〟でしたね。日本では、白金尋常小学校に通っていたし、名前も坂井聰模なので、末廣公学校に行くより、南門小学校に行く方がいいと、親父が考えたんでしょうね」

こうして、家族は、「内地」と「台湾」の二つに分かれるのである。

それは、真珠湾攻撃によって始まったアメリカとの戦争が、当初の予想を超えて日本の破竹の進撃がつづく昭和十七年前半のことだった。

一方、徳章は、司法修習のかたわら、まだ受験勉強をつづけていた。それは、父となった坂井又蔵の勧めが大きかった。

「いいか徳章。司法科だけでなく、高文の行政科の試験も受けるんだ。どちらもとっておけば、内務省でも大蔵省でも、どこにでも入ることができる。弁護士だけが仕事ではない。国家の中枢で仕事をする意味を考えてみなさい」

又蔵は、熱心に徳章にそう勧めた。

そこには、藤原銀次郎の勧めもあったからに違いない。銀次郎は、徳章の力を買っており、自分の秘書にならないか、と熱心に又蔵に話していた。

昭和十五年には、米内光政内閣で商工大臣の重責を担い、国内シェアの八割を誇る王子製紙のドンとして、「製紙王」とも呼ばれた大物からの誘いである。高文司法科だけでなく、高文行政科にもパスしておけば、大いなる未来が約束されることは確実だった。

しかし、すでに三十四歳の徳章には、今さら宮仕えをするつもりは毛頭ない。台湾での「人権」の確立。これこそが、自分の使命だと思っていた。弁護士として、人々の「人権」を守り、人権という概念を浸透させたい。それが、自分がやらなければならないことだったのだ。

「わかりました。挑戦してみます」

父親でもある又蔵の言葉は重い。徳章は、又蔵にそうはっきりと言明した。

もとより徳章は、日本を、そして世界を見るために、帝都東京を目指した人間である。現在の国家公務員上級試験にあたる行政科試験は、挑んでみるに足るものだったのである。

高文には、もうひとつ「外交科」の試験も存在した。長く続いた外交官試験である。しかし、徳章は、これだけは、受験するつもりはなかった。

外交科の試験というのは、血筋や門閥が考慮され、台湾人が合格するようなものではなかったからだ。

徳章は、又蔵と養子縁組し、どこから見ても立派な日本人である。それでも、調べさえすれば、自分の実の母が、台湾人であることはわかるだろう。そうすれば、試験の結果とは無関係に、自分は不合格とされる。

このことは、高等教育を受けた台湾人の間では、広く知られていた。そんな試験を受けるつもりなど、徳章には、さらさらなかった。

しかし、父・又蔵が熱心に勧める「高文行政科試験」の受験には、はっきりと、

「わかりました」

そう答えたのである。

行政科試験への挑戦

家族が台湾へ帰国後、徳章は、司法修習に、そして、新たな高文行政科試験の突破のために、さらに猛勉強をつづけた。

この頃、姉・柳の長男の聰一《そういち》が、獣医学校に入るべく、日本へやって来た。徳章は、姉の子、すなわち甥っ子を厳しく鍛えた。聰一は、すぐに音《ね》を上げた。

叔父《おじ》のような勉強は、とても、無理だった。聰一は、叔父の集中力と体力に舌を巻いた。とにかく、延々と勉強しているのである。

「聰一、勉強時間だ」

叔父がそう言うと、聰一も机に向かわなければならなかった。しかし、すぐに飽きてくる。いろんなことに対して、気が散るのだ。そして、溜息《ためいき》をつく。

だが、叔父は、本を睨《にら》みつけて、一心不乱に勉強していた。

(集中力がまるで違う……)

まだ十代後半の聰一は、叔父の凄《すご》さを思い知った。

この頃の徳章と親しくつき合っていたのが、世田谷《せたがや》区の東北沢に住む荘紹銘一家だ。

第一章でも紹介した通り、勉強の疲れを癒《いや》すために、休みになると徳章は、荘紹銘の家によく行った。

やがて、藤原銀次郎邸内の一軒家を出て、荘一家が住む東北沢から歩いて十分ほどの代々木上原のアパートに移り住んだほどである。

巡査時代から、徳章は、台南で荘一家と親しくしていた。父親の荘燦鈂《そうさんちん》とは肝胆相照らす仲で、「東京では、息子一家のことをよろしくお願いします」と頼まれていたこともある。

しかし、実際には、世話をするどころか、妻と子供が台南に帰っていった徳章には、荘の家を訪ねることが、なによりの癒《いや》しであり、同時に、勉学への糧《かて》ともなっていたのである。

徳章は、ここに集まってくるほかの台湾青年たちと議論しながら、荘紹銘の妻・林金釵の料理を囲むのが楽しみでならなかった。法政大学に通っていた荘紹銘と妻・林金釵との間には、男の子二人、女の子一人の三人の子供がいた。

林金釵は、二〇一六年に満九十九歳を迎えた。今も子供たちに囲まれて、台南で健在だ。

彼女は、まもなく百歳を迎えるとは思えない記憶力で、徳章のことをこう語った。

「徳章さんは人格の綺麗《きれい》な人です。あっさりした性格で、とても明るい人でした。頭がいいだけではないですよ。心が温かった。本当に優しい人でね。うちの次男が昭和十七年に生まれた時も、わざわざ赤ちゃん用のベッドをプレゼントしてくれてねえ。籐籠《とうかご》のベッドでした。うちの長男は、荘国源《そうこくげん》という名前なんですが、徳章さんは、長男も〝あこ君、あこ君〟と呼んでくれて、随分、可愛がってくれました。〝あ〟は愛称の〝阿〟で、〝こ〟は〝国〟のことなんです。それは、気持ちの優しい人でしたよ」

戦時中の東京で、共に暮らした仲間でもある林金釵は、かつての徳章の姿をそう回想してくれた。そして、

「徳章さんは、台湾人のことをいつも考えていました。台湾の人の力にできるだけなりたい、と。本当に立派な人でした……」

林金釵は、そうつけ加えた。

台湾人のために何かをやりたい。人権が何たるかを、台湾で広めたい。そして、困っている人、弱い人たちを助けたい。

すでに徳章は、高文司法科の試験をパスし、司法修習生となっていた。しかし、その仕事を全うするためには、台湾へ戻るしかなかった。

（東京でエリートとして活躍することもできる坂井さんは、本当に台湾に帰っていく

のだろうか）

自分たちより年上で、かつ、はるかにエリートである徳章が、一体、どんな道を選択するのか。週末ごとに荘宅に集まっていた台湾青年たちも、そのことには大いに興味津々だったに違いない。

法政大学の荘紹銘、早稲田大学に在学していた謝国城《しゃこくじょう》、日本大学に通う游彌堅《ゆうやけん》、さらには、中央大学の聴講生だった坂井徳章――四人は、どんな意見でもぶつけ合える議論仲間であり、同時に、いずれも無類の麻雀《マージャン》好きでもあった。休みが来ると、彼らは〝雀友〟となり、日頃の勉強の疲れを癒したのである。

林金釵は、こう語る。

「主人は、お酒を飲まないんです。でも、麻雀は好きでしたね。徳章さんも麻雀が大好きでしたよ。麻雀をして、負けた人がテーブルの下をくぐるんです。四人で麻雀をやって、もちろん遊びですよ。でも、負けた人が、テーブルの下をくぐっていましたよ。皆さん、朝の九時か十時頃に来て、午後の五時か六時頃までやっていました。四人は、本当に仲がよかったですねえ」

台南からの〝内地留学組〟には、独特の仲間意識があったことがわかる。遠く離れた内地で、しかも、帝都東京で、彼らはしっかりと友情を育てていたのである。

妻の濫と息子の聰模が台湾からふたたびやって来たのは、そんな頃である。

この時、聰模は、てっきりもとの白金台の家で暮らすものだと思っていた。

しかし、再来日した時、父は、代々木上原のアパート住まいになっていた。

「今度は、上原尋常小学校に転校したんです。白金尋常小学校とは違っていました。当時の代々木上原駅は、駅前に農地や住宅街が広がっているところでした。坂の上のようなところにアパートが建っていて、住んでいたのはそこの一階なんですが、坂の上なので見晴らしもよかったんですよ。ここから、上原尋常小学校に通ったんです。でも、そこに通ったのは、あまり長くなかったように思います」

聰模の二回目の東京滞在は短かった。アメリカとの太平洋戦線の状況が深刻度を増していったからである。

すでに、徳章は、日本での将来を捨て、台南に戻って、「故郷のために働く」ことを心に決めていた。

ならば、これ以上の戦況悪化があってからではまずい。濫と聰模をふたたび、台湾に戻そう。妻子を東京に置いておくことは避けよう。徳章は、そう考えた。やがて台湾との往復も、「生命を危うくさせるもの」になるに違いないからだ。

しかも今度は、台南の町なかではなく、聰模を玉井公学校に通わせるよう濫に指示した。玉井は、徳章自身が子供時代を過ごした地だ。

遠からず、米軍の進撃は台湾にも至る。台湾の各都市が空襲に見舞われるようになるのも、時間の問題だろう。ならば、田舎の玉井の方が安心だ。

「いいか。俺も行政科試験が終われば、台湾に戻る。二人はひと足先に帰るんだ。どんなかたちになるかわからないが、いずれ戦争は終わる。おそらく日本が負けるだろう。先に玉井に戻って、自分たちの身の安全だけは確保するんだ」

徳章は、濫にそう言い含めた。

「試験が終わって、俺が台湾に帰る頃には、相当な覚悟がいるかもしれない。とにかく、安全なうちに帰ってくれ」

濫と聰模が台湾に帰っていったのは、昭和十八年を迎えてまもなくのことだった。台湾と内地を結ぶ「内台航路」も、次第に安全が脅《おびや》かされつつあった。

二人を見送った徳章は、試験勉強に没頭した。

「坂井君、おめでとう！」

「坂井君、校長室に来てください」

昭和十八年七月、玉井公学校の四年生になっていた坂井聰模は、突然の呼び出しを受けた。それも校長先生からの呼び出しである。

玉井公学校にやって来て、まだ数か月しか経っていなかった。

（なんだろう……）

子供ながら、聰模は、不安を覚えた。校長室に向かった聰模は、

「あのう……」

そう言って、おそるおそる校長室の戸を開けた。

「おお、坂井君か！」

大きな声が中から響いてきた。

「入って、入って！」

校長の声に促されて、聰模は、今まで入ったことのない校長室に足を踏み入れた。

「坂井君というのは、君か」

そう確認すると、いきなり、

「坂井君、おめでとう！」

そう言った。まったく事情が呑《の》み込めていない聰模に、〝お祝いの言葉〟を投げかけたのだ。

（………）

意味がわからず、立ち尽くす聰模に、校長は、まだ「朗報」が家族に伝わっていないことを知った。

「坂井君、お父さんが合格したんだよ！　高文の行政試験にお父さんが合格したんだよ！」

校長は、にこにこしながら、そう教えてくれた。

「ほらっ」

差し出された新聞を見て、聰模は、思わず、「あっ」と声を出してしまった。新聞に父・徳章の顔写真が出ていたのである。難しい文字や言葉はわからない。しかし、見出しの文字が聰模の目に飛び込んできた。

〈坂井氏に榮冠
　　見事高文合格〉

その時、初めて聰模に事情が呑み込めた。

（父さん、やったんだ。ついに、やったんだ！）

喜びの気持ちが湧き上がってきた。

聰模にとって、東京へ行ってからの父は、来る日も来る日も、勉強ばかりしていた。休みの日に母と自分を市内見物に連れていってくれるとき以外は、机に向かって、いつも勉強していた。

難しい本を怖い目で見つめ、常に、ぶつぶつと何かを口の中で唱えていた。父さんが、難しい試験を突破するために努力する姿を、聰模は、いやというほど見てきたのである。

(ついに、ついに父さんは、やったんだ!)

なんとも言えない喜びが、身体全体を満たしていた。

「お父さんは、偉かったねえ。坂井君、君も頑張るんだぞ」

校長は、聰模の頭を撫《な》でながら、そう繰り返した。

「はい」

聰模は、元気に返事をした。

昭和十八年七月七日付台湾日日新報の記事は、以下のようなものだった。

〈【臺南電話】

初志一念に燃えて上京最大の難関高文目差して苦學力行すること三年、司法行政両科を攻略して榮冠を獲得した人が居る——臺南州新化郡玉井庄出身の元臺南州警部補坂井德章氏（三六）で同氏は昭和二年臺南州巡査を拝命後向學に燃え同四年普通試験に合格して巡査部長更に甲科を經て昭和八年十月臺南州警部補となり十四年五月退官高文を目差して十五年笈《きゅう》を負って（筆者注＝故郷を離れて）上京（中略）

十六年十月見事本試験と口述に合格して先《ま》づ司法科を攻略　引續いて行政科に向つて勉學にいそしみ　五月の本試験をパス　去六月二十一日より實施《じっし》された最後の口述試験をパスして行政科を優秀なる成績で合格、司法、行政兩科を見事に射止めて輝く榮冠を獲得したが同氏は頭腦秀であらゆる環境的障礙《しょうがい》を克服して初志の一念を貫徹したもので臺南州の爲めに萬丈《ばんじょう》の氣を吐いてゐる〉

徳章の写真付きで報じられたこの記事のインパクトは大きかった。

すでに一昨年に、台南では、高文の司法科試験に合格したことが大きく報じられていた。そして、今度は、高文行政科試験である。この難関ふたつを突破した徳章は、もはや〝台南の誇り〟ともいうべき存在になったといっていいだろう。

これで父さんが帰ってこられる——。

聰模には、大好きなお父さんが帰ってこられるなら、それだけでよかった。早く帰ってきて欲しい。試験を終えて、一刻も早く帰ってきてと、それだけを願っていたが、家族が知る前に「試験に合格したこと」が新聞にまで出てしまったのだ。晴れて父さんが帰ってくることだけは確かだった。

また、おばあちゃんも一緒に、四人の生活が始まる。聰模にとって、なにより嬉しいことだった。そのうえ、父さんがやり遂げたことは、校長先生が自分を褒めてくれるほどのすごいことだったのだ。

お父さん、おめでとう。ついにやったね。

聰模は、校長室を出る時、誇りで胸がいっぱいになった。父の努力が報われたことと、これで台湾へ帰ってこられることの喜びで、満たされていたのである。

日本よ、さらば

高文行政科試験に合格した徳章の周辺は、急に慌ただしくなっていた。それは、戦況の悪化と無縁ではない。

大本営発表を信じる国民には、「まだまだ大丈夫だ」という意識もあっただろう。

しかし、徳章のような知識階層には、もはや、日本の劣勢は疑いようがなく、「日本は戦争に負ける」ということが、現実感をもって迫っていた。

国民に衝撃を与えたのは、聯合《れんごう》艦隊司令長官山本五十六《やまもといそろく》の「死」である。ブーゲンビル島での山本の戦死は、一か月あまりも国民に伏せられ、五月二十一日に突然、発表された。

真珠湾攻撃を指揮し、国民の期待の象徴でもあった聯合艦隊司令長官の死は、多くの国民に戦争の前途への不安をもたらした。

頭の中でいくら否定しても、「日本は大丈夫なのか」という懸念を払拭《ふっしょく》できなくなったのだ。それは、この「山本長官の死」が決定打だった。

六月五日の山本五十六の国葬は、国民のそんな思いの中で執り行われた。

日本は戦争に負ける――。

徳章も、そのことを肝に銘じざるを得なかった。

「自分の秘書にならないか」

藤原銀次郎が又蔵を介して、熱心に徳章を誘ってくれていた。司法修習を通じて知り合った弁護士たちも、

「まず、自分の事務所に来て、弁護士を始めてみないか」

そう勧めてくれてもいた。

しかし、徳章の頭から、「初志貫徹」という言葉が外れることはなかった。

自分は何のために、これほどの苦しい日々に耐えてきたのか。

それは、台湾で、「人権が何たるか」を広めたい一心ではなかったのか。困っている台湾人、弱い人たちを助けたい、という強い思いがあったからこそ、踏ん張ってこれたのだ。

人は、すべて人として尊重され、法の下に平等でなければならない。台湾人の人権がどれほど軽視されているか。台湾における「人権」の確立こそが、自分がなすべき使命にほかならない、と徳章は考えていた。

そのための「法曹資格」だ。

又蔵の勧めどおり、行政科試験への挑戦と合格を果たした徳章は、

「これで台湾に帰らせていただきます」

又蔵に対して、胸を張って言うことができた。親身になって世話をしてくれた父・坂井又蔵。彼の存在なくして、一切の栄冠はなかっただろう。

藤原銀次郎邸内の住居、中央大学での聴講、三位一体での受験法……さまざまなものが、又蔵によってもたらされたことはたしかだった。

なにより、亡き父との血のつながりを噛みしめることができた又蔵一家との交流は、思い出深いものだった。

母のために、そして、台湾のために、台湾に帰らなければならないことを、又蔵がどれだけ残念がってくれたかしれない。同時に、徳章の台湾への思いを誰よりわかっていたのも、又蔵だった。

あの兄・徳蔵の子である徳章が、全身全霊をこめて台湾の発展に尽くそうとすることは、血のなせる道理かもしれない。それは、又蔵にとっても、誇りだっただろう。説得を試みたところで、自らの意志を変えるような男ではないこともわかっている。

「徳章。台湾で頑張れ。おまえの活躍の場は、台湾こそふさわしい」

又蔵は、そう言って、徳章の前途を祝ってくれた。

昭和十八年七月末、こうして、徳章は、神戸から出る貨客船・富士丸で、五年ぶりに故郷台湾へと帰っていったのである。

第八章　台南での再出発

末廣町に構えた弁護士事務所

徳章の人生で最も充実していたのは、おそらくこの時期ではなかっただろうか。内地で高文の司法科、行政科という最難関国家試験を突破した徳章は、まさに「台南の英雄」と言えた。

もちろん本島人の高文合格者は徳章が初めてではない。公学校から中学に進み、内地留学して日本の大学に入学し、そのうえで高文試験に挑戦する学生も珍しくはない。これら向学心旺盛《おうせい》で優秀な若者の中には行政科・司法科のダブル合格者もいる。

彼らの親には地主や弁護士という者が多く、恵まれた家庭環境を生かして、努力を惜しまず、栄冠を勝ち取った正真正銘のエリートたちである。

しかし徳章は違った。多くの台湾人と同じく学歴は公学校卒である。師範学校に入学はしたが中退して、炭焼きで賃金を得ながら勉強し、警察の採用試験に合格した。そして台湾人の家庭を一戸一戸歩いてまわる、民情に寄り添う巡査となったのだ。あの開山派出所の湯徳章巡査が、そして、本島人唯一の警部補だったあの男が、東京で内地人の秀才たちを向こうにまわして一歩も引かず、ついに偉業を成し遂げたのである。

それは、古くからの知人だけでなく、多くの台南の人々の誇りにもなった。帰ってきた徳章には、歓迎の宴《うたげ》が待っていた。

徳章は、日本酒の「白鶴《はくつる》」を好んで呑んだ。酒豪でもあった徳章は、連日の宴に、喜んで参加した。

当時、台南では、新たな歓楽街として「新町」が多くの客を集めていた。その中心に建つ「新松金楼《しんまつきんろう》」は、徳章がよくやって来た店のひとつである。現在の台南市中西区の大智《だいち》街と大仁《だいじん》街が交差するところで繁盛していた大きな店である。しかし、今は取り壊されて、往時の面影はない。

台南にはあちこちに飲み屋が存在し、その名も「盛り場《さかば》（沙卡里巴《さかりば》）」という屋台のような飲み屋が集中するエリアもあった。新松金楼は、その盛り場からも歩いて十分ほどの場所にあった。

豪快に呑み、議論する。徳章の姿が、かつてとまったく変わっていなかったことに友人たちはほっとしたことだろう。

東京では、勉強の連続で飲み屋をハシゴしたことなど一度もなかった。ただ、ひたすら勉強だけに打ち込んだ。しかし、故郷台南では、巡査時代、警部補時代に馴染《なじ》みにしていた店があったのである。

「あなた、やったわね」

「湯さん、おめでとう」

「偉かったなあ。さすがだよ」

どの店に行っても、大歓迎された。昔からの知人、友人は、徳章が〝正義の人〟であることを知っている。

鹿沼事件で、徳章が警察内部でたった一人、強大な敵に立ち向かったことを知らない友人はいない。

敵がどれだけ大きくても、勝つことが困難であることがわかっていても、それでも、頑として譲らず、自分の信念を押し通す人——知り合いは皆、徳章をそう見ていた。

警察の職を辞すことになった理由も、実はそこにあることを知っている。

しかし、自身に流れる半分の血に引っ張られるかのように、ここ台南を出ていった男が、見事、栄冠を獲得したうえで、帝都東京に残ることなく、この台南に帰ってきてくれたことの意味を、彼らはわかっていたのである。

それは、差別される側から、差別する側に成り上がるために摑《つか》んだ栄冠ではない。差別される側を救済し、引っ張りあげるために手に入れた資格なのだ。

われらの湯徳章が「台南」を捨てなかった。あいつは、やっぱり戻ってきてくれた。

それが、台南の仲間たちの偽らざる気持ちだった。その気持ちがまっすぐ響いてくる。だから、お祝いの言葉をじかに伝えたいがために開いてくれる連日の宴を、徳章は、絶対に断わることなく、喜んで出かけていったのである。

徳章は、台南に戻ってきたことを讃《たた》え、感謝してくれる人たちに、

「今度は、私が皆さんに恩返しする番ですから」

そんな言葉を返すのを忘れなかった。それは、徳章自身の固い誓いでもあった。なんとしても、台南の人たち、そして、台湾のために、持っている能力のすべてを捧げるつもりで帰ってきたのである。

昭和十八年九月、徳章は、台湾総督府への弁護士登録を終え、正式に弁護士業務をおこなえるようになった。

事務所を構えたのは、台南市末廣町一丁目一〇三番地である。

林《はやし》百貨（林デパート）と道を隔てた真向いで、現在は、富華《ふっか》大飯店というホテルが建っている（中正路と忠義路の交差点の角）。その角から二軒目のビルの二階が、徳章が構えた法律事務所だった。まさに台南の一等地で、東京で言うなら、さしずめ「銀《ぎん》座《ざ》四丁目交差点」だろう。ここの持ち主だった友人が格安で貸してくれたのである。

林百貨は、当時台南で最も高い六階建てのモダンな建物だった。最上階部分が狭くなっていたため、外からは五階建てに見えた。

ここには、台南で唯一の近代的エレベーターがあり、これに乗ろうと多くの客が詰めかけた。エレベーターの手動式のシャッターがなんとも珍しく、創業の昭和七年暮れからしばらくは、

「もう〝流籠《リイウロン》〟に乗った？」

というのが、台南市民の挨拶《あいさつ》のひとつになったほどだった。「流籠」とは、エレベーターのことである。

徳章は、友人が事務所としてその一室を勧めてくれた時、「おおっ」と思った。そ

れほどの一等地であり、巡査時代も、警部補時代も、ここは、徳章にとって、憧《あこが》れの地であったからだ。

自分の机を林百貨の四階の売り場で購入し、徳章は、事務所にどっかりと据えた。大きなその机を運んでくれた林百貨の店員にお茶を出し、徳章は、そこでしばらく歓談している。

「ついにここまで来たか」という思いの深さが想像できるエピソードのひとつだ。

そして、事務所の電話も開通させた。番号は、台南局の一一五四である。

事務所は、連日賑わった。徳章の有名人ぶりが、人を呼び寄せたのである。順調な船出だった。

徳章の法律事務所は、「人権問題」への取り組みを大きな眼目にした。なにか人権が侵害されるようなことが起これば、ただちに対応することを目標とし、同時に、台南の人々の「人権」への意識と関心を高めようとしたのである。

多くの台湾人が、「人権」という概念はおろか、そんな言葉さえ聞いたこともない段階で、これを前面に打ち出したことは、やはり特筆すべきことだっただろう。

しかし徳章の考えは、人権擁護に凝《こ》りかたまったものではなかった。あくまで「台湾人のために」という意識は強かったものの、それが、単に「与えられるものである」という主張に染まっていたわけではない。

戦況が悪化していく中、日本軍への参加が「志願制」から「徴兵制」に移行することが決まったのは、同じ昭和十八年九月のことだ。その時、新聞には、台湾全体から有識者の談話が集められている。台南からは、唯一、弁護士の坂井徳章だけが、コメントを求められた。

〈いまぞ征《ゆ》く魂の御楯《みたて》
　徴兵制の喜びを聴《き》く〉

昭和十八年九月二十五日付台湾日日新報がそんな見出しと共に報じた徳章の談話は以下のものである。

「吾々《われわれ》は皇恩《こうおん》の有難さに感泣《かんきゆう》し一死報國《ほうこく》　陛下の軍隊としての重責を十分に果すべく又大東亜決戰下に於《お》いて此《こ》の光榮を荷《にな》ひ得ることを確信するものである（一部略）」

この徳章の談話は興味深い。つまり、同じ「皇民」としての責任を遂行し、内地人に負けずに「義務」を果たすと同時に、その「権利」も守られなければならない、というのが徳章の基本的な考えだったことを示すものだからだ。

権利は義務の遂行と共に存在する。不当な差別は許されない。人権を侵害することは断乎《だんこ》、阻止する。

談話からは、そんな徳章の強烈な意志を読みとることができるだけでなく、同時にこの記事は、弁護士事務所を開業してまもなくの段階で、すでに徳章が、台南を代表する有識者の地位にあったことを示している。

依頼する者にとって、徳章は、実に頼もしい存在に映ったに違いない。徳章は、なんといっても警察ＯＢである。当時も今も、警察ＯＢの弁護士というのは、なかなかいない。

ＯＢというのは、その組織の論理、思考法がわかっており、もちろん、人脈もある。捜査機関であり、治安を取り仕切る機関でもある警察のＯＢという経歴は、人々を強く引きつける力を持っていた。

しかも、警察の現役時代から、正義感にあふれていた徳章である。開業するや、さまざまな相談が持ち込まれたのは、当然だっただろう。

台南大空襲

だが、大きな時代の流れが徳章の前には立ちふさがっていた。アメリカとの太平洋戦線が、いよいよ切羽詰まってきたのである。

昭和十九年に入ると、日本の劣勢は、もはや「戦争に勝つ」可能性を信じつづけられるようなレベルではなくなってきていた。そのことについては、「内地」よりも「台湾」の方が明確に見えていたかもしれない。

徳章は、台南ではトップレベルの人間たちと日常的に接している。そこで語られる話に楽観的なものはなくなっていた。

なんといっても、日本国民を絶望に陥れたのは、「サイパン玉砕」である。サイパン島を失うことは、前年九月に御前会議で定められた「日本が絶対に確保すべき領域」である絶対国防圏が破られたことを意味している。すなわち、そこから発進する爆撃機によって、日本全土が「空襲に晒《さら》される」ことになったのである。もはや、軍人だけでなく、国民誰もが、戦争の惨禍に斃《たお》れる危険区域に入ったのである。

次に米軍はどこを「突く」のか――。

サイパンが陥《お》ちた今、「次」がどこか、まったくわからない。

いきなり台湾や沖縄を突く可能性もある。それとも、フィリピンか。国民全体が疑心暗鬼になっていた。

浮足立つというのは、こういうことだろう。昭和十九年の夏は、台湾に「疎開」という言葉が広がった歴史的な夏となった。

「間もなく空襲が来る」

「米軍がいつ攻めてくるかわからない」

そんな不安の中で人々は暮らしていた。

サイパン陥落を受けて、ついに戦争を遂行してきた東条英機内閣は瓦解《がかい》した。

東条内閣が退陣——そのインパクトの強さは計り知れない。どんな事態が起ころうと強気の姿勢を崩さなかった東条内閣が瓦解する意味は、もとより明らかだった。

あとを受けた小磯国昭内閣に対して、人々は、「どうやって戦争を終結に導くんだろう」と囁《ささや》き合った。

台湾には、日本陸軍の第十方面軍が安藤利吉《りきち》大将を司令官として、台北に本拠を置き、第五十師団や第六十六師団が基幹となって、海岸線だけでなく、丘陵部にも防衛陣地を張りめぐらせ、来たるべき米軍との決戦に備えていた。陸・海軍を合わせれば、二十三万人を超える日本の無傷の精鋭が米軍を「迎え撃つ」のである。

日本軍は、一糸も乱れていなかった。相変わらず整然と行動し、米軍との決戦への準備を粛々と整えている。市民にとっては、そのことの方が不気味だった。両軍が相《あい》まみえたら、もし、米軍との血みどろの戦いが台湾本島で始まれば、台湾の都市という都市は、壊滅するだろう。

台湾全島が、〝地獄〟と化すことは間違いない。この古都・台南も大変なことになる。市民は、そのことが恐ろしかったのだ。

徳章は、すでに家族や親戚《しんせき》を疎開させていた。もともと、こういう事態を想定して、東京から濫と聰模を台湾に帰す時に、玉井公学校への聰模の転校を指示していた。

（台湾の主要都市は、必ず米軍の空襲に晒される）

そう予想して、姉・柳がいる楠西《なんせい》に、二人は身を寄せていた。楠西は、玉井から曾文渓に沿って、五キロほど北上したところにある街だ。ここには、母・玉もいる。聰模は、玉井公学校に、柳の家からバスで通学していた。柳の夫、陳珠文も、柳に増して人のいい人物だった。徳章のお願いを一度も断わったことがない〝頼れる義兄〟だった。

柳と徳章は、助け合って生きてきた二人だけの姉弟である。常に自分を支えてくれ、聰模を自分の子供として養子に出してくれることも快諾してくれた柳は、徳章にとって、「どんな時であろうと、最も頼ることができる存在」でありつづけた。

疎開先は、文句なくこの楠西だった。

太平洋戦線の戦況が深刻度を増す中、台南と疎開先との徳章の二重生活は、長期化していった。

昭和十九年十月から始まった米軍による台湾空襲は、もともとは台湾と沖縄の航空基地をターゲットにしたものだった。これを邀撃《ようげき》した日本軍との間で、いわゆる台湾沖航空戦が惹起《じゃっき》されると、圧倒的な航空兵力を擁する米軍が勝利。そこから、台湾への空襲が本格化するのである。

米軍の空襲目標は、当初こそ軍事基地、港湾などに限られていたが、次第に、ターゲットが、製糖工場やアルコール工場、あるいは、飛行機製造工場などへと拡大していった。

(台湾の基幹産業を徹底的に破壊するつもりだ)

徳章たち台南の指導者層には、そのことがわかった。

都市爆撃が始まるのも時間の問題だ――。

そう徳章は確信していた。屏東《へいとう》や虎尾《こび》といったところにある工場を徹底的に破壊し尽くし、高雄《たかお》港も急襲した米軍の爆撃の凄《すさ》まじさは、台南にも伝わっていた。

沖縄県の読谷村《よみたんそん》が二〇〇二年三月に発行した『読谷村史』(読谷村史編集委員会編)

の中に、〈海外での戦争体験〉というページがある。そこには、台湾沖航空戦から台南の空襲について、「喜友名《きゆな》」という大正十一年生まれの兵隊の体験が詳しく記されている。

実際に台南に駐屯していた日本陸軍の一員の経験だけに興味深い。そこには、こう書かれている。

〈昭和）十八年の末頃に教育隊からまた台南の第一中隊に戻されました。もうその頃は負けそうでだんだん押されてきていたように思います。戦車をくい止めるための陣地構築が始まっており、海岸線の砂浜に戦車を落とすための穴を掘ったりしていました。溝を作って、引っかかって上がれないようにするために木も埋めたりしていましたが、中学生や高校生も奉仕作業で手伝っており、もう学校で勉強もできない時期になっていたと思います〉

すでに中学生や高校生も「奉仕」に駆り出されており、台南では、学校での勉強などままならなかったことがわかる。さらに、彼は、「台湾沖航空戦」を実際に目撃してもいる。生々しいようすを、『読谷村史』でこう語っている。

〈沖縄で十・十空襲があった昭和十九年十月十日の後に台湾でも大きな空中戦があり、私は台南にある弾薬庫の衛兵をしながらこの空中戦を見ました。かなり近くの方で空中戦をやっていて、日本軍の飛行機にパッと火がついたと思ったらポロポロと落ちていき、そこから飛んでくる薬きょうが私のそばの弾薬庫の金網や鉄格子《てつごうし》にパチパチと当たっていました。

それから台南の飛行場のガソリンタンクはみんなやられて、ボンボン燃えて使いものにならなくなりました。その後からはB―29の空襲があって、台北、台中、台南、嘉義、高雄と大都市からだんだん中都市へ順序よく攻撃されていきました。朝の十時頃になったらいつも飛んで来て爆弾を落としていくので、「定期便」と呼んでいました。空襲はそんなに長くは続かず、一時間くらいしたらまたグアム島の方面へ去っていきました〉

空襲が「定期便」とまで呼ばれるほどに頻繁になる中で、米軍に「新たな攻撃法」が生まれたのは、昭和十九年十二月十八日のことだ。

この日、初めて中国戦線で日本が占領していた湖北省の漢口《かんこう》に、B―24を主体とする米第十四航空軍が焼夷弾《しょういだん》による絨毯爆撃《じゅうたん》を敢行する。三時間の波状攻撃で、漢口にばらまかれた焼夷弾の量は、実に五百トンに及んだ。

漢口は三日三晩、燃えつづけ、都市を焼き尽くす焼夷弾の威力が「確認」された。租界を中心として漢口の広大な街が、灰燼《かいじん》に帰《き》したのである。

死者の数は膨大すぎて、いまだに不明だ。いずれにしても、市民をターゲットにした恐ろしい大量虐殺の方法がここに生まれたのである。

台湾各地では、都市からの疎開が進む一方で、空襲に備える防火体制の強化も進んでいた。多くの台南市民が妻子を疎開させた。だが、商店を営む人々の疎開は、なかなか進まなかった。店を閉めれば、そのまま収入は断たれ、そもそも空襲に遭《あ》った時にその場にいなければ、延焼や類焼を防ぐための消火活動がまったくできない。

「私は、どんなことがあっても、台南に残ります」

そんな悲壮な決意で、台南の街の中から動かない人々が多かったのである。

徳章の優しさと面倒見のよさは、この時も発揮されている。

「回生堂《かいせいどう》」という大きな薬局を営む「孫《そん》」という知り合いに頼まれて、彼の子供たちの疎開の面倒を一切、見てあげるのである。

孫には、子供が十一、二人いた。当時は、子だくさんが多かったが、孫一家は特別だった。その一家の疎開を徳章は、すべて引き受けたのである。

息子の聰模は、その時、まだ十一歳だ。当時をこう振り返る。

「あれは、昭和十九年の十月頃だったと思います。親父が、回生堂の孫さんの子供たちを、リヤカーに家財道具と一緒に乗せて、楠西まで連れてきたんです、家財道具を乗せて引っ張るだけでも大変なのに、そこに十人以上の子供を歩かせないで、あっちこっちに乗せて、引っ張ってきたわけです。台南市内から楠西までですから、すごい距離ですよ。親父は、面倒見が良いし、力も強いから、頼まれたら、これをやってしまうわけです。驚きました」

楠西には、聰模をはじめ、玉や濫もいる。もともと柳には、九人も子供がおり、それが集まっていただけでも、窮乏生活を余儀なくされていた。そこに、新たに十人以上の子供が加わったのである。

「回生堂のご主人の孫さんは、うちの親父より年上です。たぶん親父は、困っていた時に孫さんにいろいろお世話になったんではないかと思います。どんな関係だったかわかりませんが、恩返しだったのではないでしょうか。楠西の家は、私の生まれた家でもありますが、そこでいやな顔もせずに、私の産みの母（注＝柳のこと）が、その子供たちの面倒を見たんです。家の前に、もうひとつ家を借りましてね。そこに住まわせて全員の面倒を見たんですよ」

徳章の人並み外れた優しさと、弟の意気をおおらかに受けとめる姉夫婦の人情味を物語るエピソードと言える。

食事も大変でしたよ、と聰模は回想する。

「大きな鍋《なべ》があるでしょう。豚に食べさせる餌《えさ》を煮るために、大きな釜《かま》があるわけです。それで大量のトウモロコシを茹《ゆ》でていたのを思い出します。それでも、せいぜい一人一本ですよ。お米は沢山あったと思いますが、おかずがありません。調達するのに苦労したと思いますね。おかずを近所の人から分けてもらったり、産みの母は、いろいろ苦労が多かったようです」

大勢の人間の食欲を満たすことは、本当に大変だったと思う、と聰模は語る。しかし、孫家は、それでも悲劇に見舞われる。

昭和二十年三月一日、この日、凄まじい大空襲が台南を襲った。それまでの「定期便」とはけたはずれに規模の大きい「真昼の空襲」だった。

空襲警報が古都・台南に鳴り響く中、爆弾は雨あられと降り注いだ。

容赦のない無差別爆撃で、官庁も、商業地区も、病院も、学校も、もちろん住宅街も、すべてが爆弾の投下目標となった。

台南に残っていた子供たちの母親、つまり、孫の妻が、この空襲で亡くなったのである。

あの時も大変でした、と聰模が述懐する。

「(子供たちの母親が) 爆撃で足をやられて、大量出血になってしまって……。輸血が必要になってね。うちの兄弟は、みんなO型なんですよ。だから、どの血液にも適合するわけです。それで、二番目の兄さんの聰炎《そうえん》(注=柳が産んだ次男) が、十五、六歳の頃でね。成長期だから、一番いい、ということで、いっぱい血を採られたんですよ。

でも、大量の輸血にもかかわらず、奥さんは結局、亡くなってしまいました。成長期の兄は、つらかったと思います。ふらふらになってね。兄弟の中で、聰炎は身体が一番小さいんですが、あの時の輸血で自分は身体が大きくならなかった、とのちによく言っていましたね」

恐れていた台南大空襲の「悪夢」が、まさに現実になったのである。

台南の目抜き通りにも、爆弾が降り注いだ。街一番の高層ビル、林百貨にも、次々と焼夷弾は落ちてきた。

林百貨の屋上には「末廣社《すえひろしゃ》」という神社があった。商売繁盛の稲荷《いなり》で、林百貨の名物でもあったのだが、そこにも、焼夷弾は降ってきた。ビルのあちこちに爆撃の傷跡を残しながら、鉄筋コンクリート製のこの建物は炎上を免れた。台南大空襲を耐え抜いたのである。

真向いにあった徳章の事務所が入るビルも、なんとか全焼を免れた。しかし、猛爆を受けた街からは一層の疎開者が出ることになる。

あちこちに大きな傷跡が残る街で暮らさざるをえない人々は、いつふたたび空襲がやって来るのか、怖れおののいた。

すでに、フィリピンでの日米両正規軍の激突も、米軍が勝利したことが台湾には伝わっていた。

次は、台湾に米軍が上陸してくる。

迫りくる恐怖の中で、もはや台南の政治、経済は、麻痺状態に陥っていた。徳章の法律事務所も事実上、休業状態となっていったのである。

第九章　騒然とする台南

突如訪れた「日本の敗戦」

それは、驚天動地の出来事だった。

常識も、慣習も、権威も、序列も……昨日まで信じられていたものが、その日から、なにもかも、変わってしまった。

それまで威張っていた者が頼みとしていた「権威」が、消えてなくなったのである。

「その日」から、内地人と本島人の立場は、逆転したと言っていいだろう。

一九四五年八月十五日午前、台湾全島にいきわたったある通達がきっかけだった。

〈本日正午、カシコクモ天皇陛下御自ラ御放送アソバサレル〉

ある場所では「口頭」で、ある場所では「回覧板」で、また別の場所では、一堂に集合がかけられた上で、人々に伝えられた。

台湾に住む内地人の数は、五十年にわたる統治によって、およそ三十四万人に達していた。本島人の数は、その約二十倍にあたる六百万人を超える。すべての人々に、天皇陛下自身による放送があることが知らされたのだ。

朕《ちん》ハ帝國政府ヲシテ米・英・支・蘇《そ》四國ニ對《たい》シ其《そ》ノ共同宣言ヲ受諾スル旨通告セシメタリ（中略）

惟《おも》フニ今後　帝國ノ受クベキ苦難ハ　固《もと》ヨリ尋常ニアラズ　爾臣民《なんじ》ノ衷情《ちゆうじよう》モ朕善ク之《これ》ヲ知ル　然《しか》レドモ朕ハ　時運《じうん》ノ趨《おもむ》ク所　堪《た》へ難キヲ堪へ　忍ビ難キヲ忍ビ　以テ萬《ばん》世《せい》ノ爲ニ　太平ヲ開カント欲ス

正午から始まった遥《はる》か東京からの玉音放送は聴き取りにくく、多くの台湾人は、その意味を正確に解することができなかった。

しかし、およそ五分にわたった放送の中で、

〈共同宣言ヲ受諾〉

〈帝國ノ受クベキ苦難〉

〈堪ヘ難キヲ堪ヘ忍ビ難キヲ忍ビ〉

……という断片的な言葉だけでも、日本の「敗戦」を告げる放送であることはわかった。

一緒に聴く内地人が途中から感極まって嗚咽《おえつ》を漏らし始める。台湾では、多くの場合、それが、この放送の「意味」を台湾人に伝える重要な役割を果たすものとなった。

日本が戦争に負けた——。

もはや敗戦が「不可避なもの」であることはわかっていた。

アメリカ相手の戦争で日本が勝利することはない。しかし、では、一体、どう戦争は終結するのだろうか。

戦争に負けたことがない日本が、どうやって「負ける」のだろうか。いや、戦争は自分たち台湾人も含めて、国民が最後の一人になるまで、続くのではないだろうか。

それが、日本という国ではないのだろうか。

内地人も、もちろん台湾人も、頭の中では敗戦という「現実」が近づいていることを認識していながら、そんなことは絶対に起こり得ない架空の事態であるかのような奇妙な感覚に陥っていた。それは、世の中すべてを覆う不思議な〝催眠状態〟だったかもしれない。

だが、初めて耳にした「天皇陛下の御声」が、その催眠状態を完全に打ち砕いたのである。

「皇国日本」の敗戦は、台湾人に、長きにわたった「日本統治」の終焉《しゅうえん》を告げていた。支那事変の泥沼化で「皇民化政策」がとられ、台湾も「皇国日本」となっていた。その支配形態が、この「玉音放送」で、根本からひっくり返ってしまったのだ。天皇陛下自らの放送とは、それほど衝撃的なものだった。

多くの台湾人には、「困惑」の次に「喜び」が訪れた。

ついに、台湾が〝独自の道〟を歩み始めるものと、台湾人は考えたのだ。

「台湾同胞よ、祖国の胸に帰れ」

それは、甘美《かんび》な響きを持つ、実に魅力的な言葉がきっかけだった。発したのは、国民党軍、すなわち中華民国軍を率いる蔣介石その人である。

祖国の胸に帰れ、とは、母のもとに戻れ、という意味だ。蔣介石が発したこのひと言に、多くの台湾人は、大いなる夢と希望を抱いたのである。

「〝祖国〟に復帰して、俺たちは戦勝国の国民になるのだ」

みじめな敗戦気分をひっくりかえす甘美なメッセージが一挙に台湾を駆けめぐった。

「えっ、俺たちが戦争に勝ったの？　だって俺は日本軍だぞ」

日本統治下に生まれ育った青年たちは真顔で語り合った。

無理もない。太平洋戦争の最前線には、台湾の若者も続々、日本軍として投入されていた。前年から敷かれた徴兵制、さらには、志願兵としても、まだ十代の少年たちまで、戦地に赴《おもむ》いていたのである。

軍属も含めると、日本軍に参加した台湾人の総数は、実に二十万人を超えていた。日本軍と運命を共にして戦ってきた、その台湾青年たちが突然、「日本軍をやっつけた側」になってしまったのだ。

これほど滅茶苦茶なことはなかった。

しかし、台湾人が知らなかっただけで、それは一年半も前に決められたことだった。

一九四三年十一月の「カイロ会談」において、連合軍の首脳間の口約束ではあったが、蔣介石率いる中華民国が台湾を支配することが取り決められたのである。

台湾のことをなにも知らない連合軍の首脳によって、自分たちの将来が勝手に決められていたことを台湾人が知るのは、ずっとのちのことだ。

もっとも、六年後のサンフランシスコ平和条約によっても、日本が「台湾・澎湖《ほうこ》諸島における権利を放棄した」としか決められていない。すなわち、日本が「台湾を放棄」した以外は、法的にはなにも決まっていないのが実情であり、その後、台湾の帰属問題について、長く議論がつづくのは、そういう経緯がある。いわゆる「台湾地位未定論」である。

ともかく、日本の敗戦によって、日本軍として戦っていた台湾人が突然、「戦勝国の一員」になるという、摩訶《まか》不思議な出来事が起こったのである。

しかし、一度は戸惑った台湾人の中にも、やがて「台湾同胞よ、祖国の胸に帰れ」という蔣介石の言葉が浸透していくにつれ、喜びを嚙《か》みしめる人々が増えていった。

牛車やリヤカーで疎開先から帰ってくる台湾人。そのかたわらでは、家財道具を売りに出して内地への帰還に備える内地人の姿があった。

すべての価値観が完全に「逆転」した不思議な街で、人々は、自分たちの「未来」に何が待ち受けているのか、まったくわからないまま「新たな支配者」の到着を待つことになったのである。

新たな支配者

徳章の不安は大きかった。

戦争の終結は歓迎すべきことだった。しかし、その結果は、「最悪のもの」となった。日本が敗れ、さらに台湾を「手放すこと」になったのだ。

父・徳蔵が台湾に渡って五十年。その台湾が、日本の手から離れていくのである。この半世紀、どれだけ多くの内地人が、台湾の発展のために心血を注いだだろうか。橋を架《か》け、道路を通し、鉄道を敷き、ダムをつくり……台湾の発展を祈って、多くの内地人が力を尽くし、死んでいった。統治の過程で反乱の犠牲になった人もいる。

徳章の父・徳蔵自身も、そんな犠牲者の一人だった。

台湾の近代化は、教育者をふくむ多くの内地人の血の滲《にじ》むような苦労と、それを受け入れた本島人の勤勉さ、温厚さ、道徳観が支えとなって、成し遂げられたものである。

たしかに、本島人に対する差別はあった。徳章自身、その差別に苦しみ、悔しい思いもしてきた。しかし、一定の秩序のもと、勤勉に学ぶ者、才ある者に道は開かれていたし、そうして発展してきた社会の中で、本島人の人権を確立することは充分に可能であると確信して、徳章はこれまで活動してきたのである。

その日本人による五十年にわたる苦難の歴史、父子二代の努力の歳月が水泡《すいほう》に帰そうというのだ。それは耐えがたいことだった。

だが、徳章の不安は、さらに深刻、かつ重大なものの方に向いていた。

それは、台湾の統治が、アメリカ軍によるものではなく、中華民国、つまり、蔣介石の手によるものになることが明らかになったからである。

日本本土（内地）は、アメリカ軍の支配を受ける。しかし、台湾には、中華民国軍が「進駐してくる」というのだ。

「祖国復帰」「戦勝国の一員」などという甘い言葉で民心をあやつるつもりのようだが、徳章には、一年にわたる広東での警察官としての勤務経験がある。

そこで知ったのは、手の施しようがないほどの社会の腐敗ぶりだった。賄賂《わいろ》が日常的に横行し、官吏は、それで私腹を肥やしていた。いや、それがなければ、誰も官吏になどなろうとしないだろう。なにをするにも、まず、賄賂が必要だったのだ。

辛亥革命を成し遂げた〝革命の父〟孫文の故郷である広東でさえ、そんな状況だった。

ほかの地は、推《お》して知るべし、である。

台湾には、そんな恥ずべき風土はない。日本の五十年にわたる統治の影響もあるだろう。

内地人は、とにかく口うるさかった。しかし、規律に厳しく、なにより秩序を重んじた。多くの本島人は、これをうっとうしい存在だと思っていた。自分自身が本島人だっただけに、徳章には、そのことがわかっていた。

しかし、内地人は、金銭に綺麗《きれい》な人がほとんどだった。うるさく、威張ることも多かった内地人だが、賄賂を要求したり、受け取ったりすることがなかった。賄賂が横行するような不正な社会とはまったく異なる地として台湾が発展した最大の理由は、そこにあった。

しかし、新たな支配者として、蔣介石たちが「やって来る」というのである。

(なぜ、日本本土と同じく米軍の統治ではないのか)

徳章は、内地人と本島人が一緒になって築き上げてきた「道徳」「秩序」「規律」という社会の根本が崩されていくことを危惧《きぐ》したのである。

(どうする？　どうするんだ徳章)

自問自答しても、仕方がない。答えは最初から決まっている。台湾に「人生を捧《ささ》げる」ために、又蔵たちとのつらい別れを乗り越えて、ここ台南に帰ってきたのである。台湾での「人権の確立」のために、おまえは生涯を賭《か》けるのではなかったのか——。新たな統治者に対する、新たな闘いがはじまるだけだ。徳章は、そう自分に言い聞かせるほかなかったのである。

しかし、終戦後も、台湾では「秩序」が失われたり、「暴動」が起こったりすることはなかった。それは、日本の警察機構をはじめ、あらゆる統治組織が、これまでと同様、そのまま機能を維持していたからである。

行政機構だけでなく、軍隊も同じだった。半年前、日本は、最後の天王山と位置づけていたフィリピンでの戦いに敗れ、首都マニラも陥落した。この時点で、米軍の台湾上陸は「不可避」とされていた。

台湾では相次ぐ空襲と米軍の上陸という予測によって、住民の「疎開」が全島でおこなわれていたのは既述の通りである。

日本陸軍の第十方面軍は、安藤利吉司令官の指揮の下、米軍の上陸を待って、あらゆる対策を講じていた。あの「玉音放送」までは、陸・海軍合わせて二十三万の日本の無傷の兵力が、米軍と激戦を展開することを台湾人は信じて疑わなかったのである。

しかし、その予想は外れ、米軍は台湾を飛び越えて一九四五年四月、沖縄に上陸した。台湾は、〝最悪の事態〟を免れたのだ。

胸を撫で下ろした台湾人たちの間では、「台湾にいる精強なる第五十師団を、米軍が恐れたのだ」とまことしやかに囁かれるようになった。

無傷の日本軍――内地人と台湾人には、その存在はこの上なく頼もしいものだった。

その厚い信頼を敗戦後も裏切ることのなかった警察および軍隊の存在が、台湾において、一切の秩序が保たれていた大きな要因と言えるだろう。そして、それが、台湾人の教育水準の高さと、内地人の落ち着いた態度に支えられたものであったことは、言うまでもない。

徳章の「不安」と「懸念」

全島が修羅場と化した沖縄に比べ、台湾は幸運だった。だが、それこそが台湾の悲劇の始まりとなった。

当の日本軍に中国戦線で敗走を重ねていた中華民国軍、つまり国民党軍が「支配者として」やって来ることに、多くの台湾人は、「希望」と「不安」という相反する感情を抱いていた。

「祖国の胸に帰れ」という言葉の響きに喜ぶ感情と、自分たちは「本当に大丈夫なのだろうか」という危惧である。

徳章は、坂井家のことも気がかりでならなかった。相次ぐ空襲にさらされて、東京もまた「無惨な焼け野原となっている」ことも伝え聞いていた。

（どうか無事でいてください）

又蔵一家の消息を気にかけてはいるのだが、「内台航路」自体が運航不能に陥っており、郵便物での連絡も途絶えていた。

（たとえ連絡がなくても又蔵父のことだ。よもやのことはあるまい）

そう徳章は信じていた。戦争の惨禍の中でも、きっと生き抜く。それが坂井家だ。

徳章は、そう思っていた。

徳章が固く信じていたことは、ほかにもある。

戦争に敗れ、たとえ国土が焦土と化したとしても、日本が必ず「立ち直っていく」ことである。

日本人には類《たぐ》いまれな勤勉さがある。どん底からでも這《は》い上がっていく精神の強さも並み大抵ではない。自分自身の身体の中にも、同じ血が流れていることを強く感じるのだ。

勉強のために四年間暮らした帝都東京は、アジア一の都市だった。賑《にぎ》やかで活気のある都会には、やはり浮き沈みはつきものである。

事業を営む者にとっては、倒産もあれば、思いも寄らぬ要因が重なって経営が不振に陥ることもある。それでも、懸命に復活していく実業家の例を、徳章は東京にいた頃から、よく聞いていた。

そもそも叔父《おじ》であり、父でもあるジャーナリストの坂井又蔵が、豊富な取材経験をまじえて日本の実業界のことを、いつも話してくれたのである。

遠からず日本は復活する――。

そう確信していた徳章は、むしろ、台湾を支配するという「中華民国」に対して、不安が拭《ぬぐ》えなかった。それは、次の一語に尽きた。

(教育水準が違い過ぎる)

そのことが最大の不安要因だった。

台湾は、日本の統治によって、就学率が七〇パーセントを超え、識字率もゆうに九〇パーセント近くになっている。一方、大陸はどうだろうか。

戦争と社会の混乱が相俟《あいま》って、就学率、識字率とも、台湾の何分の一に過ぎなかった。圧倒的な教育水準の違いは、何をもたらすだろうか。

賄賂が横行する社会で育った人々が「支配者」として台湾で強権を発揮するようになれば、一体、どうなるのだろうか。

秩序の乱れは台湾全体を覆い、やがては、不満を持った台湾人との間に、どんな騒動が起こるかわからない。

徳章は、台湾、大陸、日本での生活をすべて経験している稀有《けう》な存在だっただけに、

「祖国の胸に帰れ」

という甘美な蔣介石の呼びかけの裏にある思惑が透《す》けて見えて、信用ができなかったのである。

そんな徳章の懸念は、次々と現実のものとなっていく。

一九四五年九月一日、日本の敗戦から半月が経ったこの日、台湾省行政長官公署が設立された。台湾省行政長官に任命されたのは、蔣介石と同じ浙江《せっこう》省出身の軍人であり、政治家でもあった陳儀《ちんぎ》である。

陳儀が台湾にやって来るのは十月二十四日と決まった。

日本の支配者に代わって、どんな人物が統治者となるのか。人々の関心は、そこに注がれた。

日本からの権力の移譲は、果たして、スムーズにおこなわれるのだろうか。日本軍は、どう出るのか。

前述のように台湾の日本軍、いわゆる第十方面軍は「無傷」である。しかも、日本の支那派遣軍の連戦連勝ぶりは台湾にも轟《とどろ》いていた。

戦果というものは多分に大袈裟《おおげさ》に伝えられるものである。「百戦百勝」とも聞く戦績は、過剰表現であるかもしれない。そうであっても、大陸において日本軍が劣勢に陥ったというような情報はどこにもなかった。

つまり、日本は、アメリカとの太平洋戦線こそ敗れたものの、大陸では勝ちつづけていながら、国家としての「敗北」を余儀なくされたことになる。

戦勝国アメリカが台湾を統治するならいざ知らず、日本に負けっぱなしだった国民党軍が、果たして日本軍を黙らせることができるのか。

もし、日本軍が国民党軍に反発して、戦闘が生じたら、どうなるのか。

台湾では、そんな物騒な疑問から出てきた「懸念」が人々の間で囁かれていたのである。

「もし、なにかのきっかけで衝突が起こったら……」

「圧倒的な力を誇る第十方面軍が抵抗を始めたら、一体、どうなるのか」

ところが、日本軍は、まったく動かなかった。陛下の赤子《せきし》である軍隊が、「陛下の意向に背《そむ》く」ことなどあり得なかったのである。たとえ目の前に、昨日までの敵が揚々と姿をあらわしても、天皇の「終戦の詔勅」の威力は、「絶大」だったのだ。それこそが君への忠誠であり、軍としての秩序だった。

こうして終戦からおよそ二か月を経た一九四五年十月、台湾の人々は、さまざまな感慨を胸に、進駐してくる中華民国・国民党軍を迎えることになる。

それは、台湾人に底知れぬ失望を生み出すもととなった。

初めて見た国民党軍の姿

（まさか……これが軍隊か）

二十歳の若者、郭振純《かくしんじゅん》がその目で国民党軍の姿を見たのは、一九四五年十月十日の台南駅でのことである。

郭振純は、十九歳の時に台湾の徴兵一期生として歩兵第四十七聯隊《れんたい》の一員となった元日本陸軍の軍人である。本隊は、インドネシアのティモールで戦争を終えたが、郭は、本隊に合流することがないまま、台湾最南端に広がる南湾《なんわん》一帯を見渡す山地で、留守部隊の一人として終戦を迎えている。

また終戦後は、「二二八事件」など、数々の出来事の中で国民党政府と戦い、のちに生涯のうち二十二年間を政治犯として獄中暮らしすることになる人物である。

郭振純の人生自体が、激動の「現代台湾史」を表わす貴重な証言者だ。

十月十日は、「双十節《そうじゅうせつ》」と呼ばれる中華民国の建国記念日である。孫文の辛亥革命の発端となった「武昌蜂起《ぶしょうほうき》」があった日だ。

台南の人々は、戦勝国「中華民国軍」の雄姿を見るために、台南駅前のロータリーに駆けつけていた。それは、〝待ちに待った日〟に違いなかった。

台南駅は、日本統治時代の一九三六（昭和十一）年、四年の歳月をかけて建築されたルネッサンス様式の白亜の近代的建造物である。台北駅の設計も担当した台湾総督府交通局鉄道部改良課の宇敷赳夫《うじきたけお》の設計によるもので、二階部分にホテルとレストランを置き、また内部にアーチ型の乗客出入口を配したモダンな駅だった。

汽車はちょうど駅に着いたばかりだった。

（間に合った……）

息せき切ってやって来た郭振純の前に、続々と兵たちが降りてきた。

中華民国の建国記念日に乗り込んでくる〝国軍〟を迎える台南市民の胸は、躍《おど》っていた。すでに駅前には、溢《あふ》れんばかりの市民が集まっていた。

駅の西側から近づいていった郭振純には、兵たちは駅舎から「湧いて出てくる」かのように見えた。それほど兵たちの数は多かった。

しかし、彼らの姿を見て、群衆がざわつきはじめた。ここそこと何かを囁きあう小さな声が、郭青年の耳に突き刺さった。

「本当に、これが軍隊か……」

台南の人々にとって、それは驚愕の光景だった。

兵隊のほとんどがワラジのようなものを履《は》いていた。なかには、裸足《はだし》の者もいる。ゲートルを巻いた者もいるのだが、ふくらはぎにきちんと巻かれているわけではない。折り返しながら巻いていないために、だらしなく、だらーんと引きずっている。まるで柱に包帯を無雑作《むぞうさ》に巻きつけたようなものだ。

兵はそれぞれ、なにやら木箱みたいなものを担いでいた。また、網のような袋を担ぎ、その中に盥《たらい》やコップや衣類を詰め込んでいる者もいた。中身が丸見えだった。

人々は、声を失って兵たちの姿を見ていた。

あまりにも期待していたものとかけ離れていた。兵隊といえば、背嚢《はいのう》を背負い、ざっざっざっと、整然と、そして規律正しく、行進していくものではなかったのか。

よく見ると、軍服の生地《きじ》も、日本軍のような厚いものではなく、ぺらぺらだった。やや灰色がかったその生地が、薄い木綿《もめん》製であることは明らかだ。

極めつきは、天秤棒《てんびんぼう》を肩に担いだ連中だ。天秤棒の両方に荷物をぶら下げ、それを恥じるようすもない。

（これは、避難民たちだ……兵隊じゃない）

そう思いながら、息を呑《の》んで兵たちのようすを見ていると、やがて、指揮官らしい人間が出てきた。

郭振純の目には、階級章までは見えなかった。しかし、態度から見て、この兵たちの指揮官であることは間違いない。

襟章は、ぴかぴかと光って見えた。日本の将校用の革の長靴も履いている。おそらく日本軍から接収したのだろう。

改札から出てきたその指揮官らしい男は、駅の貴賓室に入っていく。台南駅は、貴賓室が外から見えるつくりだ。郭青年は、じっとそのようすを見ていた。

その時、指揮官は驚くべきことをおこなった。

フンッと、手鼻を擤《か》んだのである。

「びっくりしました。最初、偉そうにたばこをぷかぷか吹かしていたその男が、急に、手鼻を擤んだんですよ。それで、指についた洟《はな》を、その長靴で拭《ふ》いたんだ……。信じられなかった。その時、これは、ひどい奴らが来た、と思いました」

郭は、復員後、出兵前に勤務していた台南の糖業試験所という会社に復帰して働いていた。糖業試験所とは、台湾総督府などが品種改良などのためにつくった研究機関で、技師たちの下で、郭はさまざまな仕事をおこなっていた。

この時から実に七十年を経た二〇一五年夏、九十歳となった郭は、その時の光景をこう語った。

「兵隊たちがやがや話している言葉がまったくわからなかったですね。とにかく、烏合《うごう》の衆という印象しかなかったね。自分たちが小学校時代に見ていた漫画に『冒険ダン吉』とか『のらくろ』とか、そういうものがあったんですよ。そこには、いろんな戦場の様子が紹介されていましたが、そこに出てくるひどい恰好《かっこう》の兵隊より、さらにひどかったですよ」

台南駅を出ると、彼らは駐屯先の学校などの方角に向かって、歩いて行った。その〝行進〟の模様を、台南市民が複雑な表情でじっと見ていた。

それは、日本軍とあまりに異なっていた。

武器、服装、手袋、靴下に至るまで、すべてが天皇陛下からの御下賜品《ごかしひん》として徹底教育されている日本の兵隊には、ボタンをひとつかけ忘れても、またゲートルの端がきちんと留まっていなくても、「教育」という名の厳しい指導が待っていた。掛け声をとっても、行進する足の揃《そろ》い方をとっても、それは、目の前の国民党軍とは、あまりに違うものだった。

待ちに待った国民党軍は、「軍隊」というものの概念を根底から覆すものだったと言えるだろう。

郭振純自身も、終戦までは日本陸軍の兵隊として軍務に就いていた、折目正しい〝元日本兵〟である。

「その時、私は思ったんです。日本軍はこんな奴らに負けたんじゃない。アメリカの原子爆弾に負けたんだ、と。決してこいつらに負けたんじゃない、と自分自身に何度も言い聞かせました……」

そう思わなければ、とても我慢がならなかった。台湾初の双十節の記念日は、台南の人々にとって、〝台湾同胞よ、祖国の胸に帰れ〟という言葉が抱かせてくれた「希望」が萎《しぼ》んでいく、まさに最初の体験となったのである。

第十章　奮闘と失望

猛烈なインフレ

一縷《いちる》の望みが「消えていく」哀しみをどう表現すればいいのだろうか。

日本の敗戦という衝撃から一転した「期待」、少しでも幸福な世の中が来ることへの「希望」が確実に萎んでいく過程は、誰にとっても、つらく、切ないものである。長くつづいた日本の支配からついに〝一本立ち〟して、自分たちの台湾が差別のない社会へと変わるのだという希望に、たとえようのない喜びを感じたあの「一瞬」を、どう振り返ればいいのだろう。

やがて、現実が見えてくるにつれ、いかにその喜びや希望が、砂上の楼閣に過ぎないものだったかがわかってきたのである。

最初は、八年間もの日本との戦いで疲れ切った可哀想な敗残兵たちだ、という同情の声の方が多かった。しかし、台南市内の各学校などに駐屯して、市民との接触が始まると、だんだん空気が変わっていった。

町のあちこちで、彼らの醜態《しゅうたい》が演じられていた。

台南駅で避難民のような兵士たちを目撃した郭振純は、こう語る。

「たとえば、市場や店に彼らが三名とか五名とかで、連《つ》れだって買い物に出てきます。そこで彼らは、値段の駆け引きをやるんですよ。つまり、値切るわけです。台湾は当時、戦争中も、ずっと公定価格でやっていて、終戦後もまだ公定価格で商売が成り立っていたから、値切られてはたまりません。しかし、彼らとは、まったく言葉が通じない。そこで、口争いが始まるわけだけど、言葉が通じないから、あちこちで騒ぎになるんですよ。

指で交渉したり、書いたりして、いろいろやっても、結局、自分たちが言う金額を、勝手に置いて、彼らはそのまま行っちゃうんだ。ひどいのになると、金も払わずに行ってしまう。そういうトラブルが、あちこちで起こりました。僕も、そんな現場を、何度も見ましたよ。一般の人からすれば、やっぱり、相手は軍隊だから、怖いですよね」

統制のとれた日本軍とは、まったく異なっていた。そもそも郭自身が、軍隊経験者だったから、余計に驚きの光景だった。しかし、郭は、それも、組織だっておこなわれる〝強奪〟に比べればまだましだった、と言う。

「彼らがすぐに始めたのが、台湾総督府管轄下の政府の糧食の倉庫の接収です。これがひどかった。お米の倉庫とか、塩の倉庫とか、砂糖の倉庫などをあいつらが真っ先に接収していった。接収したものを台湾で捌《さば》くなら、まだいいんですよ。しかし、あいつらは、台湾の市場にはそれを出さずに、そのままジャンク船で福建の方に運んで行っちゃったんだ。まるで、蟻《あり》が食べ物を運ぶように、海の上が、ジャンク船の行列になったんです。だから、またたく間に倉庫が空っぽになって、大変なことになりました……」

当時を思い出して、怒りに震えながら、郭振純はこう振り返った。

「戦争中の主な輸出先は内地、すなわち日本でしょう。しかし、アメリカの潜水艦のせいで戦争終盤には日本との船も途絶えがちになっていました。だから、台湾の倉庫の中は、日本に送れないまま残っていた物資でいっぱいだったんですよ。特にお米なんか膨大にありました。それが、あっという間になくなったんです」

「戦勝国」の中国人は、「敗戦国」の日本人の備蓄品を接収する権利を行使したつもりだったのだろうか。しかし、それは台湾の財産の「強奪」にほかならなかった。

一九四五年十二月には、いよいよ日本人の内地引き揚げが始まり、それと同時に、内地にいた台湾人たちも帰ってきた。

内地に帰る者と、内地から帰ってくる者——基隆や高雄といった内台航路の大きな港では、悲喜こもごもの「別れ」と「再会」のドラマが繰り広げられた。

「内地人が内地に帰る」というのは、半世紀に及ぶ日本の統治を経験してきた台湾にとって、大きな意味を持っていた。

組織の中で、枢要なポストに就いていた日本人が「いなくなる」のである。これは、組織にとって極めて重大なことだ。

ところが、その空いた主要ポストに台湾人が就くことはなかった。ことごとく「外省籍」、つまり、大陸から乗りこんできた中国人に占められていったのだ。

この衝撃は「本省籍」、つまり台湾人にとって、はかり知れないものとなった。日本のものから、やっと自分たちのものになったと思った台湾は、そのままそっくり中国人のものになってしまったのである。

これ以後、「外省籍（中国人）」であるか、「本省籍（台湾人）」であるかによって、就職や昇進、入社、入学ほか、すべての面で明らかな差別が横行するようになる。重用されるのは「外省籍」の人間に限られたのだ。そのことに対する台湾人の不満はくすぶりつづけ、「二二八事件」の大きな原因になるのだが、それは後述する。

徳章と共に富士丸で台湾に帰ってきた林雪梅を娶《めと》ることになる台湾独立の運動家、王育徳は、著書『「昭和」を生きた台湾青年』（草思社）の中に、こう記述している。

〈中国人は、日本人が在職していた社会の主要ポストをすべて占領した。台湾に流入する中国人の数はどんどん増えて、優先的に職につき、台湾人の仕事を奪っていった。台湾人のエリートが就《つ》いてしかるべきポストを、上海《シャンハイ》あたりから来た靴《くつ》職人が取ってしまうということにもなった。台湾人はそれを指をくわえて見ているしかなかった。

中国人は台湾人にポストを与えない理由を、国語（北京語）ができないせいにした。日本の奴隷教育がしみ込んだ台湾人は、訓練を受けさせなければ使えないと公言してはばからなかった〉

知識階層であった王育徳の目には、のちに「外省人」と呼ばれる彼ら中国人のやり方と意図が鮮明に映し出されていた。記述はこうつづく。

〈陳儀は、台湾人には適当な人材がいないという理由で、一九四六年五月まで日本人警官を留用したが、実はそれは、大陸から中国人が来るまでのあいだ、台湾人にポストを取られないようにするための措置であった。

日本時代には、行政に携わる公務員の数は一万八三〇〇人であったが、陳儀が来てから四万三〇〇〇人にも増えた。中国人は自分が役人になると、妻や兄弟姉妹にまでさまざまな肩書きを与えて給料を取らせたのである。

日本の統治から解放されて社会的に活躍できると思っていた台湾人は、すっかり当てが外れ、憤懣《ふんまん》やる方なかったが、どうすることもできなかった。戦勝国民だと言われたのはつかの間で、中国人はわれわれ台湾人を、敗戦国日本の所有物としてしか見ていなかったのだ。

日本人の海外における財産一切は「賠償の一部として連合国に移行する」と発表されていたが、「日本資産管理委員会」が台湾に設置されたのは、一九四五年十二月で、それまでのあいだに大方の資産は中国人に奪われていた。かれらは台湾の全産業の九〇%、土地の七〇%以上を得たほか、金融を独占し、私有の会社を官営にした。特産物やタバコ、酒は政府の専売とし、台湾人の貿易を禁じて、完全に貿易局の独占とした。

誰も台湾人の味方になってくれそうもなかった。日本人はすでにそういう立場になかった〉

王育徳は、同書の中で、日本人の知人や友人が内地に帰っていく時に、〈まるで育ての親に見捨てられるような気持ちにもなった〉とも書いている。

台湾の将来を考える時、暗澹《あんたん》たる思いに陥った知識階層の心情が窺《うかが》える。内地から帰ってきた者の中には、日本で学んでいたエリート層も大勢いたのだが、彼らエリート層も、すでに枢要なポストはすべて中国人に占有されていて、力を発揮すべき本来のポストを得ることはできなかった。

人々の不満のエネルギーが、次第に社会に蓄積されていった。日本人のいなくなった台湾では、文字通り、経済も社会も混乱状態に陥っていく。それは、時間が経つにつれ、ある経済現象を引き起こすようになった。

インフレである。

郭振純は、困窮する生活をこう表現する。

「田舎の農民や、あるいは無産階級の人たちは、たちまち生活に窮しました。いや、私たちも同じですよ。コメを買おうにもコメがない。いろんな物資が大陸へいっちゃったんだから、買うものがなくなった。それで、モノの価値が上がって、インフレですよ。コメの価格が上がっていって、苦しい人は首つり自殺しました。家族で首つりした例もありましたよ。それが、新聞の記事にもならないんですよ。そういう人があまりに多いからです。もし、同じことが中国で発生した場合は、自殺なんかしないで、おそらく暴動でしょう。しかし、台湾では暴動はなくて、自殺という現象が起きた。これが台湾文化と中国文化の違いだと思いますよ」

惹《ひ》き起こされたインフレは、度を超えたものだった。

「そのうえ連中は、貨幣を新たにつくったのです。新台幣です。それで、今までのお金から新しい貨幣に替えたんです。しかし、交換の比率が滅茶苦茶《めちゃくちゃ》だった。ニュー台湾円という紙幣ですが、古いお金四万円で、新しいお金一円ですよ。つまり、四万対一になってしまった。もとは、台湾のお金と日本のお金の比率は一対一ですよ。新紙幣に変わる前からインフレにはなっていましたが、ますますひどくなった。市場に買い物に行く時なんかは、みんな手提《てさ》げに、お札を詰め込んで行っていたんですよ」

のちに政治犯として捕らえられ、火焼島《かしょうとう》（注＝現在の緑島《りょくとう》）をはじめ、十四年間の獄中生活を送ることになる鍾紹雄《しょうつぐお》（八七）は、当時、台南で起こったインフレとストライキについて、こう語る。

「蔣介石が陳儀を台湾に派遣して何をやったかというと、日本統治時代のあらゆるものを奪ったのです。そして、台湾の砂糖、コメ、樟脳《しょうのう》を全部買い占めて大陸に持っていったんです。コメは、一日に三回、値上がりしましたよ。ものすごいインフレになってね。私は、その時、台南工業の学生でした。そこで、中国から来た陳重《ちんじゅう》という名前の校長が、地下銀行の利子がすごいので、先生方の月給をその地下銀行に預けて、先生方に渡さなかったんです。

それで、先生方が怒りましてね。校長は中国から来ていますが、教師は、台湾の人が多かったですからね。それで、ストライキが起こったんです。授業も何もかもボイコットです。学生の私たちも、先生に同情して、一緒にストライキをやりました。あれは卒業間近のことでしたね」

大陸からやって来た校長は、目下の者の金に手を出して、巨額の利息を自分のものにしようとしたのだ。これが教職者の長にある者の姿なのか――。

日本の統治下で育まれた教職者に対する崇敬の念は、あっという間に地に堕《お》ちていった。当の教師たちだけでなく、学生たちも呆れ果てたに違いない。

祖国の胸に帰れ、という言葉によって生じた希望は、もはや、幻想となって吹き飛んでいた。

追い打ちをかけたのは、「日本語の使用禁止」という行政長官公署による通達だった。

一九四六年十月、日本語を使用することは全面的に禁止された。さらには、学校や職場での台湾語の使用も禁止された。

北京語が入ってきて、わずか一年。北京語に習熟している台湾人はほとんどいない時期のことである。

こうして、台湾人は、「言語」まで奪われた。

（そんな馬鹿な……）

多くの台湾人が、書物は日本語の本を読んでいた。知的活動は日本語に頼っていたのである。しかし、そうした知的活動が根本から「奪われた」のだ。

目の前で進行するインフレ、新たな支配者たちの横暴、簒奪《さんだつ》される公共財、そして、知的活動の中断——台湾人は、社会の激変をただ茫然と見るしかなかった。

現状が厳しければ、「かつてはよかった」という思いに捉《とら》われるのは、人間の常である。

（内地人なら、こんなことはしないのに）

（こんな理不尽がなぜまかり通るのか。内地人なら絶対に許さないだろう）

そんな気持ちを多くの台湾人が抱くようになっていったのである。

終戦から一年。台湾人の多くは、一縷の望みが「消えていく」悲哀を、深く、重く、味わっていた。

台南の指導者として

徳章は、日本の敗戦後も奮闘していた。いや、以前よりも一層、踏ん張っていたと言っていいだろう。

台湾空襲が始まる一九四四（昭和十九）年秋、台南市では多くの家屋が売りに出された。徳章は、南門町の三十二番地（現在の中西区友愛街百十五巷十一號）にあった二階建ての広い家を購入している。

ゆくゆくは、末廣町の事務所もここに統合する計画だった。サイパン陥落後のこの時期に自宅兼事務所を購入するということは、「日本が敗戦したあとも台南で力を尽くす」という徳章の覚悟を示すものでもあった。

末廣町の事務所は一九四五年三月一日の台湾大空襲の被害を受けたが、幸い、この自宅は焼失を免れたため、予定よりも早く、事務所を自宅に移転することになった。

そして、戦後はこの南門町の自宅兼事務所（注＝現在の台南市史跡「湯徳章故居」）を拠点として、新たな局面を迎えた台湾のための活動を始めることになったのである。

徳章のもとに、ひとつの「要請」が来たのは、陳儀が台湾の行政長官に就任した直後の一九四五年十一月のことだ。

「台湾省公務員訓練所の所長に就任して欲しい」

それは、陳儀自身の手になる手紙での就任要請だった。

陳儀は着任後、すぐにそれぞれの地域での有識者を洗い出していた。

日本統治時代に発達した教育制度と、秩序が確立した社会のありさまに陳儀が気づき、有識者の力を借りようと考えたのである。

しかし、やって来た国民党、そして国民党軍によって、台湾のあらゆる財産への収奪はすでに始まっており、混乱は目に見えて進行していた。

そんな中で、徳章は公務員の訓練所の所長に請われたのである。

要するに、賄賂《わいろ》や不正をあたりまえとする人々への「教育」を頼まれたのだ。市井の弁護士に対する異例の抜擢《ばってき》人事だと言えるだろう。

だが、徳章には、この要請に応《こた》える選択肢はなかった。

なぜなら、国民党政府内の官職に就くことは「汚職の中に飛び込むこと」を意味しているからである。警察官としての「広東での一年」の勤務経験が、徳章にそのことを教えていた。しかも、これを受諾するなら、台北に居を移さねばならなかった。

(自分の良心を隠して官職に就くことは、私にはできない)

人権の確立を目指す徳章にとって、それは、譲ることのできない生き方の根本だった。

徳章は、台湾の行政のトップである陳儀に対して、断わりの手紙を出した。

普通の人間なら喜んで飛びつく官職を、徳章は、自らの信念に基づいて拒否したのである。

次にやってきたのは、「台南市南区の区長に就任して欲しい」という台南市からの要請だった。

台南市の南区というのは、市の中心部を東西に走る道(現在の「永華路」)から南に広がり、「青浜」までの広い行政区である。「青浜」はのちに「黄金海岸」と称されるようになる美しいビーチだ。

まだ空襲の焼け跡も生々しいその南区のトップに就任して欲しいという要請だった。

徳章は悩んだ。

台南にかぎらず、台湾全島で、重要な役職が「外省人」に奪われ、まともな統治がなされなくなっている。

台湾で生まれ育ち、内地で司法も行政も学んできた自分が、台湾人を守らなければならない。徳章は、そう思っていた。

「わかりました。やりましょう」

一九四五年十二月一日、徳章は、台南市南区の区長に就任した。

区長としてやらなければならないことは膨大にあった。空襲やその後の混乱のために焼け跡と化した街並《まちな》みの再建をはじめ、戦争で打撃を受けた水道や排水路など公共財の補修と整備、人的被害を受けた家族への支援と保護、経済的支援の策定……等々、台南市との交渉、あるいは、台湾省長官公署との交渉に至るまで、目のまわるような忙しさだった。

外省人から区の財産を守ることも、区長たる徳章の使命と言えた。

法律の専門家であり、しかも、元警察官でもある区長の存在は、区の職員たちにとって、どれほど頼もしかったかしれない。

しかし、徳章が活躍すればするほど、新しい支配者たちにとっては、次第に疎《うと》ましい存在となっていくのは、必然だっただろう。

台南のコレラ騒動

一九四六年四月、台南市内で原因不明の下痢《げり》の症状を訴える人々が出始めた。食欲を失い、突然、水のような下痢が始まるのである。数日で回復する軽症の者もいたが、そのまま脱水状態に陥って、命を危うくする者も出てきた。コレラである。

報告を受けた徳章は、すぐさま実態調査と、区内の消毒の実施、医療体制のバックアップを命じた。

コレラの最も大きな感染源は、患者の吐瀉物《としゃぶつ》に汚染された水や食物である。コレラを蔓延《まんえん》させないためには、徹底した「消毒」と患者の「隔離」、そして「予防接種」の三つが必要だ。

調査の結果、嘉義の海側に位置する布袋嘴《ほていし》という港町から「流行」が始まっていることがわかった。布袋嘴は、最短距離で大陸との間を結ぶため、船便が数多く行き来していた。

コレラが布袋嘴で発生したとなれば、感染源は明らかだった。大陸からやって来る中国人たちである。

中国では国共内戦が深刻化し、布袋嘴からは、大量の台湾の物資が大陸へ運び出され、代わりに戦火を避けた中国人たちが続々、上陸していた。

布袋嘴は、徳章が新人巡査として赴任を命じられた東石郡の海側に位置している。妻・濫は東石郡の出身であり、結婚前の二人が一緒に訪れたこともある思い出の地だ。

（あの町からコレラが蔓延し始めている……）

徳章は、発生源の布袋嘴で対策をとった上で、各地で防疫措置を講じなければ大変なことになる、と判断した。

台湾では、すでに日本統治時代にコレラは根絶していた。それが再発生したとすると、今後は、コレラ以外のさまざまな伝染病も監視の対象にしていかなければならない。

ことは深刻だった。もとより、台南市南区という一部の区だけでは、打つ手も限られている。ただちに徳章は、台南県や上級官庁の行政院衛生署をはじめ、関係機関との交渉を始めた。

当時の台南県の県長は、福建省出身の国民党幹部、袁国欽《えんこくきん》が務めていた。

コレラの特徴は、脱水症状や体温の低下、血圧の降下にある。患者のケアに努めながら、南区が独自に対策を進める中、徳章は、〝あり得ない事態〟と遭遇していた。

それは、日本統治時代には、考えられない対応だった。

新たな支配者となっていた袁国欽ら中国人たちは、まるで「危機感がない」のである。

「慌てる必要はない。こんな病気は、中国ではしばしば起こっている。私たちにとっては見慣れたものだ」

そこには、「この程度のことで、なんでそんなに騒ぐのか」という非難が含まれていた。

（まさか……）

徳章には、信じられなかった。

続々と大陸からやって来る乞食《こじき》同然の軍隊やその関係者たちの衛生状態は劣悪だった。ところが大陸の為政者たちは、まるで意に介していないのだ。

そんな時、事件が起こった。

実は、支配者である彼らは、とっくに布袋嘴で住民の「隔離」という対策をとっていたのである。しかし、それは、いかにも〝大陸的〟で、杜撰《ずさん》なものだった。

警察に軽機関銃で武装させ、布袋嘴への道路を封鎖するという挙に出たのだ。

感染源は大陸からの外省人であって、布袋嘴に住む台湾人ではないのに、この小さな港町だけを隔離したのである。

もともと布袋嘴は、住民たちの生活物資や商売のために不可欠な「生活港」だ。いきなり自分たちの動きが封鎖されてしまっては、商売はおろか、生活自体ができなくなる。穀類を買い、それを売って生計を立てている人間は、完全に「生きていく手段」が奪われたのである。

しかも、封鎖線を警備しているのは警察官だったが、大陸からやって来て新たにつくられた警察組織は、日本統治時代の警察とは、まるで異なっていた。

日本人が引き揚げたあと、高位のポストに就いた中国人たちのやり方は荒っぽく、重要なのは金だけだった。生活ができなくなった住民の中には、賄賂を用いて、封鎖線を出入りする者も出てきた。以前の台湾人には、考えられない行動である。

しかし、それが反発を生んだ。

そんな賄賂を用いるやり方を良しとしない一部の住民の中には、封鎖線を強行突破する人間が出始めたのだ。行政側は、住民を隔離するだけで、医療や防疫をおこなう人間を駐在させることさえしなかったため、なおさら反発は強まっていった。

四月下旬、ついに封鎖線を強行突破しようとする台湾人に対して、武装した警官の軽機関銃が火を噴き、死者が発生する。

コレラの発生と住民への発砲事件――事態を知った徳章は、愕然《がくぜん》とした。警察官出身者として、耐えがたい事件だった。

生活がかかり、さらに生死まで左右されかねない隔離住民の不満が爆発するのは、予想できたはずだ。しかも、その住民に発砲までしてしまう警察というのは、いったい何なのだ。台湾はそんな社会に変容してしまったのか。

台南市の南区という一行政区の区長に過ぎない徳章は、抗議の「辞職」を示しながら、警察と行政のやり方に対して、強い非難の姿勢を打ち出した。

『和平日報』によって詳細が報じられたこの事件は、台湾人の強い怒りを呼び起こすきっかけとなる。

ちなみに、布袋嘴から十五キロほど内陸に入った新營《しんえい》という町でも、それより三か月近く経った八月十一日の中元節に、住民への警察による発砲事件が起こっている。ある廟《びょう》の縁日で、毎年恒例の芝居がおこなわれていた際、突然、「コレラの蔓延」を理由に二人の警察官が壇上に駆け上がり、芝居の中止を命令し、解散を命じたのである。

怒った住民は、警官に向かって石を投げ、警官は、住民に発砲。ここでも、死者が出る騒ぎとなった。

　支配者に対する台湾人の怒りを呼び起こすこの二つの事件は、翌年に発生する「二二八事件」の前兆ともいうべきものだった。

　結局、コレラは、台湾南部で三百名以上の死者を出して、一九四六年秋、終息する。徳章は、南区での予防策を策定したのちの七月、南区の区長を辞任した。上に対して、頑として譲らず、通らなければ潔く辞任するという徳章のふるまいは、以前といささかも変わっていなかった。

　七月中に台南の弁護士として再登録して、民間での活動を始めた徳章は、十月には、「台南市人権保障委員会」の主任委員に選ばれている。

日本統治時代に比べ、台湾人の人権がさらに侵されてきていることは明らかだった。「台湾人の人権確立」への熱い期待が、以前にも増して、徳章に注がれるようになったのは、当然だろう。

　徳章は一連のコレラ騒動で見えた中国人たちの行動に底知れぬ怖さを感じていた。日を追って、台湾人の怒りが沸点《ふってん》に近づこうとしていた。中国人の横暴、不正の横行、人を人とも思わぬやり方に対する台湾人の怒りは、もはや我慢の限界に来ていたというべきだったかもしれない。

（危ない。このままでは、あまりにも危ない……）

肌に感じるようなそんな不安を抱えつつ、徳章は、弁護士業務と人権問題への取り組みに駆けまわっていた。

第十一章 「二二八事件」勃発

台北で起こった出来事

「おい、台北で事件が起きたよ」

台南工業の学生で、十八歳の鍾紹雄が、いつものようにラジオ局の台南放送局に入っていくと、謝《しゃ》という技術員がそう話しかけてきた。

「台北で事件？ なにがあったの？」

台南市南門町に建つ台南放送局——父が台湾電力に勤めており、その社宅である末廣町の家からわずか一、二分のところに、ラジオ局はあった。

湯聰模が通ったこともある南門小学校のちょうど、真うしろである。

近所のよしみで、鍾紹雄は放送局の人間と仲良くしてもらっていた。毎晩、英語の勉強のために短波放送を聴きに行っていたのだ。

「台北で暴動が起こって、すごいことになっている」

一九四七年二月二十八日午後七時過ぎ。顔を見るなり、馴染《なじ》みの謝がそう教えてくれたのだ。すべての始まりは、そこからだった。

英語を短波で聴くどころではなくなった。ラジオ局に入ってくる情報は、そんな悠長なものではなかったのである。

この日、台北の行政長官公署には、デモ隊が押し寄せていた。そのデモ隊に対して庁舎の屋上から発砲がおこなわれ、多数の死者が出たという。謝は、そう告げた。のちに、それが機関銃の掃射だったことを知るが、この時点では、そこまではわかっていない。

たしかなのは、武装をしていない市民に向けて、屋上から〝無差別に銃撃がおこなわれた〟ということだった。

多くの市民が殺害され、傷を負い、そのことで、さらに台北市民の怒りが爆発していることを、鍾はこの時点で「知った」のである。

おそらく台南市民の中では、この情報を最も早く知った一人だっただろう。ラジオ局に次々と入ってくる台北からの放送を、英語の勉強などそっちのけで聴きつづけた。

(大変なことが起こっている……)

技術員の謝と台南工業の学生である鍾は、顔を見合わせた。

「謝さんは、台南の人ではないんです。中部の人で、のちに副総統になる謝東閔《しゃとうびん》の親戚《しんせき》でした。旧日本軍の人でね。その人と、ラジオに聴き入りました。大変なことが台北で起こったことがわかりました」

しかし、鍾青年は、「ああ、ついに起こった」という思いの方が大きかった。

いつ何が起きても不思議でないほど台湾人の我慢は限界に達していた。インフレや台湾の財産の収奪、官職の独占、中国語の強制と日本語の禁止……次々と打ち出される国民党の政策に、はじめ台湾人は茫然としていた。

やがて、それが怒りに変わり、なにかの〝きっかけ〟を待っていたのだ。

直接の原因は、前日の二月二十七日夕方に起こったあるトラブルだった。

林江邁《りんこうまい》という四十歳の寡婦《かふ》が、十歳になる娘・林明珠《りんみんじゅ》と一緒に台北市内の大平町《たいへい》にある喫茶レストラン「天馬茶房」前で、闇たばこを売っていたところを警察と台湾専売局の密売取締員に摘発された。

林江邁は土下座して赦《ゆる》しを乞《こ》うたが、警察官は、彼女を銃剣の柄《え》で殴打した上、お金と闇たばこを没収した。

一部始終を目撃していた市民たちが騒ぎ出した。子供連れのたばこ売りの女性に対する態度としてあまりにもひどかったからだ。

「その扱い方はなんだ！」

「もう少し、やり方があるだろう」

土下座する女性を銃剣の柄で打ち叩《たた》くさまを見て激怒したのだ。

抗議の群衆が次第に数を増していくと、今度は警察がこれに威嚇《いかく》発砲。そのうちの銃弾が市民の一人に命中した。

あっという間に広がったこの発砲情報が、不満爆発の導火線に火をつけた。

事件から六十年近くが経った二〇〇六年三月六日、台湾の有力紙『聯合報《れんごうほう》』が、当時十歳だった林明珠にインタビューし、その中で彼女はこう語っている。

「売っていたのは闇たばこではなく、ふつうのたばこです。そして、摘発されたのでもありませんでした。あの日、銃を持った若い兵士が私に近づいてきて、箱の中のたばこを手にとったんです。それで、右手でたばこに火をつけ、左手をポケットに入れてお金をまさぐりながら、北京語で〝いくらだ？〟と聞いてきました。しかし、私は日本語と台湾語しか知らなくて、すぐに反応できなかった。そのようすを、たまたま見ていた付近にいた男たちが、〝ただでたばこを吸っている奴がいる！〟と騒ぎ立て、十数メートル離れたところにいた母に大声で〝おまえの娘をいじめている奴がいるぞ！〟と叫んだんです」

自分たち母娘《ははこ》は、当時の「天馬茶房」前の路上にいた数多くのたばこ売りの一人に過ぎなかったと、林明珠は語るのである。彼女が語る事件の真相は、これまで知られていることとは、まったく異なっている。

「あっという間に人だかりができ、たばこが地面に散らばりました。言葉が通じないことと、周囲の人たちが騒ぎ立てたことで、いざこざはますます大きくなりました。この時、若い兵士は銃をかざして、集まった群衆を退《しりぞ》かせようとしましたが、銃をかざした際に、銃の尖端《せんたん》が慌てて駆けつけた母の頭に当たり、鮮血がしたたり落ちたんです。大人たちの怒りはすごいことになりました。大人たちは私を道ばたに連れていきましたが、その時、〝大陸の奴が人を殴ったぞ！〟という叫び声が聞こえました」

これが、当事者が語る事件のありさまである。

彼女は、母親が土下座して赦しを乞う場面も見ておらず、また、警察と台湾専売局の密売取締員が自分たちを摘発した、とも認識していない。

　当事者である十歳の少女の回想は貴重だが、勘違いや記憶違いがどの程度、ここに混じっているのかは定かでない。しかし、この出来事が台北市民の怒りを爆発させる〝導火線〟になったのは、間違いなかった。それは、多くの台湾人が認識するように、「起こるべくして起こった出来事」だったからである。

　怒りの声は、またたく間に広がり、翌日、騒動はさらに大きくなっていく。

　二月二十八日午前十時、重慶南路一段の専売局台北分局前は、群衆で埋め尽くされた。

「専売局長は辞任せよ！」

「打倒、陳儀！」

　口々に叫ぶ人々は、ついに専売局内に突入した。局内の打ち壊《こわ》しにつづき、裏の倉庫から酒、たばこ、マッチなどを道路に放り出して火をつけた。それは、紅蓮《ぐれん》の炎となって、台北の冬空に舞い上がっていった。

　また、別の群衆は午後、現在の行政院の場所にあった長官公署に向かった。

「陳儀長官は辞任せよ！」

　長官公署前を埋めた群衆は、そう叫んだ。

すでに、専売局の概況が長官公署には伝わっていた。群衆が正門を破壊し、侵入してきたら一体、どうなるのか。周囲は、ピリピリとした緊迫感に包まれていた。

その時、屋上に配置されていた警備兵の機関銃が火を噴いた。群衆に向かって、武装兵による一斉掃射が始まったのである。

群衆は、散り散りに逃げだした。しかし、不幸にも銃弾があたった市民は、命を落とした。

人々の怒りはとめどなく増幅していった。もはや、収拾は困難だった。

怒った群衆の一部は、台北放送局（注＝現在の二二八公園の中にある「台北二二八紀念館」）になだれ込んだ。

台北放送局は占拠され、そこから台湾全土に総決起が呼びかけられたのである。

「決起せよ！　今こそ立ち上がれ！」

「台湾から豚どもを追い出そう！」

憤怒《ふんど》の叫びが、電波にのって全島を駆け抜けた。

陳儀はこれに、台湾全土に「戒厳令」を敷くことで対抗した。

夜になっても、刻々と入って来る情報を、鍾青年は、台北から遥《はる》か二百六十キロ離れた台南の放送局で固唾《かたず》を呑んで聴き入っていた。

(明日から学校はどうなるんだろう)

そんな不安が漠然と鍾紹雄の胸に生まれていた。ついに立ち上がった台北市民の気持ちはよくわかった。

(人々が立ち上がるのは当然だ)

鍾は、そう思っていた。いや、むしろ遅すぎたぐらいだ、と。自分たちも何かをやらなければならない。

闘争心が身体の底から湧き起こってくるのを、鍾は感じていた。

「参議員」湯徳章として

(ついに始まった)

徳章も、台北の騒ぎを二十八日中に知っていた。

南区の区長であった時から台南市の参議員の地位にあった徳章には、重要な情報は、電話で、あるいは誰かが直接、必ず知らせに来たのである。

戦争終結以降の政治的混乱がつづく台湾に発足した「参議会」は、今の地方議会に相当するものだが、当時はそれぞれの地の名士に、参議員を務めることが課せられていた。徳章も、一九四六年四月に就任していた。なにか事があれば、台南市参議会に緊急に出ていかなければならない立場である。

台南市参議会館は、現在の湯徳章紀念公園から中正路に沿って、七、八十メートル西に行った左側に、当時のまま「台南市議政史料館」として建っている。徳章の自宅兼事務所から、ここまで六百メートルほどの距離がある。

徳章の〝城〟ともいうべき二階建ての自宅兼事務所は、前述のように、台南市の中心部に近い南門町にあった。

門を入るとゆったりした空間（庭）があり、左に事務所、奥に自宅がある。この広い家で、徳章は、母の玉、妻の濫、そして十三歳になった息子の聰模と暮らしていた。姉の息子、徳章から見れば甥にあたる聰炎や聰欽《そうきん》らも、ここから台南市内の学校に通った時期もある。

また動物好きの一家は、犬や猿、そして猫も飼っていた。

「親父が、動物が好きだったんですよ。犬はシェパードを飼っててね。連れ出して散歩に行くということは、あまりなかったですね。犬は、近くの路地ぐらいまで行って、すぐ戻ってくる感じでしたね。猿は、山の方に疎開した親父の友だちが、そこで小猿を捕まえて、親父にくれたんですよ。猿は鎖でつないでいましたが、時々、鎖を外すと、隣近所を走りまわったあと、戻ってきていましたね。猫は、おとなしくて、私のそばにくっついていました」

息子の聰模は、その頃のありさまをそう述懐する。

姉・柳がいる楠西の家が一族の総本山なら、徳章の自宅兼事務所は、一族の台南市内における根拠地である。

貧困の中で育った柳と徳章、それぞれがつくりあげたお城と言えた。その城が動乱に巻き込まれようとしていた。

事務所のちょうど真上に、徳章の寝室はあった。徳章は夜、本を読んだり、書類を遅くまで書くことがあるので、八畳ほどの広さの洋室にベッドを置き一人で寝ていた。

しかし、台北の異変を知らされた時、徳章は、マラリアに罹《かか》り、床に伏せっていた。そのため、一階の和室で寝ていた。濫が、看病しやすいようにである。

台湾では、マラリアは珍しい病気ではない。マラリア原虫を持った蚊《か》が媒介するこの病気は、台湾にかぎらず、亜熱帯から熱帯地方に広く分布している。

マラリアは、発症すると四十度前後の高熱を出すが、三日熱、四日熱という別名もあるように、四十八時間おきに、あるいは七十二時間おきに繰り返し高熱に襲われる。

徳章は、この厄介な病気の療養中だったのである。マラリアの治療といえば、キニーネの投与だ。徳章も、その治療を受けていた。

聰模も、そのことを記憶している。

「親父が、マラリアに罹って、高熱を発していたことを覚えています。そういう状態がつづき、ようやく治まりかかった頃に事件が起こったんです。まだ、身体は十分じゃなくて、ちょっとふらつくような状態でした」

そこへ、刻々と報告が入ってくる。もともと台湾人の我慢が限界に来ていることも、徳章はわかっていた。

それだけに、事態の拡大、そして、それに対する弾圧が心配だった。

「あなた、大丈夫かしら」

さすがに、濫も胸騒ぎを覚えていた。マラリアの看病をつづけ、なんとか病状が落ちつこうとしていた矢先の出来事に、思わず不安を口にしたのだ。

「何が起こるか予想できない。彼らはどんなことをしでかすかわからないからな」

徳章は、濫を安心させるようなことはひと言もいわなかった。

拷問のやり方にしても、敵を誅《ちゅう》する方法にしても、中国は、血塗《ちぬ》られた残虐な歴史と共にある。それは、台湾の人間には、想像もつかないことだ。

危ないところ、特に人が集まるところにはしばらく絶対に近づかず、軽率な行動をとらないよう、身の安全をはかることを注意するしかなかった。徳章は、まだ十三歳の聰模の身に危険が及ばないように、くれぐれも濫にこのことを言い含めたのである。

全島に広がる混乱

翌三月一日は、土曜日だった。

台南では、まだ台北での出来事を知らずにいる人もいた。だが、街を走り始めたトラックから叫ばれるスローガンが、初めて重大な事態が発生していることを人々に知らせることになった。

トラックには学生らしい若者が乗って、拡声器で過激な言葉を発していた。

「支那人をやっつけるから、みんな出てこい！」

「豚どもを追い返せ！」

それは、決起を促す大音声だった。

元日本陸軍の兵隊でもあった郭振純は、煽動《せんどう》するトラックを見て、血が騒いだ。彼もまたラジオを通じて、台北での異変を知ったのだった。

「南方有志《なんぽうゆうし》」という標語が貼られたトラックもあった。口々に、決起を訴える言葉を若者が発していた。

台北での騒動に参加した連中が、続々、やって来ている、という情報もまわってい
た。単なる台北だけの抗議行動ではなく、全島での決起を呼びかけるためだろう。

「台北の連中と協議に入ったらしい。嘉義でも、高雄でも、もう協議は始まっている
ようだぞ」

この手の情報というのは、あっという間に広がるものである。

（起こるべきことが起こった……）

郭振純は、ついに「その時」が来たことを悟った。

（これは、すごいことになる）

もはや、各地での台湾人の暴発は抑えようがないのではないか。郭振純は、そう思
ったのだ。

政府と戦うには、武器が必要だった。きちんと武装して、初めて対等な関係になる。
武器のあるところと言えば、警察か憲兵隊、そして軍である。

街の中で一番近いのは、派出所だ。そこを襲うしかない。行動は、より過激なもの
に移っていた。

郭は、こう振り返る。

「最初は、議会の議員あたりが〝ことを起こさないように〟と訴え、実際に、拡声器でトラックの上から〝落ち着け。暴れてはいけない〟とみんなに呼びかけていました。もちろん、台湾語です。それで、ある程度、落ち着いたんですよ。そうして一般市民たちはおとなしく家に戻りましたが、若者はそうはいかない。血気盛んですからね。やがて、青年たちがトラックで決起を呼びかけ、台北に呼応して行動を起こし始めたわけです」

ここで重要なのは、彼らには、日本軍での〝従軍経験〟があった者が少なくなかったことだ。

「行動を起こした青年たちは、日本軍にいて南方から帰ってきた人とか、昔の青年団とか、そういう連中が少なくなかったね。僕自身も、元日本陸軍ですからね。団体精神が養われていたから、誰かが立ち上がって、声を上げると、わっと集まるわけです。その場所が、もとの大正公園、当時の民生緑園《みんせいりょくえん》ですよ。あそこは、ロータリーで丸いから〝円《マル》公園〟とも呼ばれていた。すぐ横に台南の元州庁もあるし、台南市参議会館、警察署、それに消防署もある。あそこに行けば、なんでも事情がわかるんです。それで私も、マル公園に行ったんですよ」

公園には、多くの若者が集まっていた。

「おまえか。よく来たな」

「おお、久しぶり。生きていたか」

戦争を挟んで、久しぶりに見る仲間の顔があちこちにあった。奪ってきたトラックの荷台に、何人かで乗って街をまわり、公園に帰ってきたものもいた。

「何百人かは集まっていましたね。夕方の六時か七時頃じゃなかったかな。もう暗かった記憶があります。若かったから寒くはなかったですよ。みんなが集まってから、編成を組んで、それぞれの目標に向かって行動しました。もちろん、組織ではなく、臨時的な寄せ集めに過ぎません。すぐそばに警察会館がありましてね。そこに台南居住の日本人の武器を押収して保管していましたから、その武器を奪って自分たちの武装をやりました。日本刀、空気銃、ピストル……武器はそんなもんです。数はそう、数十ぐらいのものだね。抵抗なんてありませんよ。中国人の警官は、いなくなっていましたからね」

若者の怒りに恐れを成して、すでに中国人の警察官は姿を消していた。武器の奪取――もはや、事態は引き返せないところに至ったのである。

郭振純の回想は生々しい。そこから、「マッカーサーへの陳情」という若者ならで

は の発想による「作戦」も生まれたという。

「武装したあと、編成された仲間の中に、僕の学校の同窓で少年航空兵帰りがいたんだ。パイロットもいたし、元特攻隊員もいた。特攻の出撃を待っていて、終戦になっちゃった男とかね。僕たちのグループは二、三十人だったかな。その時に皆で話し合ったのが、東京へ飛んで、マッカーサーに陳情するという計画だったんです」

一体、どういうことなのか。

「蔣介石が台湾に来たのは、マッカーサーのせいです。私たちにとっては、なぜ連合軍が直接、来ないで、こんな馬鹿者を派遣して来たのか、という思いがあるわけです。蔣介石は、マッカーサーが派遣したから来たわけですからね。それで、マッカーサーに談判するために直接、東京へ飛ぼう、ということになったんです。蔣介石を追い返して、アメリカ軍が直接、台湾を占領に来たらいいじゃないか、と」

なんとも若者らしい大胆な発想だ。荒唐無稽《こうとうむけい》のようだが、実際に訓練を積んだ飛行機乗りがいるわけだから、飛行機と燃料さえあれば、「東京まで飛べる」という道理である。

「台南市内に、もとの日本の海軍航空隊があったんですよ。その海軍航空隊には、当時飛行機がまだ沢山あったんだ。戦闘機や艦爆機もありました。それを奪って、日本に、つまりＧＨＱのところに飛ぼうというわけですよ。機体と燃料さえあれば、パイロットはいるんだからね。それで武装した私たちが航空隊を攻撃しに行ったわけなんだ。場所は台南市内の大林《だいりん》です」

まさに徳章が区長を務めていた台南市南区の大林という地である。その後、台南空港へと発展していく場所だ。

「トラック一台に二、三十人が乗って行ったんだ。僕は日本刀を持っていた。鉄砲を持っていた人もいたよ。海軍の航空隊はあいつらが占領しているけれども、あいつらには航空兵なんかいなくて、一番乗りしたみすぼらしい兵たちが管理しているだけです。簡単にやっつけられると思いました。ところが、行ってみたら、中にいたのは、もともと日本軍時代に海軍工員をやっていた台湾人だけでした。彼らが修理とか維持を任されていたのです。だから、戦闘もなしに、無血で、もとの海軍航空隊を占領できました」

郭たちが驚いたのは、そこからだ。肝心の飛行機が「なかった」のである。正確に言えば、飛行機は、「鉄のスクラップ」になっていたのだ。

「飛行機はみんなあの連中に壊されていたんです。占領して接収に来たのはいいけど、あいつらは、まず自分たちの懐が一番大事なわけです。製糖工場とか、倉庫とかを占領した連中は、すぐにそれを売り払って、現金に換えることができた。しかし、飛行機は鉄にしなきゃ売れません。それで、連中は、日本軍の飛行機のエンジンなどに塩水をかけて、錆《さ》びつかせたのです。そのうえで上層部に、〝これはもう飛行機としては使えません。どう処分するか、指示をお願いします〟と報告したわけです。するとう、〝廃鉄として処理しなさい〟という指示が来たと言うんです。塩水をかけて飛行機をだめにして、鉄クズやアルミとして売ろうとしたわけです。当時、台南市内では、家庭用品のアルミ製品がいっぱい街で売られていたんですが、それは、こういった飛行機を分解して売られていたものだったということです。それを知って呆《あき》れました。みんながっかりして引き揚げましたよ」

こうして、東京にいるマッカーサーに蔣介石の台湾統治のあり方について直訴する、という計画は幻に終わったのである。

陸軍士官学校出のリーダー

台南放送局で台北の出来事をラジオで聴いた鍾紹雄は、翌朝、学校へ行ってみた。一部の学生は、もう登校していなかった。学校全体が、ざわざわと落ち着きを失っていた。

「上の学年の人たちは、〝どうする？〟という感じでした。完全に落ち着きがなくなっていましたね。どうする？　というのは、決起に参加するかどうか、ということですからね。中国人の教員は、みんな隠れてしまって、出てきていませんでした。なにされるかわかりませんからね。学校は事実上、休校状態になってしまったんです」

台湾電力に勤める父は、学校にも行くな、家の外にも出るな、と鍾に告げていた。

「私が血気盛んなので、心配だったんでしょうね。でも、親父の言うことを聞かないで、私はやっぱり街に出ていきました。そこで〝森本さん〟を目撃したんです」

すでに学生たちには、台南工学院（のちの国立「成功大学」）を中心に学生隊が組織されていた。鍾から見れば、二、三歳年上の青年たちである。

その学生たちの先頭に立って、日本刀を持って、一団を指揮している精悍《せいかん》な若者がいた。

「あっ」

その姿を見た瞬間、鍾紹雄は思わず声を出してしまった。それは、知り合いでもあり、台南の人間なら、誰もが知っている有名人だったからだ。

林宗棟《りんそうとう》、日本名は、森本憲一郎《けんいちろう》。

台南から初めて、陸軍士官学校に合格した人物だった。

鍛え上げた肉体と、明晰《めいせき》な頭脳の持ち主、林宗棟は、台南第二中学四年で日本の陸軍士官学校に合格し、台南中の話題をさらったことがある。彼は、陸士五十九期生として奮闘し、陸軍でも人気の飛行機乗りに選抜されて、満洲（中国東北地方）で終戦を迎えた。

日本の敗戦によって、故郷台南に戻った林は、難関の台南工学院に入り直して、学生の身分に戻っていたのだ。

しかし、戦後の台湾の実態を目の当たりにして、林は失望する。日本統治時代とは、社会そのものがあまりにも変貌《へんぼう》していたのだ。

鍾紹雄が回想する。

「森本さんの姿を見て、驚いてしまいました。森本さんの父親は、台湾電力の台南支店で、うちの親父の上司だったんです。当時、日本名を持っていましたから、うちは松原、向こうは森本なんです。家族同士で親しかったので、陸士に合格した時に、親父が日本刀をプレゼントしたんですよ。学生隊を指揮していた時に持っていた日本刀は、うちの親父がプレゼントしたものだったかもしれません。森本さんは親分肌で、とにかく恰好《かっこう》いいんです。日本軍のマントのようなものを羽織《はお》っていましたね。歳はいくつか向こうが上なのですが、私も、なにかをやらなければ、と思いました」

遠くで森本の姿を見た鍾は奮《ふる》い立った。もう父親に言い含められたことなど、頭から吹き飛んでいた。

「森本さんたちも、トラックに乗っていてね。銃を持っている人もいたし、軍刀を持っている人もいた。トラックは一般の古いトラックで、前に乗るところがあって、あとは荷台に十五、六人乗っていました。日本の学徒兵をやっていた人もいたから、戻ってきた時に着ていた軍服姿の人もいれば、学生服の人もいましたね。日本の海軍や陸軍の帽子をかぶっている人もいた。学生帽の人間は、ちょっと少なかったかな。普通のジャンパーとかを着ている人もいましたが、三月のはじめなのにあの時はあまり寒く感じなかったですね」

鍾紹雄は、自分より年嵩《としかさ》の学生たちが〝戦闘態勢〟に入っていることに意を強くした。

「私も軍隊の長いコートみたいなのをもらってそれを着て、缶詰と缶切りを一緒にポケットの中に入れて、どこへでも行って戦うぞ、と思いましたね」

鍾が勇んで台南の駅の方に向かうと、

「嘉義の飛行場で戦争だ。これから応援に行く！」

そんな声と共に、若者がトラックに次々と乗り込んでいた。

「私も行きます！」

鍾は、トラックに駆け寄った。まさに乗り込もうとしたその時、

「決着がついた」

「（嘉義は）終わったらしい。もう行かなくていい」

そんな伝言が聞こえてきた。

出発直前に、嘉義行きは中止になった。

次に鍾は、清水町というところにあった台南憲兵隊に向かった。

鍾の手には、こん棒しかない。いろいろな武器を持っている人間もいたが、自分はまだ十八歳だ。こん棒だけでも仕方がない、と思っていた。

「滅茶苦茶な中国人たちをなんとかしてやる」

ただ、それしか頭の中にはなかった。

駅から台南憲兵隊までは、歩いても十五分ほどだ。三、四十人の鍾たち一団は、ほどなく憲兵隊が見えるところまでやって来た。

そのまま歩を進め、あと百数十メートルというところまで近づいた時だった。

バリバリバリバリバリバリ……

いきなり機関銃の音がしたかと思うと、目の前の道路から、石の破片や銃弾が跳《は》ね飛んだ。

「うわっ!」

それは、間違いなく一瞬で人間の生命を奪うものだった。

錘たちは飛びのいた。こん棒を持って、憲兵隊を襲おうなんて、なんと馬鹿なことを……。命のやりとりをする訓練を受けたこともない人間に、それはとても無理なことだった。

錘はうしろも見ずに逃げ出した。

「怖かったですねえ。いきなりですから……。憲兵隊の建物の上の方から撃ってきたんだと思うんですが、私には上は見えていないんです。たぶん、私たちを狙ったんじゃなくて、道路に向かっての威嚇発砲だったと思うんですよ。でも、こっちは機関銃の音を初めて聞きました。パパパパパパパと……。音を聞いただけで、みんな怖気《おじけ》づいちゃってね。それで退却したんです。そこにいたのは、私ぐらいの年頃の人間ばかりでしたよ。森本さんがいたら、そんなことを、そもそもさせていないでしょうね。何十人かで近づいて行ったんだけれども、もう、この威嚇発砲の音だけで、怖くなって退却したんですよ」

ばらばらになって逃げた鍾は、台南第二中学に行った。そこには、顔見知りの体育の先生が残っていた。事情を話すと、先生の顔は真っ青になった。

「おまえら、捕まえられるから逃げろ。捕まったら殺される。とにかく、逃げるんだ！　おまえたちは、あいつらの残虐さを知らない。すぐに逃げろ！」

先生は、大陸で暮らしたこともある人で、

「自分は、あいつらの本性《ほんしょう》を知っている」

と、つけ加えた。あまりに先生の表情が真剣なので、鍾は、恐ろしくなった。今頃になって、父親の忠告を思い出しても、もはや遅かった。

「それで、とりあえず山のほうに逃げることにしたんです。新化《しんか》の方です。田舎に行くと、みんな匿《かくま》ってくれるんですよ。たとえ知らない者でも面倒をみてくれるんです。だから、あちこち転々としました。それから二年ぐらい転々としました……」

父親の忠告を聞かなかった鍾に、そのツケは大きくのしかかってくるのだが、それは後述する。

第十二章　「弾圧」か、「民主化」か

呼び出された徳章

事態の急変は、マラリアが治癒《ちゆ》していない徳章に休息を与えてくれなかった。

事件の翌朝から、徳章は熱を押して、自身の目で台南市内のようすを見てまわった。

中国人には、明らかに動揺が走っていた。中国人が暴力を受けている場面こそ見なかったものの、中国人が経営する商店は、どれも閉じていた。

いつ、なんのきっかけで店が襲われるかわからない。そんな危機感が伝わってくるかのようだった。

徳章の移動手段は、自転車である。どこに行くにも自転車を使っていた徳章のペダルをこぐ姿は、近所の人々には日常の風景だった。

「今日は、どちらへ？」

と、よく声をかけられたものだ。

しかし、体調が万全でないこの日の徳章は、いつもより苦しげだった。そして、なにより町全体が騒然としていて、日常とはかけ離れたものになっていた。

町の中を、若者が乗ったトラックが走っている。

「打倒、汚職官吏！」

「要求自治！　自由平等！」

若者たちは、口々にスローガンを叫んでいた。鬱積《うっせき》した思いが、まさに爆発しようとしている。

(行政機能が失われている。このままだと完全な無政府状態になる)

蜂起《ほうき》に参加しなければ許されないような、物騒な空気が台南全体を支配しつつあることを徳章は感じた。台南の混乱は深刻の度を増していたのである。

翌三月二日には、さらに騒動が広がっていた。

この日も朝から自転車で市内を見てまわった徳章は、興奮した市民や学生が政府批判を声高に叫ぶ姿を目撃した。

もはや年齢の差もない。中高年も、若者も、等しく、公正な社会の実現を叫んでいた。それは、徳章が日頃から思っていることでもあった。

朝から出ずっぱりだった徳章は、休息をとるため、一旦《いったん》、自宅に戻った。少しでも身体を横にしたかったのである。

午後三時、台湾省長官公署の陳儀長官による放送が全島に向かっておこなわれた。

徳章はその放送を、灡と一緒に聴いた。

「人心を安定させ、速やかに秩序を回復させるため、本日、各民意を代表する人々の意見を聞き、四項目の方法を決定しました。政府と協力してこの放送の後、二月二十七日以前の安定と秩序を回復するよう希望します」

陳儀は、放送の冒頭からそう宣言した。

そして、具体的に四つの項目を提示した。それは、この事件に参加した民衆について、「政府は責任を追及しない」という、予想外のものだった。

陳儀はこうつづけた。

「拘束されている者も、保護者が憲兵隊に行き保釈を申し出れば、保釈手続を免じて保釈に応じます。また、本省人と外省人の別なく、もし死亡・負傷の者があれば、それぞれに弔慰金、治療費を与えます」

本当か。本当にそうなのか。多くの台湾人が、耳を疑いながら聴き入った。

さらに放送はつづく。

「本件の処理委員会を設立し、国民大会代表、参議会・政府代表、そしてそのほかの各界の代表を加え、大多数の人民の意見を受け入れていきます」

もし、その通りになるならば、まさしく「民衆側の勝利」である。だが、国民党政府がそんなことをやすやすと認めるはずがあるだろうか。

(あやしい。これは、今の混乱を収拾するための方便ではないか)

徳章の直感が、そう告げていた。

「ちょっと信じられないな」

濫に向かって、徳章はそう言った。

「なんだか、怖いですね」

濫も同じ感想を持ったようだった。

そこへ、緊急電話が入った。

「あちこちで襲撃が起こっています。対策を立てますので、参議員は、至急、参議会に集まってください！」

電話口で参議会の職員が、そう叫んでいた。

どうやら、陳儀の放送は、事態収拾に功を奏することはなかったようだ。逆に、火に油を注ぐ結果をもたらしたかもしれない。

「わかった。すぐ行きます」

濫に命じて背広を持ってこさせると、

「じゃあ、行ってくる」

という言葉だけ残して、玄関から飛び出していった。

参議会館は、南門町三十二番地の自宅兼事務所から自転車で五分ほどだ。歩いても、十分ぐらいだろうか。現在の友愛街を東へ向かい、忠義路を左折して林百貨まで来れば、あとは右折したら百メートルもない。

参議会の議場がある「二階」に向かうと、もう参議会議長の黄百禄《こうひゃくろく》、参議員の韓石泉《かんせきせん》、侯全成《こうぜんせい》、許丙丁《きょへいてい》などが来ていた。

「大丈夫か。顔色がまだ青いぞ」

徳章の顔を見てそう言ったのは、警察時代からの先輩、許丙丁だ。

以前から家族づき合いをしている許は、徳章がマラリアに罹っており、まだ回復していないことを知っていた。

一九〇〇年生まれの許は、徳章より七歳年上だ。巡査時代に、この先輩に世話になった徳章は、警部補となって地位が逆転してからも、何かと相談に乗ってもらってきた。

徳章が、高等文官試験に合格後、台南に帰ってきた時、そのことを最も喜んでくれた一人が、許丙丁だった。

ちなみに、許が小説を上梓した際には、「序文」を頼まれたほどの仲であり、徳章は多忙な中、快く一文を寄せている。湯徳章と許丙丁――そんな二人が台湾人のために力を尽くすべく台南市の参議員を引き受けていたのである。

「これしきのこと、どうということはないですよ」

徳章がそう応《こた》えると、許丙丁は、「徳章らしいな」と思った。どんな時でも徳章が弱音など一切、吐《は》かないことを知っていたからだ。

「おい、無理はするなよ」

許は、ひとこと言い添えた。

「皆さん、わざわざありがとうございます。これから緊急の検討会議を開きます」

大方の人間が集まったことを確かめて、台南市長の卓高煊《たくこうせん》が口を開いた。市長はもちろん外省籍の中国人だ。

福建省の生まれで、上海復旦《ふくたん》大学を卒業した国民党の官僚であり、陳儀が台湾に連れてきて、半年前の八月末から台南市長を務めていた。まだ三十九歳という若さだった。

会議には、卓市長以下、市政府幹部、市の参議員、また、中学校以上のすべての学校長、各区の区長らが集まっていた。

総勢百名近い参加者である。台南の幹部や名士がほぼ勢ぞろいしたと言ってもいいだろう。

あちこちの学校で学生たちが蜂起している情報がすでに伝わってきている。各学校の校長はいずれも外省籍である。今後、校内で中国人教師が暴力を振るわれる可能性もあり、校長たちの表情はこわばっていた。

市政府幹部が引き取って、会議の進行を受け持った。

「万一の場合、いかに台南の治安を維持するか」

議題は、そのことに尽きていた。

国民党と共にやって来た彼ら中国人に反発する台湾人をなだめて、治安をどう回復するか、自分や家族の身の安全をどう確保するか。それらは、まさに緊急課題だった。

徳章ら台湾人知識階層も、なんとしても若者の過激な行動を「押しとどめなければならない」と考えていた。

純粋な気持ちから、若者が立ち上がったことはよくわかっている。しかし、その結果、生まれるものは何なのか。

騒乱状態がつづけば、まちがいなく、鎮圧のために大陸から国民党軍の正規軍がやって来るだろう。

いくら国共内戦の最中とはいっても、事態が混迷すれば、蔣介石は必ず台湾に軍の精鋭を投入してくる。そうなれば、悲惨だ。なんとかして、その前に学生たちの動きを止めなければならない。

会議では、参議員たちからさまざまな意見が出た。

徳章も熱を押して、発言した。徳章の意見は、法律家らしく筋が通ったものだった。まず、学生たちを自重させなくてはならない。混乱、すなわち無政府状態になれば、台湾全島が憎しみと報復の地へと突き進んでいくことになる。その可能性を徳章は訴えたのである。

しかし、その先の方法が、いかにも人権を重んじる弁護士らしかった。

「外省籍の人々（外省人）を危険から守り、また抗議行動を起こしている市民の人権も守らなければなりません。しかし、混乱を収めるには、今回の騒動のもとになった民衆の要求の根源を考えなければなりません」

徳章は、具体的な問題点についても、こう指摘した。

「本省籍の人間（本省人）が、思うような地位に就けていないことが大きな不満の原因になっています。能力を持ちながら、それに見合うような職にも、地位にも、就けない不満は大きく、同時に社会の損失も大きい。民衆の要求に耳を傾けなくては、抗議行動は収まりません。

また、この事件に参加した人々に安全の保障を提示しなければ、運動は、政府を打倒するまでつづくでしょう。まず、今までの責任は追及しないから、それぞれの家に戻りなさい、と促し、また、その約束を守ることが肝要です。今日の陳儀長官の放送内容が、遵守《じゅんしゅ》されることがなにより必要なのではないでしょうか」

混乱は止めさせるべきだが、市民の不満が爆発している「根源」を解決しなければ事態の鎮静化はあり得ない、という明快な意見だった。

だが、外省籍の人間の耳には、徳章の意見は心地よく響くものではなかっただろう。ましてや「人権」という言葉は、当時の台湾で広く知られている概念ではない。そのため、人権を侵される側の苦しみに思いを馳《は》せることのない中国人には、未知の概念を受け入れる姿勢は望むべくもなく、徳章の意見が理解できた人間は少なかったに違いない。

さまざまな意見が飛び交う中、時間は刻々と過ぎていった。大人数の会議とは、得てしてそうしたものである。

討論の結果、「台南市臨時治安協助委員会」が設置されることが決まった。

それぞれの部門の責任者が選挙で選ばれていった。委員会自体の主任委員には、卓市長本人と黄百禄参議会議長の二人が就くことになった。

外省人だけでは、もう事態が収められないのは明らかだった。そのため、「外省籍」の卓市長と、「本省籍」の黄百禄の二頭制となったのである。

徳章は、この委員会の治安組の「組長」に選出された。

元警察官であり、同時に法律に精通した弁護士でもある徳章は、見るからに柔和な物腰を備えた〝剛の者〟でもあった。あらゆる意味で治安責任者にはうってつけだっただろう。

熱が下がり切っていない徳章にとっては、肉体的に荷が重い役だったが、もともと何があろうと弱音を吐くような男ではない。選挙で選ばれた以上、「わかりました」と、覚悟を決めて受諾したのである。

ちなみに組長代理には、許丙丁が就いた。信頼で結ばれているこの警察ＯＢコンビは、参議員の中で、最も「治安組」にふさわしかったと言えるだろう。

国民党側の大幅譲歩

会議は夜十一時半を過ぎても、まだつづいていた。その時、参議会に電話連絡が入った。職員が陳という警察局長にその内容を耳打ちした。局長は、すぐさま立ち上がってこう言った。

「皆さん、暴徒が永楽、康楽、海安の三か所の派出所から武器を奪っていきました。市政府も襲撃されて、現在、占拠されています！」

なに？　声にもならない呻《うめ》きのようなものが議場に充満した。息が詰まってしまうような圧迫感を徳章は感じた。事態は、「猶予がならない」ところまでとっくに至っていたのである。それを受けて、

「状況がこれ以上、深刻にならないかぎり、憲兵隊が武装出動することはありません。市民に対し、落ち着いて流血を招く衝突を避けるよう、皆さんからも是非、呼びかけてください」

会議に参加していた憲兵隊の隊長が、緊迫した表情でそう発言した。

（事態は逼迫《ひっぱく》している。これ以上の拡大はまずい……）

徳章は、決壊のときが刻々と近づいていることを感じていた。まさに「今」がぎりぎりだった。

だが、市民の中でも、最も血気盛んだった学生たちは、この時点で、「台南学生青年軍総隊」や「青年隊総隊」なる部隊をつくり上げ、すでに編成を終了していた。

学生側のリーダーには、日本の陸士出身の林宗棟をはじめ、多くの台湾人元日本軍兵士がいた。そのため、彼らの統率力によって、市政府の役人などの予想を超える素早い行動が可能だったのである。

日付が変わって午前二時が来ても、卓市長以下、市の幹部、憲兵隊、参議員たち三、四十人が残って、まだ議論をつづけていた。

「台南市臨時治安協助委員会」を今後、どう有効に動かし、事態の鎮静化に努めるか、台南のリーダーたちによる協議である。

すでに治安組組長の徳章と、組長代理の許丙丁は、自警団を組織するべく動いていた。

（中国人が襲撃の対象になるのは、まずい。国民党に弾圧の口実を与えては、台南市民の中に大量の犠牲者が出る……）

二人には、「先」が見えていた。

反乱側がたとえ一旦、勝利を得たとしても、それはあくまで「一時的」なものに過ぎない。大陸から、国民党の正規軍がやって来れば、台湾全島がおそろしい〝殺戮《さつりく》の場〟と化してしまう。それだけは避けなくてはならない。

「治安を回復するには、学生たちと膝《ひざ》を突き合わせて話し合わなければいけない。二人で手分けして、リーダーたちと話し合いましょう」

徳章は、許にそうもちかけた。

「もちろんだ。具体的には、どうする？」

許丙丁も、警察では数々の難事件に立ち向かった猛者《もさ》だ。もとより、そのつもりだった。

「治安組に中国人を加えると、余計な反感を買って逆効果になる。ここは、本島人だけでいきましょう。力対力になれば、相手は若いですから本当の衝突になってしまいます。力で押さえつけるのではなく、あくまで話し合いを基本に据えましょう」

徳章は、許に〝基本方針〟を提示した。

「よし、それでいこう」

許は、そう応えた。二人の頭の中には、同じことが浮かんでいただろう。

（事態は、本島人が自分たちで決着をつけなければならない。怒りにまかせて中国人を叩《たた》くと大変なことになる）

大陸での国共内戦が激しさを増す中、台湾に駐屯している国民党軍は、「敗残兵」としか思えない脆弱《ぜいじゃく》な兵隊ばかりだ。各地の台湾人の蜂起に対して、彼らが抵抗しているようすはなく、おそらく姿を晦《くら》ましているのではないか。

しかし、台湾そのものがひっくり返ったとしたら、国際的にも蔣介石の面子《めんつ》は丸つぶれになる。

「おまえは、日本から返還された台湾ひとつ治められないのか」

そんな連合国内での嘲《あざけ》りと非難を一身に浴びることは確実だ。そうなれば、共産党との内戦で、国際的な支援を受けることもできなくなる。

蔣介石がそんなことを許すはずはなかった。精鋭部隊を投入して凄《すさ》まじい報復が始まるに違いない。

それだけは、なんとしても回避しなければならなかった。その思いを徳章と許丙丁は、共有していたのである。

二人は、警察時代の人脈を生かして、協力者をピックアップすると同時に、学生たちとの連絡をとるべく奔走した。

徳章は、同時に国民党政府への要求もすべきであることを提案した。

学生側の暴発を止め、譲歩を引き出すためには、台湾人の怒りがなぜ爆発しているのか、その根源を国民党政府に認識させる必要があったのだ。

台南工学院に乗り込んだ徳章

土日の騒動が明けた三月三日――月曜日の朝、台南工学院は異様な雰囲気に包まれていた。

台北での騒動を受けた台湾人たちの怒りは全島に広がり、この二日間、各都市で行政府庁舎が占拠されたり、警察の派出所や憲兵隊が襲撃を受けたり、混乱状態を呈していた。ここ台南でも、台南市政府が抗議の学生たちによって占拠されていた。

この日、台南市政府に出勤したのは台湾人ばかりで、外省籍の人間は皆、逃げ出していた。一級主管以上の幹部は、ほとんどが外省籍の人間であるため、幹部席だけが空席で一般の本省人職員だけが自分の持ち場に出てきていたのだ。

街では「外省人が襲われて血を流している」という噂も飛び交っていたが、誰ひとりそのようすを目撃した者はいなかった。どこの職場でも、本省籍の人間だけが、黙々と業務を果たしていたのである。

台南工学院の学生たちは、学生大会を講堂で開き、今後の方針を検討しようとしていた。

林宗棟たちが率いる「学生隊」とは異なるグループの学生たちだ。台南工学院では、積極的に武器を持って戦おうとする者もいれば、武力ではなく、デモを中心とする抗議行動によって自分たちの意思を示そうと主張する者もいた。

土曜、日曜という混乱の二日間を終え、「さあ、どうするか」という、まさにその検討のための学生大会が開かれようとしていたのだ。

その時、学生たちの牙城《がじょう》に大胆にも乗り込んできた三人の男がいた。

市の参議員であり、同時に台南市臨時治安協助委員会の治安組組長の湯徳章と、同じく参議員の張旭昇《ちょうぎょくしょう》、そして、長榮中学の教師だった李国澤《りこくたく》である。

徳章は、台南、ひいては台湾全体の将来を担う名門・台南工学院の学生たちが「暴徒」の一味と目され、のちに処分や弾圧を受けることがあってはならない、と考えていた。

（われわれ台湾人の力で台南の治安を回復させ、同時に学生たちを弾圧から救うのだ）

中国人に武力を使わせるすきを与えることのないように、徳章は、必死だったのである。そのためには、台南の学生たちの中心的な役割を果たしている台南工学院に直接、乗り込むのが手っ取り早かった。徳章らしい大胆な考えだった。

「学生たちとじかに、話し合いたい」

徳章らはそう言って、意見交換を求めたのである。

応対したのは、当時、二十一歳の台南工学院の学生で、のちに成功大学の物理系教授となる呉慶年《ごけいねん》である。彼は、台南工学院の学生自治会の議長だった。

講堂での学生大会の司会を務めようとしていたのが、呉慶年である。徳章たちは彼に、

「とにかく、壇上に上がらせて欲しい」

そう頼み込んだ。いきなりのことで、呉は面食らった。

急遽《きゅうきょ》、学生幹部たちが集まった。

徳章は、その幹部たちの話し合いにも参加した。徳章は、弁護士でもあり、台南市人権保障委員会の主任委員でもあり、参議員でもある。さらには、台南市臨時治安協助委員会の治安組組長でもあるなど、「公の肩書」を沢山持っていた。間違いなく、台南の名士である。

肩書もさることながら、学生たちは、その表現しがたい〝迫力〟に圧倒された。

もちろん、学生たちは、徳章が元警察官であり、柔道三段であり、数々の武勇伝を持つ猛者であることなどは知らない。しかし、ひと目でわかる独特の迫力が身体全体から醸し出されていた。

呉慶年たち学生幹部は、そんな〝大物〟が目の前にいることが信じられなかった。ここは、登壇してもらって、意見を聴いてみよう。幹部たちの意見は一致した。

徳章は、先輩参議員である張旭昇に、最初の演説をすることを譲った。

張旭昇は徳章より二歳年上で、東京の中央大学の法科で学び、同じように高等文官試験の司法科と行政科の両方に合格していた先輩だった。

台南で弁護士事務所を開業している点でも、張旭昇は徳章の先達《せんだつ》と言えた。高潔で温厚な人柄の張旭昇を日頃から尊敬していた徳章は、その先輩に、まず、最初の登壇をお願いしたのである。

張旭昇は、壇上に上がると一礼し、学生たちにこう語りかけた。

「皆さん、私たちは、台南の知識階層です。治安を乱す行為は、私たちには許されません。参議会に行って、秩序維持の活動をどうか手伝ってください」

張は、その人柄のまま、包み隠さず、単刀直入にそのことを訴えた。

「今、大切なのは、台南の平穏を取り戻し、治安を維持することです。それこそが、台南の知識階層であるあなたたちのやるべきことだと思います。市民は今、困っているのです。今日は、参議会で治安維持について担当している湯徳章弁護士もここに来ています。具体的なことについては、治安組の組長である湯弁護士の話を聞いてください」

張旭昇は、そう言うと、徳章に壇上に上がるよう促した。こうして、徳章は学生大会で直接、演説することになった。

「学生の皆さん。おはようございます。私は、弁護士の湯徳章と言います。台南市人権保障委員会の主任委員であり、台南市臨時治安協助委員会の治安組組長です」

穏やかな表情で、徳章の話が始まった。

「先週の金曜日に台北で大きな事件が起こって以降のことを、皆さんも大変心配していることと思います」

徳章は、週明けに至るまでの経緯を学生たちにゆっくり話していった。

そして、騒動のもとになっている根本的な問題についても、語った。本省人がいかに外省籍の人間に虐げられているか、社会でいかなる理不尽がまかり通っているか、そして、その不満がいかに社会に沈殿しているか。わかりやすく説明していった。

先輩である張旭昇が、すでに総論的なことは話してくれている。あとは、学生たちを具体的に「説得すること」が徳章の使命だった。

徳章は、同時に、ここで国民党軍の介入を許すようなことになれば大変なことになることを、諄々《じゅんじゅん》と説いた。彼らの残虐性についても、「ここだけの話だが……」と断わった上で、具体的に語った。

もとより頭のいい台南工学院の学生たちである。ほとんどの学生が徳章の話を理解し、頷《うなず》きながら聴き入った。

会場は、ざわざわとし始めた。学生たちが一直線に目指している政権打倒など、はかない夢にすぎず、為政者である中国人が、想像をはるかに超える危険な体質を持っていることを、経験者である弁護士が告げているのである。

しかも徳章が説くのは、長い物に巻かれてただ我慢しろ、命だけは捨てずに底辺に甘んじろ、ということではなかった。

この為政者のもとで「人権」というものをどう守っていくか。それがいかに大切か、縷々《るる》、説明していったのである。

そのためには、絶対に軍の介入を許してはならない。国民党軍の精鋭が台湾に大挙、やって来ることはなんとしても避けなければならない。

「その意味がわかりますか？」

徳章は、聴き入る学生たちの顔を見ながら語りつづけた。市民が、精鋭の軍隊と戦って「勝利を得よう」などという計画が、どんなに馬鹿げたことか。その愚を切々と説いたのである。

学生たちは息を呑んでいた。自分たちが、いかに危《あや》うい岐路に立っているかがわかってきたのである。

そこからが、徳章の真骨頂だった。

「そこで、君たちに頼みたいことがある」

そう言うと、徳章はこんな提案をおこなったのである。

「授業を明日から二日間中断し、市内の治安維持に、君たちに協力してもらいたい」

慈父《じふ》のような表情と、武道家のような迫力――独特の雰囲気を醸し出しながら、徳章は学生たちにそう頼んだのだ。これが、まさかマラリアの熱を押しての演説だったなどと、誰が信じるだろうか。

学生たちにとって、ふってわいたような意外な展開だった。

林宗棟たち一部の学生は、すでに武装闘争に入っており、その支援に入るかどうかを、この学生大会で決めるはずだった。

そこへ、「治安維持への協力」という、まったく逆の提案がなされたのである。

冷静に考えてみれば、この弁護士が言う通りだった。

一時的に、台南市の行政を牛耳ったとしても、大陸から精鋭部隊がやって来れば、ひとたまりもない。

そもそも、こっちが確保できる「武器」程度では、太刀打ちできるはずもなく、台南は、完全に殺戮の〝血の海〟となってしまうだろう。

「君たちを助けたいんだ。頼む。協力してくれ」

徳章は、学生たちにそう訴えた。

（…………）

会場は静まり返った。

沈黙の支配がつづく。

「そうだ！」

「弁護士の言う通りだ！」

何人かの学生が口火を切った。

「協力しよう」「その通りだ」と呼応する声が連鎖していった。

人権の確立――今まで聞いたことがない概念を初めて耳にした新鮮さもあっただろ

う。

もはや、賛否を問うまでもなかった。学生大会は決着した。呉慶年たち幹部にも異存はなかった。

さっそく、具体的にどう治安維持に協力すればよいかという検討会議が行われた。ただちに「治安維護《いご》隊」なるものがつくられ、隊長には呉慶年が就いた。そのもとに「学生治安隊」が組織され、その日の午後から活動は始まった。工学院の真新しい大型トラックで台南市内の巡回を始めたのである。

翌三月四日午前十時、台南工学院宣伝部は、次のような声明を発表した。

〈本院学生隊は本日十一時より、台南市の治安維持に当たる。台南市のすべての同胞は、学生隊にできるかぎり協力するようお願いする〉

この声明は、想像以上のインパクトをもって台南市民に迎え入れられた。

台湾南部の俊英が集う台南工学院の学生たちが「治安維持」のために動き始めたのである。

動乱とは、一気に拡大するものであり、堰《せき》が切れれば、もはや止めようがない。しかし、一瞬、どこかで立ち止まることができれば、「考察」するための余裕が生まれる。その「一瞬」を、台南工学院の学生たちの行動がもたらしたのである。どこまで拡大するかわからなかった台南の騒動は、幸いにその「一瞬」を得たことで「動乱」への拡大を阻止できたのである。

つまり、徳章たちの迅速で着実な行動と明快な戦略が、さまざまな人々の「命を救った」と言えるだろう。

二日半にわたった台南工学院学生による治安活動は、のちに学生たち自身の命運を左右する「大きな役割」を果たすことになる。

騒乱の側に学生を向かわせるのではなく、治安維持を任せる——徳章たちの大胆な発想と戦略によって台南工学院の学生たちの命もまた「救われる」のだが、学生たちには、この時点でそんなことは想像もつかなかった。

中華日報三月五日臨時版には、〈台南市地区の秩序は次第に回復し、商店もすでに開いている〉と報じられた。

徳章は、前途ある若者の暴走をとどめ、街の治安に貢献できたことに、ほっと胸を撫でおろした。マラリアで弱った身体に鞭《むち》打って奔走した甲斐《かい》があったのだ。

「拡大せず」「流血せず」

同じ参議員の中で、徳章が特に信頼していた人物に、韓石泉という医師がいた。人格者として知られる医学博士の韓は、徳章のルーツである熊本で医学を学んだ人物だった。台湾総督府の医学校から、熊本医科大学へと進んだのである。

父・徳蔵の故郷熊本は、徳章自身の憧《あこが》れの地でもある。そこで学生生活をおくったことのある韓に、熊本の風土や人々の気性……さまざまなことを教えてもらっていた。十歳年上の韓の話を、目を輝かせながら聞いたものである。

日頃から親しい韓医師と、徳章は、政府への要求項目についても話している。

韓は、すでに侯全成、張寿齢《ちょうじゅれい》といった参議員と共に、具体案の検討に入っていた。騒乱に心を奪われて浮き足立つ台湾人に冷静さを取り戻させるには、台湾人の鬱憤《うっぷん》の奥にある原因を見据えた要求項目をできるだけ早期に提示することが重要だと考えたのだ。

そして、早くも三月三日午後、台南市参議会は会議を招集し、政府に対して「七項目」の要求をおこなったのである。突発的な危機に対する迅速な管理能力は、台南の参議員たちの実力を、外省人に見せつけることになっただけでなく、それは、台南市民にとっても、画期的なものであった。


一．軍・憲兵隊・警察はみだりに発砲せず、また挑発・報復の行動をおこなわない。

二．専売局・貿易局を撤廃する。

三．無能で無責任な公務員を即刻免職する。

四．責任を持って台南市の食糧供給をおこなう。

五．台南県長・台南市長の民選を即時実施する。

六．台湾省の各処長・局長と重要機関の主管人員は本省人士を抜擢《ばってき》し、任に当たらせる。

七．政府が接収した会社・工場は本省人士により経営させる。


いずれも、全島に広がっている混乱のもとを指摘し、社会の浄化を促す重要項目だった。

しかし、指導層を形成している外省籍の人間にとっては、歯ぎしりしたくなるような要求ばかりだ。特に、卓市長には、参議員たちの暴走とも映っただろう。

その心の底を隠して、卓市長は、七項目要求への検討を約束すると同時に、事件の処理について、以下の「四大原則」を策定した。

それは、「拡大せず」「流血せず」「現行政組織を否定せず」「政治問題は政治手法で解決する」というものだった。

それに加え、台湾省長官公署発表の寛大政策に基づき、今回の事件で、すでに発生した事柄については、「これを追及しない」という原則で処理することにしたことも発表された。

そこまで彼らは追い詰められていた。六百万人という圧倒的な数の本省籍の人間、すなわち台湾人の怒りを肌で感じとっていたのである。

徳章には、もちろん異存はなかった。

政府転覆など到底無理であることはわかっている。現行政組織の下で台湾人の人権を確立することが、当面の課題なのだ。今回不幸にも起こってしまった騒動に対する「報復」だけは回避しなければならない。卓市長自らが、打ち出した方針を聞いて多くの参議員は、「最悪の事態は回避されるのではないか」という期待を抱いた。

それでも徳章は、「やがて、すべてがひっくり返されるのではないか……」という疑念を消し去ることができないでいた。

徳章は、台南工学院で演説したのちも、事態の収拾に奔走した。武装した学生たちとの接触もおこなわれたが、それに対する「記録」はまったく残されていない。おそらく、苛烈《かれつ》な報復を恐れて、一切の情報が漏れ出さないように配慮したものだと思われる。

反乱に参加した学生とは、誰なのか。

そんなことが記録として残っていれば、どれほど時間が経とうと、当事者に不利益がもたらされる可能性がある。徳章と武装学生たちとの交渉の詳細が、七十年を経ても出てこない理由はそこにある。

ただ確かなのは、各方面との交渉を重ねたのち、ついに学生たちが奪取してきた武器を受け取ることに成功した徳章が、これを当局に返還したという事実だけである。

そのことが、徳章自身にどんな運命をもたらすかについては、後述する。

秘かに進んだ策謀

表面的な動きの陰で、政府側による策謀は水面下で進んでいた。それは、徳章が恐れていたこと、そのものだった。

陳儀は、事件が発生した二月二十八日には、蔣介石に報告の極秘電報を送っている。興味深いのは、暴動を起こしたのが「奸匪《かんぴ》」であると表現し、厳しい防共態勢をくぐりぬけて入ってきた共産党の人間たちであることを匂《にお》わせていることだ。

〈台湾省の防共態勢は本来厳密です。しかし、2月27日、奸匪が地元のやくざ者と結託し、専売局の闇タバコ販売取締りの機に乗じて群衆を集めて暴動を起こし、外省人に傷を負わせています。28日に臨時戒厳を宣告し、必要のある時には命令に従って適宜処置をおこないます〉

絶対の独裁者である蔣介石に対して〝異変〟の報告をするのは、恐ろしいことだ。場合によっては、「無能」の烙印《らくいん》を押されて、更迭される可能性だってある。共産党の存在をちらつかせたのは、陳儀自身の保身のためだっただろう。

残念ながら、陳儀が蔣介石に軍隊の派遣を要請したことを証明するものは、現在に至るも発見されていない。しかし、蔣介石が三月五日、陳儀に〈歩兵一団と、憲兵一営を派遣、本月7日、上海から移送する〉という電報を送っていることから、第一報の後、この日までに軍隊の派遣が要請されていたことは間違いない。

三月七日に発せられた、陳儀による兵の「増援」依頼の電報では、日本人が〈この機を利用して煽動《せんどう》をおこなっている〉と断定した上で、自分が〈徹底的に粛清〉するという決意が言上《ごんじょう》されている。

〈21師と歩兵一団および憲兵一営を台湾に派遣していただくこと、感謝に堪えません。ただ、目下の形勢を見ると、暴徒は至る所で武器や交通手段を没収し、少数の日本御用紳士はこの機を利用して煽動をおこなっています。退役軍人も政府に反対して、公然と反乱の言葉を発表し、また公正な参議員及び地方の人士に対して暴行・脅迫を行い、彼らに話をさせないようにしています。小職（注＝陳儀）は、兵力が少ないため、不測の事態が発生した場合、これを収拾できないことを恐れます。

このままの状態で行くと、暴徒の勢いは日ごとに高まり、強大な力をもってしなければ、これを制止できなくなるのは明らかです。党部の李翼中《りよくちゆう》主任委員が面談の上、経過・状況の報告をおこなうため、本日午前、空軍機で南京に向かいました。小職の考えでは一個師団の兵力では反乱を鎮圧するには足りないと思います。21師全部を派遣する他、更に一個師団、少なくとも一個旅団を増員し、かつ湯恩伯《とうおんぱく》を台湾に派遣して、その指揮に当たらせるようお願い致します。最短の期間で徹底的に粛清をおこな

います〉

台湾の一般民衆にラジオ放送で語りかけた顔と、〈最短の期間で徹底的に粛清をおこないます〉と上司に誓う顔――これは、陳儀の〝二面性〟を見事に表わした電報と言える。

陳儀の考えは、この電報にも出ている国民党台湾省党部の李翼中主任委員が直接、南京で蔣介石に報告した書簡の中に最も表われている。

この長文の書簡で、陳儀は、事件の「経過情況」「原因分析」「処理の態度」について詳細に報告しているが、最も注目されるのは、「原因分析」の部分だ。

〈今回の事件が発生した原因はかなり複雑である。一に海南島《かいなんとう》から内地に潜入した共産党分子が機に乗じて破壊をおこなったこと、二に留用日本人が機に乗じて混乱を起こしたこと、三に日本統治時代の御用紳士とやくざ者が不満を抱いていたこと、四に台湾の一般民衆に国家意識が欠乏していたこと、五に台湾光復後、人材の登用と接収工作が住民を満足させられない部分があったことである〉

陳儀は、ここで元凶を〈共産党分子〉と〈留用日本人〉と決めつけている。留用日本人とは、日本の敗戦後も台湾に残ることを求められ、経済再建などに当たっていた日本人のことだ。引き継ぎや技術移転をおこなうために、技術者など、多くの日本人が、乞《こ》われて台湾に留《とど》まり、仕事を続けていた。その人々に〈機に乗じて混乱を起こした〉という濡《ぬ》れ衣《ぎぬ》を着せたのだ。

そのうえで、民衆の不満が爆発した「最大の理由」は、付け足しのように最後に記してある。〈人材の登用と接収工作が住民を満足させられない部分があった〉というのは、まさに陳儀自身の責任が問われる要素である。これを矮小化《わいしょう》して報告し、さらに次の「処理の態度」の部分で、こう述べている。

〈今後の台湾へは、多数の民衆に対してはその封建思想を改めさせ、かつ政治を改善して、民衆の政府に対する信頼を生じさせ、奸党《かんとう》に惑わされることのないようにする。また奸党乱徒に対しては、武力によりこれを消滅させ、その存在を許さない〉

放送を通じて約束した寛大な対処というのは〝みせかけ〟であり、実際には、〈奸党乱徒に対しては、武力によりこれを消滅させ、その存在を許さない〉という徹底的な弾圧と粛清が待っていたのである。

しかし、そのことを知る台湾人はいなかった。

徳章も含め、多くの台湾人は、人間の「良心」に期待していたのである。

ぎりぎりの攻防

台南工学院の学生の大半が武力闘争の道を選択しなかったことで、台南市内は落ちつきを取り戻しつつあった。

知性を備えた台湾人の冷静さが、国民党支配への不満を、外省籍の中国人に対する「無差別攻撃」に発展することを押しとどめたとも言えるだろう。

三月五日、台南市では、銀行、商店の大部分が営業を再開した。

ところが、午前十時半、清水町にある憲兵隊から武装した憲兵を満載した一台のトラックが出て、町の巡回を始めた。

「なんだ！」

「憲兵隊が武装巡回しているぞ」

市民は、驚いた。やがて、それが怒りに変わった。

興奮した市民は、参議会に詰めかけてきた。

「今日、武装出動している憲兵がいるのは、どういうことだ。一体、あれは誰の命令で動いているんだ」

「状況が深刻にならない限り、憲兵隊が武装出動することはない、と当局は言っていたのではなかったのか」

市民の抗議を受けて、憲兵隊への問い合わせがおこなわれ、ただちに武装巡回はストップされた。

どんなことでも衝突の火種になりかねない。突発的な衝突を避けるためには、相互の歩み寄りがなにより必要だった。

高雄要塞《ようさい》第三総台長の要請で、参議会の黄百禄議長と韓石泉らが、高雄に赴き、話し合いが持たれた。そこでは、重要な事項が取り決められた。

軍隊は元の守備地域に戻ること、また兵力の増強をおこなわないこと。

外省人の生命・財産は今後、市民共同で保障する。

外省人と本省人は互いに尊重し合うこと。

今後、外省人を殴打する事件が再度発生した場合、軍・警察・憲兵隊は断乎とした処置をとること。

学生はまず、奪取した銃器や物品を親しい教師・父兄などに預け、参議会でまとめた上、警察局に転送すること。

また市民も隠し持っている銃器は速やかに提出すること。

以後、銃器が見つかった場合は、暴動の意図により武器を隠匿しているものと見なし、厳罰に処すこと。

今後、逸脱した行為がなければ、これまでの行為については追及しないこと。

これらを話し合った上で、「午後三時より憲兵・警察・参議会は秩序維持を開始すること」が確認されたのである。

この日の午後一時五十五分、卓高煊・台南市長は、台南放送局から台南市民に向かって演説をおこなった。

「親愛なる台南の同胞の皆さん！」

まだ三十九歳の若き台南市長は、市民に訴えかけた。

「この度、本市において発生した事件は、不幸な出来事であります」

卓市長はそう言うと、参議会から事件処理にあたって七項目の要求が提出されており、それへの回答として前述の「四大原則」を策定したことを明らかにした。

一．拡大しないこと。

二．血を流さないこと。

三．現有の行政機構を否定しないこと。

四．政治問題は政治手法によって解決すること。

それらに加え、卓市長はこう語った。

「つい先程、陳儀長官から善良な市民の皆さんに対してのお見舞いを私が代わって伝えるように、また台南地区が即刻秩序を回復することを希望し、同時に市民が少数の不良分子に利用され、社会・国家に危害を与えることなど決してないよう希望する旨の打電がありました。また今回の事件で、これまでのことについては、その追及を行わないとの訓辞もありました。そのことを市民の皆さんにお伝えしたいと思います」

それは、台南市民に「希望」を抱かせる演説だった。

台北の事件をきっかけに、ここ台南でも、民主化の運動は「成功した」ことを意味するものだっただろう。

この放送と前後して、午後二時、台南工学院宣伝部から以下の二項目から成る通告が発せられた。

一．単独行動の学生は学校に戻ること。

二．学生の中で事故の発生した者は速やかに工学院に連絡すること。工学院は、必要に応じて交渉の人員を派遣する。

大きな「成果」を得て、台南の「秩序維持」は確実に進んでいた。市民が立ち上がったこの運動の将来は台湾省政府側、すなわち国民党政府が本当に「腐敗」を一掃し、「不平等」を是正し、「秩序」ある社会を建設できるかどうかにかかっていた。

隠された「弾圧」の意図

三月六日は、二二八事件を考える上で大きな意味を持つものとなった。

それは、国民党政府の表向きの顔と、真実の顔が、ストップモーションのように交互に表われた日だったからである。

表面上の秩序回復は、台湾全土で見られていた。

事件の発端となった台北市は、陳儀長官のおひざ元でもある。事件翌日から、逃げてしまった警官の代わりに青年たちが市内をパトロールし、秩序維持に努めるという動きが見られた。

台北市の参議会は、いち早く議員や有力者を集めて、「煙草摘発不祥事事件調査委員会」を組織した。そして、戒厳令の解除と事件の処理委員会の設置を陳儀に求めている。

これは、蜂起を単なる暴徒による「騒乱」として片付けるのではなく、公正な政治を求める「民主化運動」として位置づけるためである。

陳儀は要求に応じて、三月二日には戒厳令を解除し、早くも台北で処理委員会の準備会議が官民合同で開かれた。

こうして、次第に事態は鎮静化の兆しを見せていたのである。

陳儀は台湾人の代表による「二二八事件処理委員会」をつくることに同意し、三月六日、台北ではその会議がスタートした。

台南でも、前日の三月五日午後八時、台南市参議会で「二二八事件処理委員会台南市分会」が発足する。主任委員には韓石泉、副主任委員には黄百禄議長と、荘孟侯《そうもうこう》幹事長が就いた。

徳章は、台南市臨時治安協助委員会からの横すべりで処理委員会台南市分会治安組組長となった。

陳儀の同意のもと、事態の鎮静化のために設置された「二二八事件処理委員会」というこの組織自体が、その後、苛烈な弾圧のターゲットになるとは、誰も気づいていなかった。

平和で差別のない明日を目指して、三月六日午前十一時、「二二八事件処理委員会台南市分会」の第一回委員会が参議会の議場で開催された。

「腐敗政治を解決するため、民主化を確立すべきである」

全参議員に加えて市民も参加し、今後の行動計画が討議されたほか、処理委員会の果たすべき役割が確認された。全島の各地で、同じように処理委員会が開かれていた。

（これが、台湾の未来につながることを祈る……）

心の中で徳章は、そう願わざるを得なかった。

この日、全島をまとめる台北の「二二八事件処理委員会」は、〈全国同胞に告げる書〉という声明を発表した。

その高邁《こうまい》な理想は、七十年という長い年月を経ても、決して色褪《いろあ》せないものである。

〈親愛なる各省同胞の諸君！〉という文言から始まる一言一句には、台湾人すべての思いが凝縮されていた。

〈今回の二二八事件の発生におけるわれわれの目標は、汚職官吏を粛清し、本省の政治改革を勝ち取ることにあり、外省の同胞を排斥することではない。

われわれは、今回の本省政治改革によって台湾政治の明朗化の目的を速やかに達成するため、この作業に参加する外省同胞を歓迎する。

国家に関心を寄せる各省の同胞諸君がふるってわれわれと手を結び、歩調を揃えてこの度の闘争の勝利を得んとすることを歓迎する〉

台湾人は、決して外省籍の人間を排斥しているわけではない。汚職する官吏を追放し、政治改革を成し遂げ、真の民主政治がおこなわれるならば、同胞として手を携えて頑張っていきたい――それが、心からの願いであり、本音だったのである。さらに声明は、ふたたび〈親愛なる同胞の諸君！〉と呼びかけて、こうつづく。

〈われわれは黄帝《こうてい》の子孫、漢民族である。国家の政治の善し悪しは国民すべてに責任がある。みんなが愛国の熱意を持ち、われわれと共に進んでいこう。

われわれは各省同胞の協力を心より歓迎する。二二八の当日、一部の外省同胞が殴打されたが、これは一時の誤解によるものであり、また、われわれ同胞の災難でもあった。

今後は絶対にこの種の事件は再発しない。あなたたちは、安心してこの目標に邁進《まいしん》して欲しい〉

声明は、そう訴えたあと、以下の「スローガン」を声高く謳《うた》っている。

〈台湾同胞よ、団結しよう！
台湾の政治を改革しよう！
蔣主席万歳！
国民政府万歳！
中華民国万歳！〉

怨《うら》みを抱かず、手をつないで、ともに、より良き国にしていこうという台湾の人々の叫びであった。

あれほど怒りの対象だった蔣介石に対して、〈蔣主席万歳！〉を叫び、国民党政府と中華民国に対しても、〈万歳！〉と声明している理由は、もとより明らかだ。統治者である蔣介石に牙《きば》を剝《む》かれたら、民主化どころか、自分たちの命も危ない。われわれは反乱を企てたのではなく、共に新国家建設をしたいのだ。だから、混乱終息後に権力をふたたび掌握しても、台湾人のこの精神は忘れないで欲しい。そうアピールしたのである。

それは、祈るような気持ちで発せられた声明であった。

これを受けて、この日の夜八時半から、陳儀長官はラジオを通じて、全島民に呼びかけた。

「親愛なる台湾同胞の皆さん！　今回の〝二二八事件〟発生後、地方諸氏の協力を得て秩序を維持し、現在は、すでに安定してきております。まだ若干の問題がある都市もありますが、これも次第に秩序を回復しつつあります。これらはみな、各界人士の努力によるものであります」

そう前置きした陳儀は、「誠意をもって今、同胞の皆さんに以下の二点を報告します」とつづけた。

「一つは、行政機関の改革について、行政長官公署を省政府に改める申請を現在、中央政府に上程しています。委員長及び各庁長、あるいは処長はできるかぎり、〝本省同胞〟を登用することとし、民意機関から有能な同胞の推薦を受けて、これを任じたいと思います」

ラジオに聴き入る台湾人は、思わず身を乗り出したに違いない。

「二つめは、県・市の行政機関については、県・市長は六月末以前に推薦を受けつけ、七月一日に選挙をおこなうものとします。選挙実施以前に現任の県・市長で、もし住民が不適任であると考える者がある場合は、これを免職し、参議会が各界と協議の上、候補者三名を推薦し、私がその中から一名を決定して任命することとします」

それは、画期的な改革だった。さらに陳儀は、こう言及した。

「政治問題はすでにこのように解決しており、現在、最も差し迫った問題は、秩序を回復し、食糧問題を解決して、人々の苦痛を取り除くことにあります。決して悪党のデマに惑わされて地域を不安定化させ、同胞が大きな影響を受けることがないよう、皆さんには速やかに秩序を回復するよう希望します」

台湾民衆は、夢のような勝利をおさめたのである。圧倒的な勝利だ。

しかし、それには、「この言葉の中身が真実ならば……」という条件が必要だったことを、台湾人はあとで思い知ることになるのである。

高雄虐殺事件

三月六日に国民党政府の〝裏の顔〟が表われる事件が起こったのは、台北市から三百五十キロも南にある台湾第二の都市・高雄である。

高雄では、学生や住民たちの反抗が大きく、安定の兆しは見えなかった。しかも鎮圧のためと称して発動した軍隊は、武装反抗に対して武力攻撃で応えただけでなく、無抵抗の市民までも射殺したのである。

高雄市でも三月六日には「二二八事件処理委員会」が発足し、市政府講堂で会議が開かれていた。その後、委員会代表者は、高雄の西方にある寿山《じゅさん》に向かうこととなった。

寿山の山上に駐屯する高雄要塞司令部指揮官の彭孟緝《ほうもうしゅう》に会うためだ。委員会代表者たちは、彼に軍による市民への射撃および委員会への脅迫を停止し、委員会が改革案を提出するまでの間、軍を営内から出さないよう、要請に行ったのである。

代表となったのは、市長の黄仲図《こうちゅうず》、市参議会議長の彭清靠《ほうせいこう》や、林界《りんかい》、涂光明《じょこうめい》、曾鳳《そほう》鳴《めい》らであった。

ところが、彭孟緝は、黄仲図市長以外の四人を拘束し、そのうち三人を銃殺する。そして、一気に山から駆け下りた彭孟緝麾下《きか》の軍隊は高雄市政府に向かい、講堂で会議中の二二八事件処理委員会を包囲し、参会者や市民に対して、無差別掃射をおこなった。

阿鼻叫喚と血の海の中で、多数の高雄市民が息絶えた。二二八事件の中でも有名な「高雄虐殺事件」である。

「撃たれて、虫の息となった大勢の人々に対して、軍は銃剣で一人一人を刺し貫いていった」

生き残った市民の証言は、凄まじいものだった。軍の発砲によって多くの無辜《むこ》の民が血溜《ちだ》まりの中で息絶えたのである。

高雄での二二八事件で中心的な役割を果たし、同時に最も悲惨な目に遭ったのは、高雄中学の学生たちだった。

彼らはろくな武器もないまま、軍に立ち向かったのである。

台湾人の明日のためになるならば、と身体を張って抵抗した彼らは、軍に制圧され、凄惨《せいさん》な死を迎えることになった。

高雄駅前に運ばれ、見せしめのためにそこで処刑され、晒《さら》し者にされた学生もいた。無惨な遺体を目撃した群衆の中に、のちに評論家の金美齢《きんびれい》の夫となる周英明《しゅうえいめい》がいた。周は、台湾鉄道に勤める父親を持ち、一家は高雄駅近くの鉄道官舎に住んでいた。当時、周は高雄中学の一年生だった。

すでに周は、二〇〇六年に七十三歳で癌で亡くなっている。しかし、夫人の金美齢は、高雄駅前で目撃したその時のことを何度も直接、聞いている。

「まだ十三歳の時に、自分の学校の先輩が射殺された遺体を目のあたりにしたんです。それは、うしろ手に縛られて、背中に名前と罪状が書かれた板を差し込まれた三人の銃殺遺体だったそうです。血がいっぱい流れて、人間の身体からこれほどの血が流れるものかというほどだったそうです。ものすごいショックを受けましてね。そのことが主人の一生を決めてしまうような出来事になるんです」

遺体は、高雄中学の五年生、今で言えば、高校二年生の先輩たちだった。衝撃を受けた周英明には、それから何年も経ってから、運命的なことが起こったという。

「主人が高校三年になった頃、市場を歩いている時に、たまたま古本を売っているところを通りかかったんです。その時、赤い表紙の幾何の本を見つけ、参考書にどうかと思ってページをめくっていたら、なんと、最後のページに忘れようとしても忘れられない、あの三人の中の一人の名前が記されていたそうです。それは、処刑された先輩本人が使っていた幾何の参考書だったんです」

あまりの偶然に、周英明は慄然《りつぜん》とし、立ち尽くした。

「衝撃的で、また運命的で、主人は、それを買い求めて、以後、この本を離さず、勉強に励んだそうです。この先輩はどれだけ無念だったか、どれだけ勉強をしたかったか……と。そのことを考えながら一生懸命、勉強をつづけたそうです。主人は、あの遺体を見てから、血を見ることができなくなって、そのために、医者の道に進むことはせず、工学部系を選びました。あの高雄での事件で、人生そのものが変わってしまったんですよ」

のちに台湾大学でマイクロ波工学を専攻し、東京大学への留学を果たすことになる周の傍らには、常にこの亡き先輩の幾何の参考書が置かれていたという。

金美齢は、夫の生涯の「傷」となり、同時に運命の「分岐点」ともなった出来事をそう語る。二二八事件の時、十三歳だった周少年は、こうして亡くなった学生の無念を胸に勉学に励んだのだ。

この時、高雄の台湾人たちが思い知ったのは、国民党軍の残虐性である。

日本統治時代に経験した「法治社会」とは、まったく異なる統治者の資質があらわになったのだ。法を重んじることが社会で徹底され、少なくとも、トップにどんな人が立とうが、賄賂《わいろ》や不正ではなく、「法」が第一であった台湾社会は、この時、消えた。

人間を法によらず「処刑」し、人々の目に「晒し者」にするような為政者によって支配される時代に、台湾は「突入した」のである。

そのことを最初に目の当たりにしたのが、高雄の人々だったということになる。これまで、台北での二二八事件勃発《ぼっぱつ》後も、台湾民衆のすさまじい蜂起の勢いに圧倒されて、軍隊は残虐な行為を控えてきた。ところが、それから六日が経ち、いよいよ大陸から軍の増援があることがわかったとき、残虐な本性を剝《む》き出しにしてきたのである。

衝撃的な高雄虐殺事件を起こした高雄要塞司令部司令の彭孟緝は、以後、秘かに台湾の人々から「高雄屠夫《とふ》」と称された。一九九七年に八十九歳で死んで以後も、彭孟緝は、その名で呼ばれつづけている。

覚悟の「市長候補」

二二八事件とは、反政府勢力が連携して組織的、計画的に引き起こされたものではなく、台北での事件に呼応して、国民党支配に反発した市民たちの反抗がそれぞれの地域で起こったものである。

そのため、各都市や地域が連携することはなかった。これは、鎮圧する側にとっては、非常に都合のよいことだったと言える。

高雄事件の翌々日、約四十キロ離れた台南では、三月八日午後三時、台南市参議会が、「卓市長が適任であるかどうか」を討議するための「台南市各界聯合《れんごう》大会」を開催した。

「高雄で、惨劇が起こったようだ」

「死者が相当いるらしいぞ」

市内のあちこちで噂は囁かれていた。だが、真相はわからない。台南に余波がおよぶ前にきちんとした体制をつくり、民主社会としてのルールづくりを急がなければならなかった。

台南市各界聯合大会には、台南市民を代表する人々が一堂に会した。

参議員、各区長、里長、区民代表、各民衆団体や企業、工場、学校教員から学生に至るまで、四百二十五名が参加した。徳章ももちろん参加している。

台南市参議会館の二階にある議場は、立錐《りっすい》の余地もなく、人々で埋め尽くされていた。

もし、卓市長が「適任ではない」となれば、次には、新しい「市長候補者」を選ぶことになる。

ついに民主的社会の幕が開くのだ。

黄百禄議長は開会を宣言し、さっそく各界代表に諮問があった。

「不適《ふてき》であります」

「私もそう考えます」

そんな声がつづいた。そして、その度に拍手が湧き起こった。

「その通り！」

「異議なし！」

卓市長は、騒乱の最中《さなか》に一時、どこかに「姿を晦ました」とも言われていた。

まだ三十九歳の、経験も浅い外省人に、混乱後の台南市のかじ取りを任せられるのか。

答えは、〝ノー〟だった。

満場一致で、卓市長の留任は「否決」された。あとは、新市長の候補者を選ばなければならない。

陳儀は、二日前の全島への放送で「七月一日に選挙をおこなう」が、選挙実施以前に現任の県・市長で、もし住民が不適任であると考える者がある場合は、これを免職し、「参議会が各界と協議の上、候補者三名を推薦し、自分がその中から一名を決定して任命する」という方針を発表していた。

これに従って、「三人」の市長候補を「投票で決める」ことになったのである。

議場を埋め尽くした各界代表や市民たちに、投票用紙が配られた。会場は一気にざわめき出した。

無理もない。この会議は、市民全員の参加ではなく、出席者はあくまで、各界のかぎられた人間、すなわち、さまざまな人々の「代表」なのである。

誰が適任か、相談せずには決められない。台南の明日を左右する大切な人選なのだ。

やがて、ざわめきの中、投票が締め切られた。

そのまま開票に移った。

官選の外省人市長に「不信任」が突きつけられ、それに代わる市長候補の「三人」が選挙によって選ばれる。これこそ、「理想の台湾」へとつづく第一歩と言えた。

「集計が終わりました」

マイクを通して、参議会の職員の声が議場の隅々にまでいきわたった。

いよいよ結果の発表である。

「有効投票数は、四百二十四票です」

どうやら無効票が一票あっただけで、残りは、すべて有効だったようだ。

議場は静まり返った。

「黄百禄、百九十七票」

議長の黄百禄が、やはりトップの百九十七人もの支持を集めたことがわかった。一連の騒動の中、参議会議長として、動揺することもなく、しっかりここまで事態を収めた手腕が買われたのだろう。徳章も、「当然の結果だ」と思った。

「侯全成、百九票」

つづいて黄百禄議長を支えた侯全成が、百人を超える支持者を集めたことが発表された。侯全成は、台北医学専門学校で世界的な外科医だった尾見薫《おみかおる》博士に師事し、のちに満鉄大連医院院長兼満洲医大教授となった尾見を追って満洲に渡り、満鉄医院の外科主任も務めた有能な医師だった。

いよいよ三人目の発表だ。議場は一層、静まった。

「湯徳章、百五票」

職員は、そうアナウンスした。

「えっ？」

徳章は仰天した。

「なぜ、私が？」

思わずそんな声が洩《も》れてしまった。

なぜ、私が？――それは、偽らざる本音だった。

参議員には、先輩たちが沢山いる。かつての職場の先輩もいれば、大学の先輩だっている。立派な先輩がいくらでもいるのに、なぜ俺なんだ。自分は、人からはなかなか見えない「治安組」の組長をしていたに過ぎない。それなのになぜ？

呆然《ぼうぜん》としている徳章の耳に、拍手が聞こえてきた。

選ばれた三人への祝福と激励の拍手である。

七月一日に、市民による選挙がおこなわれるまでの約四か月間、三人のうち一人が陳儀長官に選ばれ、「市長を務める」ことになるのである。おそらく、七月の選挙というのも、その人物が当選する可能性が極めて大きいだろう。

陳儀長官がこの三人のうち誰を選ぶのかは、無論、わからない。しかし、この三人の中の誰かに「台南の将来」が託されることになるのである。仮にこの中で最も若く、正義感に溢れた湯徳章がその任に就いたなら、台南の将来は大丈夫かもしれない。そんなことを思った人もいただろう。

黄百禄、侯全成につづき、徳章は議場の前に促されて出てきた。ますます議場は大きな拍手に包まれた。

人々は、徳章の識見と勇気、法律家としての力、正義に対する信念、そしてなにより台南を愛する気持ちに期待したに違いない。

祝福してくれる人々の拍手と笑顔を目の前にして、徳章には、そのことがわかった。

その時、初めて、選ばれたことへの誇りが心の底から湧き上がってきた。深々と頭を下げる三人の候補者に向けて、議場の拍手はいつまでも鳴りやまなかった。

しかし、この時、台湾の自由と民主を踏みにじる軍隊が、高雄と基隆から上陸するべく、沖合に到達していたことを、この感動の議場にいた人々は知る由もなかった。

民主化の夢ははかなく消え去り、長い長い台湾の悪夢が始まる「時」が刻一刻と近づいていたのである。

第十三章　逮捕と拷問

上陸してきた軍隊

本日未明、高雄と基隆へ軍が上陸――。
その情報は、三月九日、恐ろしい勢いで台湾全島を駆けめぐった。
「なに？」
そのことを知った時の徳章の感情は、どう表現すればいいだろうか。
（やっぱり、そうだったのか……）
悪しき予感が「当たったこと」を徳章は悟った。

高雄での虐殺事件の詳細が、時間が経過するにつれ、入ってきていた。隣の高雄のようなことが、ここ台南で起こっていないのは、台南の市民がまだ自制的であったからであり、彭孟緝司令率いる「高雄要塞司令部」といった大きな軍が台南には駐屯していなかったからでもある。

徳章には、そのことがわかっている。そして、徳章自身が治安組の組長として、必死で暴乱となることを防いできたからでもある。

今朝の新聞には、徳章ら三人が「市長候補」に当選したことが報じられている。そのことを話していたまさにその時にニュースが飛び込んできたのである。

（台湾が殺戮《さつりく》の島になる……）

哀しい現実が目の前で生まれようとしていた。なんとか阻止しなければならない。多くの人の血が流されることだけは避けなければならなかった。

妻の濫は言葉を失った。

夫は、名前を「湯徳章」と元に戻しているとはいえ、父親は日本人で、ほんのこの前まで「坂井徳章」だったのだ。日本人でもある夫が、彼らのターゲットにならないはずがない。

しかも、まさに今日の新聞に、でかでかと夫の名前が市長候補として出ている。夫は台南の民主化の代表とも言うべき存在なのである。

「あなた……」

もう言葉もなかった。

台湾の民主は踏みにじられる。すべては水泡に帰した——。

それが、徳章の気持ちでもあったに違いない。

徳章は、濫の問いかけにも答えず、目をつむってじっと何かを考えているようだった。

「行ってくる」

徳章は、ただちに参議会に向かった。

参議会には、すでに有力な参議員が集まっていた。もはや策はなく、誰もが動揺を抑えきれずにいた。共に治安組として、台南の騒乱を抑えてきた許丙丁もいた。

「どうする」

許丙丁の真剣な顔は、事態の深刻さを物語っている。徳章は、なにも言葉を発することができなかった。治安組の組長である徳章は、この時点ですでに「覚悟」を決めていたが、軽々に「死」について、口にすることが憚られたからである。

「もはや、これまで」

周囲から、そんなあきらめの言葉が上がっていた。

なかには台南から逃げ出す有力者もいたし、「子供だけでも助かるなら……」と、一度は銃を持って立ち上がった息子を、山の方に隠そうとする親もいた。

台南は、事件勃発《ぼっぱつ》直後とは、違う意味で完全に平静を失っていた。わずか一週間前には、襲撃に怯《おび》えて街の中を歩く外省人の姿はなかったのに、今度は台湾人が落ち着きを失い、必死で家族の身の安全をはかろうとしているのである。

参議会は、もう機能を失いつつあった。徳章は事態の急変をいろいろな人に伝え、相談しなければならなかった。

マラリアが完治していない徳章は、それでも自転車をこいで、あちこちを廻《まわ》った。

「湯さん、一体、どうしたらいいの？」

「台南はどうなるんですか？」

参議員でもあり、治安組組長でもあり、さらには、市長候補でもあった徳章の姿が見えると、街の人々は不安な気持ちを抱えて走り寄って、問いかけてきた。しかし、徳章にも示すべき「答え」はなかった。

日本人でもある徳章のこれから先のことも、もはや「神」のみぞ知るところである。一般の人々より、徳章自身の命が危なかった。

徳章には、あることが思い出された。

わずか一年半前、日本は戦争に敗れ、半世紀に及ぶ日本統治時代は終わりを告げた。その後、多くの内地人が思い出の詰まった台湾から去っていた。その時、親しい友人たちは、徳章にこう言ってくれた。

「坂井さん、一緒に日本に帰ろう」

「日本の再建には、坂井さんの力が必要だ。〝人権の確立〟は、内地でも必要なんだ。あんたの力を日本は必要としている」

「これからの台湾は、中華民国になるんだ。あなたには、日本でこそ頑張って欲しい」

親身になってくれた内地人の友人たちは、徳章にそう勧めてくれたものだ。徳章は弁護士資格を持っているだけでなく、高等文官行政科試験にも合格しているエリートである。

東京に戻れば、今は〝焼け野原〟かもしれないが、これからの東京の復興には、徳章のような「能力」も「資格」もある人間が不可欠であることを、友人たちはわかっていたのである。

東京の坂井家では、「父」である坂井又蔵が無事であることも確認できていた。又蔵の長男・周資と長女・三保子、次女・磐子と末っ子の鈴馬は元気だが、三男・浩治と四男・佳民が戦死したことも知った。

あの楽しかった又蔵一家も、戦争の悲劇に見舞われたことを、又蔵と三保子からの手紙で徳章は知ることができたのである。

焼け野原の東京で暮らす義父・又蔵のもとへ――その勧めに心が動かなかったわけではない。しかし、台湾の発展のため、故郷・台南に尽くすべく、自分は東京から帰ってきたのだ。

今さら台南を見捨てる選択肢は、徳章にはなかった。

「ありがとうございます。私は、ここで最後まで力を尽くします」

徳章は、そう言って内地人の友だちを数多く見送った。そうした心を許す友人たちを見送りに何度、台南駅に行っただろうか。

「徳章、なぜ、おまえは彼らの温かい忠告を聞かなかったのか」

亡き父・徳蔵がそう言っているような気もした。しかし、

「父さんだって、台湾に骨を埋《うず》めるために来て、そのとおりの人生を送ったじゃないか」

心の中で、そんなことを呟いたものである。

その時、ふと、徳章は、自分が父の死んだ「四十歳」になっていることに気づいた。

（ああ、俺も父さんが死んだ歳になったのか……）

徳章の目をじっと見て、「徳章、声は絶対に出すな。静かに行くんだ」と言った時の父・徳蔵の最後の顔が、なぜか瞼《まぶた》に浮かんできた。

家族と一緒に逃げるのではなく、妻子だけ逃がして、戦いの場に向かっていった父のことを、徳章は今でも誇りに思っている。その父に対して、恥ずべきことは絶対にできなかった。

最後まで潔く、そして、自らの使命に忠実であろう。

徳章は、そう固く決意していた。

再度の戒厳令

翌三月十日、陳儀長官は、いよいよ本性を剝き出しにした。

台湾全島に「戒厳令」を再度、布告したのだ。

各地の「二二八事件処理委員会」は、これに基づき、解散させられた。

蔣介石が派遣した第二十一師団と憲兵第四団が、陳儀の態度を一変させた。軍事力を背景にした陳儀は、勝利の祝砲を打ち鳴らすかのように、台湾人を見下した宣言を発したのだ。

「台湾同胞の諸君！　私は再度、臨時戒厳を宣言しました。私は今、十二分の誠意をもって、大多数の善良な同胞に告げたいと思う」

放送を通じて、陳儀はこう大衆に呼びかけた。

「私の戒厳宣言は、完全にあなたたちを守るためのものであり、あなたたちは決して悪人どものデマに耳を貸してはいけません。法を守る同胞は、安心して欲しい。私が、再度、戒厳宣言をするのは、ごく少数の反乱暴徒に対応するためです。彼らが消滅しなければ、善良な同胞は、安心を得ることができません」

この陳儀の言葉を聞いた時、徳章は反射的に、「誰をその〝少数の反乱暴徒〟に仕立て上げるのか」と思った。

陳儀の放送はつづく。

「ごく少数の反乱暴徒は、デマを捏造《ねつぞう》して、挑発、欺瞞《ぎまん》、恐喝などの方法によって反乱の陰謀を実行したのです。この十日間、善良な人民の生活は大きな苦痛の中にありました。これらの苦痛は、すべて反乱暴徒によってつくり出されたものです。政府は諸君の苦痛を取り除くために、やむを得ず、ここに戒厳を宣言し、同胞に危害を加える反乱暴徒を粛清するのです。この一点について諸君が徹底的に了解することを希望します」

反乱暴徒を粛清する――それは、この十日間の約束を委細構わず反故《ほご》にして、恐怖政治に転換することを明言する言葉にほかならなかった。台湾人の胸には、脅しの一矢として突き刺さった。さらに陳儀は、「秩序回復」のための六項目の緊急措置を読み上げていく。

一、各交通機関は、鉄道・道路にかかわらず、すべての従業人員が通常通り作業を行い、これを逃れてはならない。もし、暴徒が来て脅した場合には、必ずこれを厳罰により制裁するので皆は怖がる必要はない。

二、工場作業員は現場に戻り、商店も営業すること。すべての人民は仕事に復帰すること。

三、集会やデモは厳禁する。

四、いかなる名義によっても個人への献金を禁ずる。

五、一切の物価はこれを値上げすることを禁ずる。

六、その他一切の不法行為を厳しく制止する。

一挙に「六項目」を読み上げた陳儀は、

「最後に諸君が法を守り、秩序を重んじることを希望する」

そう語って、放送を終えた。

徳章ら台南の参議員にとって、これまでの努力を完全に「無」にされるものだった。今この瞬間から、「反乱暴徒の粛清」という名目で、「摘発」が始まるだろう。

怖いのは、北京語しかできない、つまり、まだ台湾で言葉が通じない連中が、その「摘発をおこなう」ということだ。

地域の安定のため、あれだけ重要な役割を果たした処理委員会が解散させられたのである。これまで処理委員会を重んじ、民主を前面に打ち出してきたのは、何だったのだ。軍隊が到着するや否や、陳儀が、これほどの豹変《ひょうへん》を見せたのである。いや、今までの十日間の言動は、すべて見せかけに過ぎなかったのだ。

もう「市長候補」どころではない。処理委員会が推進したこと自体が「反乱」とみなされるだろう。

それは、徳章の身に刻々と危機が近づいていることを明確に告げていた。

突然の襲撃

「あっ！」

そこにいた多くの人間が、同時に声を発した。

「動くな！　動くんじゃない！」

突入してきた兵たちが、そう叫んでいた。

（しまった）

ひょっとしたら、徳章は、その瞬間、自分の運命を悟ったかもしれない。明らかに兵たちの目は血走っていた。銃を構えた彼らは、恐ろしい迫力で、議場全体を見まわしていた。

一九四七年三月十一日、戒厳令が発せられた翌日の午前十時過ぎのことである。台南市参議会館の二階の議場には、参議員をはじめ、台南市民たちが集まっていた。

わずか三日前には、台湾人市長候補を選出して民主化への期待が満ちていた議場に、今は「絶望」しかなかった。これから始まるのは「弾圧」だ。

本省人と手を携えて共に歩んでいくことを約束していた陳儀が、秘《ひそ》かに蔣介石に

「軍の派遣」を依頼しており、それまでの姿勢は単なるポーズだったことが、白日の下に晒《さら》されたのである。

台湾に派遣されてきたのは、国民党軍の精鋭「第二十一師団」だった。国共内戦で、米軍による近代装備を施したこの師団が、台湾の「市民制圧のため」に、高雄と基隆に同時に上陸したのだ。

これで勝った――。

陳儀長官は、ほくそ笑んだに違いない。譲歩に譲歩を重ね、台湾人の言うことを聞きつづけた我慢の日々が、やっと「終わる」のである。

そして、台南でも、ついに軍の突入が始まったのだ。

「高雄から台南に軍が向かっている」

その報は、事前に参議会にも伝わっていた。

参議会には、徳章ら参議員だけでなく、蜂起《ほうき》に加わっていた市民もいた。全部で四、五十人だろうか。

その中に、当初から蜂起に参加して、大林の海軍飛行場を襲撃した若者、郭振純もいた。二二八事件で結成された「義勇隊」のリーダーも来ていた。なかには、郭振純のような元日本兵もいる。

「私は、議場の前から二、三列目にいました。前方には、参議員たちが、十二、三名いて、湯徳章さんもいたと思います。そこで、急遽《きゅうきょ》、どう収拾するか、軍隊が来たら、自分たちはどこに退去して応対するか、協議していたんです」

議場は、市民が直接、参議員と相談しあう場となっていた。

抵抗するのか、しないのか、自分たちはどう出るのか。

今、決めて、今、動かなければ間にあわない。その切迫感の中に郭振純もいた。

「自分たち（蜂起した）仲間の間には、〝指揮班〟というものがあってね。それは僕たちよりもいくつか年配者で、そう、三十前ぐらいの人たちですかねえ。彼らは、僕たちみたいに正式な軍人だったわけではないんだけれども、年齢的に先輩だから、指揮班を任せていたわけです。その人たちが、〝参謀〟を名乗ったり、自分たちで職務を分け合って、指揮班を構成していたんですよ。その指揮班と私たちが、議場で参議員らと口角泡を飛ばすような話し合いをしていたのです」

前にいる参議員たちは、コの字型に座り、後方にいる郭たちは、それに向かって横一列の座席に座っていた。コの字型の席を「議員席」とするなら、郭たちがいる側は「傍聴席」である。傍聴席だけでも二十列以上はあっただろう。

「話し合いの場では、先輩たちがいたから、僕は発言しなかったですね。議員たちは、私たちの方に向かって座っていました。話が進むうちに、この場所からは〝引こう〟ということになっていきました。取り敢えず、ここを退去して赤崁楼《せっかんろう》（注＝台南市の旧跡）に移り、そこで対応しようという話になったんです。赤崁楼というのは、オランダ人によって築城された、台南市内にある有名な要塞《ようさい》ですよ。そこに引く、という話になったところに、突然、議場の真ん中あたりのドアがバーンと開いて、兵隊が飛び込んで来たんです」

それは、「到着にはまだ間がある」と思っていた時間だった。

「あっ」

声をあげても、もう遅かった。まさか、これほど早く来るとは——。

不覚だった。

「あいつらが、急に突入してきたわけです。私から見たら右側のドアです。出入口は、そこしかありません。ど真ん中のそのドアが開いて、いきなり突入してきた。もちろん武装していました。そして、中国語で〝外へ出ろ〟と言ったんです」

万事休すである。

（まだ高雄からこっちに向かっている途中ではなかったのか）

徳章も、突然の軍の突入に仰天したに違いない。しかし、いずれは、こうなることだった。

「出ろ！」

議場からまず出されたのは、傍聴席の人間たちだった。

郭振純も、何人目かに出された。議場の外の廊下にも、階段にも、兵隊がずらりといた。とても抵抗できるようなものではなかった。

「傍聴していた私たちが逮捕されました。数十名はいたでしょうね。手は上げていませんが、そのまま議場から出されました。あいつらに機関銃はありません。兵隊は鉄砲を持っていた。ピストルの大きいやつですよ。そいつらが、ずらっといましたね。それで外に出たら、トラックが何台か停まっていて、そのうちの一台に乗せられたんです」

つづいて連行されたのは、参議員たちである。

（ついに終わった）

徳章は、日本人でもある。そして、彼らの残虐性はわかっている。

自分の身に何がもたらされるか、すでに覚悟はできていた。

トラックからの決死の脱出

トラックに乗せられた郭振純には、向かう先が高雄方面であることがわかった。

(要塞司令部かどこかへ連行されて、銃殺される……)

(このままでは殺される)

郭は、間もなく訪れるだろう自分の「死」を考えた。二二八事件に呼応して蜂起した自分たちである。このまま処刑される可能性は高い。

すでに高雄での虐殺の凄まじさも知っている。その高雄へ運ばれる以上、覚悟をしなければならなかった。しかし、

(できることは、やってみよう)

郭は、そう思った。どうせ「死」が待っているのなら、イチかバチか、脱出を試みよう、と考えたのである。

トラックの荷台には、十数人の若者が乗せられている。銃を持った兵隊は、荷台の一番うしろに立っていた。郭がいるのは、その兵隊のすぐ前である。兵隊は、荷台全体を見わたしていた。

（この兵隊ごと荷台から飛び降りるしかない）

そう考えた。虚を狙って兵隊に飛びつき、そのまま荷台から一気に転がり落ちるのだ。

秘かにイチかバチかの捨て身の脱出である。

秘かにチャンスをうかがっていると、兵隊の向こう側にいる仲間と目が合った。

（…………）

なにも話していないのに、二人はお互いの意思がわかった。彼も日本陸軍の〝軍隊帰り〟だった。

この兵隊に飛びついて転がり落ちる――。

そう〝認識〟し合ったのである。

トラックが走り始めて十分ほど経った時、開山町から台南法華寺の近くを通りかかった。ここは道が狭い。トラックが一台ようやく通れるほどの道幅である。

法華寺を右に見て、その先に小さな橋が見えた。

（あそこだ）

二人は目で合図し合った。

寺の横に小さな川があり、橋が架《か》かっていた。そこに差しかかった時、トラックの速度が落ちた。

（今だ！）

二人は、同時に兵隊に飛びかかった。一人は腰に、一人は首に。三人は、荷台から、ドォッと転がり落ちた。

（うっ）

声にもならない声を出して、兵隊は昏倒《こんとう》した。そのままぴくりとも動かなかった。トラックは、何事もなかったかのように、砂埃《すなぼこり》を上げて、走り去った。異変に気づかないまま、行ってしまったのである。郭と仲間の二人は、それぞれ別方向に逃げた。

郭振純が、こう振り返った。

「僕は農業学校時代に乗馬をやっていて、かなり訓練をしていたんですよ。乗馬というのは、最初に落馬の訓練から始めるんです。だから、落ち方の基本は、よくわかっていた。頭を打たないように、頭を抱えて背中から落ちるという要領があるんです。兵隊に抱きついてトラックから飛び降りた瞬間に、その兵隊の身体を離して、頭を打たない体勢で落ちたんです。兵隊は無防備だったから、身体のどこを打ったか、わかりません。死んだかもしれませんね。こっちは、うしろも見ないで走って逃げましたから、その兵隊がどうなったのか皆目わかりません。それで、僕は、一か月ぐらい潜んで、もとの糖業試験所で、普通に、知らん顔をして仕事をしたんですよ」

郭振純の決死の脱出は、こうして成功するのである。

拷問に耐えた末に

台南監獄での取り調べは苛烈《かれつ》を極めた。

特に、台南の「指導者」の一人でもあり、同時に「日本人」でもあった徳章への追及の厳しさは尋常ではなかった。

参議会館から連行された人間の取り調べを担当したのは、憲兵隊である。

中国人の取り調べには、特徴がある。それは、取り調べの過程で具体的に「人名」を挙げさせることだ。

拷問を用いて、人名を割り出し、次に、名前の出てきた人物を取り調べ、また人名を引っぱり出し、芋づる式に次々と逮捕していく。それが彼らのやり方だ。

拷問の痛みと苦しさから、名前を出してしまうのが人間というものである。時には、痛みから逃れたいあまり、まったく無関係な者の名前を出してしまう場合もある。

「湯徳章は、日本人だ。彼が元凶だ」

仲間であるはずなのに、苦し紛《まぎ》れにそう吐露して、釈放される参議員もいた。特にエリートは、拷問や圧迫に弱い。徳章は、「日本人」であるがゆえにターゲットとされたのである。

陳儀自身が、蔣介石への報告の中で、最も強調していたのが、「日本人による煽動《せんどう》」である。これをキーワードとすれば、自分が責任を逃れられると考えたのだろう。陳儀は、二二八事件の要因を「日本人による煽動」とするストーリーを、創作したのだ。煽動者の日本人――徳章ほど、このストーリーに都合のいい存在はなかった。日本人であり、内地留学組であり、さらには、弁護士という知識階層であることは、煽動者に付与したいすべての「要件」を兼ね備えていた。

しかし、いくら拷問をしても、徳章は屈しなかった。

徳章が当局からマークされたのには、ほかにも理由がある。

学生たちから武器を回収し、当局に返却したのは、徳章である。「治安組の組長」として、学生たちから武器を預かる役を担《にな》ったということは、その預けた相手の「名前を知っている」ということだ。

取り調べに当たった憲兵は、徳章に「学生の名前を言え」と強硬に迫ったのである。

三月十一日は、台南工学院も、軍に襲撃されている。ここで逮捕されたのが、林宗棟ら学生隊のリーダーたちである。彼らもまた厳しい取り調べを受けている。

もし、徳章が彼らの名を出せば、学生たちの「命」も危うい。

徳章が出す「名前」は、そのままその人物の生死にかかわるものである。徳章本人にも、そのことは当然、わかっていただろう。

どんな拷問にも耐え抜く徳章の気迫は、若者の「命」を守り、「人権」を守り抜くという信念に基づくものだった。

それは、憲兵との根比べとなった。どんなに殴っても、どれほど蹴《け》っても、徳章は口を割らない。やがて、憲兵も呆《あき》れ果てた。

取り調べの過程で、憲兵との間で、どんなやりとりがあったのか、同じ獄中にいた人間から、こんな話が伝わっている。

「おまえはなぜ、日本人なのに日本に帰らなかったのか」

「私は、台湾で生まれ、台湾で育った男だ。それが台湾人ではないというのか」

「おまえは、日本人だ」

「そうか。私が日本人と言うのなら、取り調べは、日本語でやれ」

「なに？」

「日本語でなければ、私は何も答えない」

徳章はそう言って、中国語での取り調べを拒否したのである。

この不敵な男に対して、恐ろしい拷問がつづいた。

それでも、頑として徳章は口を割らなかった。

「誰だ！　おまえに武器を引き渡したのは、誰なんだ！」

「言え！　言わないと、おまえは死ぬぞ！」

天井から吊るされ、銃床で殴打されるという激しい拷問で、徳章のあばら骨は、ほとんど折れてしまった。

それでも、徳章は平然としていた。憲兵には、徳章の平静さが許せない。ますます激しい拷問が加えられた。

（こいつらに屈してたまるか）

虫けらのように打ち据《す》えられてなお、気高い精神性を保ちつづけることは容易なことではない。しかし、

（哀れなやつだ……）

柔道三段の〝剛の者〟でもあった徳章は、物事の理非もわからず、命令に盲従して暴力を遂行する中国人憲兵を、逆に憐《あわ》れんでいたのかもしれない。

徳章の獄中のありさまを伝える貴重な証言者となったのが、モダニズム詩人として知られた楊熾昌《ようししょう》である。楊は、「水蔭萍《すいいんへい》」という筆名で詩をつくると同時に、「台湾新

生報」という新聞の記者でもあった。徳章より一歳下で、東京への留学経験もあったことから、二人には共通の話題が山ほどあった。

その楊もまた逮捕されており、偶然にも、留置場が徳章の隣だったのである。

「大丈夫か」

「大丈夫だ。ひどいやつらだよ」

瀕死《ひんし》の傷を負いながら、徳章は落ち着いていた。すでに、徳章の両腕は利かなくなっていた。

「あばらを折られた」

「えっ？」

「腕もやられた」

「なんだって？」

楊熾昌は、驚愕した。

むごい拷問であることは、すぐにわかった。自分の受けている拷問とは、レベルが違う。それでも、徳章が平然としているように楊には見えた。

「両手が使えんよ。指も使えん」

「指まで？」

あまりに凄惨《せいさん》で、楊熾昌は、それ以上、聞けなくなった。しかし、当の徳章は、意に介さない。

「指の間に木を挟み、強い力で圧迫する。あいつら、それをそのまま強く縛るんだよ。指が完全にだめになった。腫《は》れて箸《はし》も持てない。飯はもう、口で直接食べるしかないな……」

徳章は、そう言って笑った。

（なんていう人間だ……）

楊熾昌は、絶句した。恐ろしいまでの徳章の強靭《きょうじん》さに圧倒されたのである。

彼は、後年、台南市政府発行の公刊誌『台南文化』の二二八事件特集の中で、獄中の徳章のようすについて、こう語っている。

〈私は、三月十一日に逮捕後、取り調べを受け、ひどい拷問を受けた。湯徳章は、私が入っている隣の牢屋《ろうや》に入っていた。彼もまた、拷問を受けていた。

「殴られ、拷問を受けて、両手が使えなくなった。箸も持てない」

湯徳章はそう言っていた。どんな拷問かと聞くと、

「指の間に木を挟み、それを強い力で圧迫した。そのまま強く縛った。指がだめにな

った。腫れて箸も持てなくなった。もはや、口だけで飯を食うしかない」

本人は、そう言っていた。憲兵隊の拷問はすさまじいものだった。

憲兵隊は、(反乱した者たちの)名簿を欲しがっているが、湯徳章は、それに応じなかった。台南市の犠牲者が少なかったのは、そのおかげだ。

真の男とは、湯徳章のことである〉

夜を徹した憲兵隊の拷問も、徳章にだけは「通用しなかった」のである。

「誰だ! 名前を言え!」

憲兵の叫びは、虚《むな》しく取調室に響くだけだった。

徳章が軍事法廷に引き出されたのは、三月十三日午前十時のことである。

戒厳令下においては、すべての機関が戒厳司令官の指揮監督に服さなければならない。台南では、戒厳司令部の命令に基づき台南監獄において臨時軍事法廷が開かれた。

軍事法廷を構成するのは、戒厳司令部、憲兵隊、検察処、警察局である。それぞれから各一名が派遣された。

その中に台南地方法院台南検察局の張有忠《ちょうゆうちゅう》という検察官がいた。

軍事法廷が開かれる前に張有忠は、国民党軍の少佐にこんな説明を受けている。

「今回の台湾全島での反乱は、日本人とその手先によるものである。本省人と外省人を離間《りかん》させ、台湾全島を混乱に陥し入れ、われら中国人を不幸に突き落とす陰謀である。台南地区の治安維持のための委員会は、反乱を企てる組織だった。政府としては、絶対にその存在を許さない」

やはり、反乱の主犯は、「日本人」ということにしたかったことがわかる。

「治安組の組長である弁護士、湯徳章は、日本人であり、復員軍人を糾合《きゅうごう》して、反乱行為に従事してきたことは、軍警の調査により明白である。地区戒厳司令官に報告し、死刑に処する方針ですが、ご意見があれば、述べてください」

張有忠は、もともと台南地方法院台南検察局の検察官である。徳章のことは、もちろん、以前から知っている。

一九八七年八月に自費出版した『私の愛する台湾と中国と日本』の中で、この時のことを張有忠はこう記している。

〈私は臨時軍事法廷を開く前に証拠調べをしたか、本人に弁解の機会を与えたか等質問したが、とにかくあいつは悪い、事は急を要すると言うだけで私の質問に答えようとしない。これでは埒《らち》があかないと思って、私は意見を述べさせてもらいますと切り

出し、

「治安維持委員会は地区の有識者が自衛のため、手弁当で働いている団体であり、政府の力によって治安が回復されるまでの臨時組織にすぎない。決して叛乱《はんらん》を企図するものでないばかりでなく、政府に協力する有益な存在としての価値を認めなければならない。又日本人は蔣介石総統が宣明した以徳報怨《いとくほうえん》の大慈悲心に感謝感激しており、台湾社会を攪乱《かくらん》する理由もなければ必要もないと思われる。

なお湯弁護士の父は警察官として働いてきた日本人ではあるが、母及び本人は戸籍上正真正銘の台湾人であり、弁護士として台湾人の利益を守るため、日本官憲と渡り合って来た立派な人物である。彼は治安が乱れるのを見るに忍びず、同憂《どうゆう》の青年に推されて隊長になり、昼夜分かたず社会の秩序維持に東奔西走してきたことは、市民の等しく認めるところである。正規の裁判手続により詳しく調べた方が公平ではないでしょうか」

と縷々《るる》陳述したが、黙って聞いていた三人は何も言わず、しばらくして首席は休廷を宣言した。私は一殺警世のため、湯弁護士を槍玉《やりだま》に挙げる既定方針に違いないと直感し、あほらしいやら悔しいやら悲しいやらで落着かない自分を押えながら別室に行き、立て続けにタバコを吸った。腹が立つけれどもなす術《すべ》を知らない〉

徳章を「死刑に処す」方針は、あらかじめ決まっていたことがわかる。しかし、張有忠が、積極的に徳章の疑いを晴らすべく動いた形跡もなく、なぜ、悔しく、悲しかったのに別室へ行き、〈立て続けにタバコを吸った〉のか、〈腹が立つけれどもなす術を知らない〉と、そのまま〝放置〟したのかは、謎である。

台南監獄で隣の牢に入っていた先の楊燬昌は、張有忠に対して前述の台南市政府発行の『台南文化』に、こんな記述を残している。

〈当時、審判に参加した台湾人の検察官、張有忠は、台南県の柳營《りゅうえい》というところの一番の富豪、劉博鴻《りゅうはっこう》の娘婿であった。

その劉には三人の妾《めかけ》がいた。張有忠は、三番目の妾の娘を娶《めと》った。劉は、すでに年を取っていて、精神もだいぶ恍惚《こうこつ》となっていた。

ある時、張が劉に財産の処分について提案したら、その通りにした。

正夫人は、これでは自分に不利なことになるのではないかということで、財産の保全のため、湯徳章に台南の地方法院に劉博鴻の禁治産を宣告するように依頼をした。

その張が軍事法廷にいたから、湯徳章は「どうしようもないな」という無力感があった。張が、財産の禁治産のもう片方の当事者だからである。そういう因果関係があったから、湯徳章は死ぬ道から逃がれることはできなかった。ちなみに、徳章が亡くなった後、劉の禁治産は取り消された〉

軍事法廷を終えた徳章の隣の牢にいた楊熾昌は、徳章がいかに理不尽な「死刑判決」を強いられたかを伝える貴重な〝歴史の証人〟となったのである。

第十四章　「台湾人、万歳！」

平然とした態度

遠くからラッパの音が聞こえてきた。

哀しみをたたえたような音色《ねいろ》だった。

（なんだろう……）

十七歳だった蔡啓昌《さいけいしょう》は、音に誘われて、家から外に出た。台南市開山町の蔡の自宅は、孔子廟《びょう》や、かつての台南神社にほど近い。

一九四七年三月十三日午後——。

日本統治時代は、「幸町《さいわい》」と呼ばれた一角である。蔡が、南門路に出てみると、ラッパの音が近づいてきた。

(なんだ、これは……)

道路の真ん中を進んで来るくすんだ水色のトラックの荷台に、前後を国民党の兵隊に挟まれて、一人の男が乗せられていた。

哀愁を帯びたラッパを吹いているのは、荷台の前に乗っている兵隊だ。彼の吹くラッパの先が、運転席のうしろに見えた。

間近に迫ってくると、ラッパの音が蔡の鼓膜をより大きく震わせた。

いよいよ目の前だ。

蔡は、これが一体、何なのかまったくわかっていない。しかし、ゆっくりトラックが通過していく瞬間、すべてがわかった。

(これは、〝罪人〟だ。政府が、今回の騒動の犯人を捕まえたんだ……)

自分たち台湾人の中で、罪を被《かぶ》せられた人が出たことを、蔡は知ったのだ。

しかし、なによりも、目の前を通過していく、その〝罪を被せられた人〟の姿があまりにも鮮烈だった。

名前か何かを書いた板を背中に差し込まれたその男は、平然としていたのである。

まっすぐ前を見据え、ひょっとしたら微笑んでいたかもしれない。

うしろ手に縛られた男は、歩兵銃を持った二人の兵に監視されていた。しかし、青ざめていたのは、その兵隊の方で、本人は、まったく落ち着き払っていたのである。

そのシーンを八十五歳となった蔡啓昌は、流暢《りゅうちょう》な日本語でこう振り返った。

「あれは忘れられません。まったく動揺するようすもなく、平然としていました。あれが湯徳章さんだったということは、あとになって知ったことで、その時は、まったく知りませんでした。でも、本当に英雄的な姿でした。なんの動揺もなく、平然と前を見ていたんです。茶色の背広を着ていて、何かが書かれた板を背中に差し込んでありました。うしろに手を縛られていました。あのラッパの音と、平然とした湯徳章さんの姿は、本当に印象に残っています」

それは、十七歳の少年の生涯忘れられない記憶となった。

「あれは市民に対して、〝おまえたちも、政府に歯向《はむ》かったらこうなるぞ〟という示威行動でしょう。日本で言えば、市中引きまわしのうえ磔《はりつけ》獄門みたいなやつです。でも、それなのに湯徳章さんがあまりに堂々としていたので、それをすごく覚えているんです。トラックはゆっくり目の前を通り過ぎていきましたが、それでも、時間にしたら短いものです。今でも、あの光景は、鮮烈です」

それが「死」を目前にした人間の姿であるとは、誰にも信じられなかっただろう。

しかし、徳章は、八歳の時に父親を西来庵事件で失い、貧困の中で育ち、逆境の中でも必死で勉学に励み、東京で内地の秀才たちを向こうにまわして、ついに最難関の高等文官の司法科、行政科の試験に合格した男である。学歴もないのに、まさに、努力と執念で栄冠を勝ち取った台南の英雄である。

こんな愚かな国民党政府のやり方に、いちいち心を動かし、じたばたするような男ではなかった。とっくに、ここを〝死に場所〟と決めており、日本人として、そして台湾人として、恥ずかしくない「死」を迎えようとしていた。

蔡少年が衝撃を受けた徳章のその姿は、彼がこれまで歩んできた凄《すさ》まじい半生を知れば、当然に思えたに違いない。

この時、徳章の親友、あるいは仕事仲間も、トラック上の姿を目撃している。弁護士の黄天縦《こうてんじゅう》も、その一人だ。

悠然とまわりを見ていた徳章は、この時、黄天縦と目が合っている。

一瞬、手を挙げて、何かを叫ぼうとした黄に、徳章は、

(やめろ。動いたらダメだ！)

柔らかくおさえるように、トラックの上から目で合図をした。

黄天縦は、かろうじて思いとどまった。

親友を助けられないことが、黄は、悔しくてならなかった。

一九八七年八月に黄天縦弁護士は亡くなっている。その弟の黄天横《こうてんおう》は、台南市文献委員や台南文史協会理事を歴任した文化人である。二〇一五年七月、九十三歳となった黄天横は、この時のことをこう証言した。

「兄は、湯徳章さんと本当に親しくてね。なんといっても、同じ弁護士仲間ですからね。弁護士というのは、毎日、裁判所に出廷する時は、自分の番を待ってる間、一緒の部屋で、お互い話をしたり、仲良くやっているじゃないですか。兄は、特に徳章さんとは親しく、その縁で、僕も、徳章さんと会って話したことがありますよ。

徳章さんは、豪快で、同時にユーモアがある人、という印象ですね。僕が、台南の町で生まれ育った人間だと知ると、〝台南の人間は、俺たちの小便を飲み水にして育ったんだよ。俺たちは、子供の頃から（台南の水がめに）毎日、小便していたんだからな〟と言って、笑っていました。徳章さんというのは、そういう感じの人ですよ」

そんな徳章と兄は心を許し合っていた。

「兄から、徳章さんのことはよく聞きましたよ。立派な男だったと、言っていました。トラックの上の徳章さんを見たことも何度も聞きましたね。徳章さんがトラックに乗せられて市内をまわっていた時、兄は、徳章さんに向かって、手を挙げようとしたんですよ。すると、彼は、〝動くな。危ない！〟という感じで、目で合図をしてくれたらしい。それが、兄が徳章さんを見た最後になったんです。そのことを、兄は私によく話してくれましたよ」

死ぬ人間は、俺一人で十分だ——徳章の固い決意がうかがえるエピソードである（注＝黄天横氏は、取材翌年の二〇一六年五月、死去）。

妻・濫のもとに届いた報らせ

「大変！ ご主人が！」

徳章の妻・濫は、近所の陳家の夫人から〝異変〟を聞いた。

陳家の主《あるじ》、陳金象《ちんきんしょう》は、青果市場を経営していた台南の有力者で、同じ参議員仲間だ。徳章より七つも年下だが、果物の販売で財を成し、すでに台南市の商業組合の理事長でもあった。

参議員でもあり、かつ、近所でもあったため、徳章と陳金象は親しくなり、麻雀仲間となった。

徳章の麻雀の腕前には、定評がある。趣味と言えば「麻雀」というほどで、徳章は、麻雀が好きで、同時に強かった。陳金象は、徳章に麻雀の手ほどきを受け、すっかり麻雀の魅力に取りつかれてしまったのである。

家が近い二人は、休みのたびに雀卓を囲む仲間となっていた。陳金象は、徳章の〝カモ〟にされていたが、おかげで、妻同士も何かと相談しあう親しい仲になっていた。

参議員がほとんど一斉に逮捕されたため、陳金象も、徳章と同じく監獄に放り込まれていた。陳夫人も、濫も、お互い夫の行方を探し求めていたのである。

濫は、前々日の朝、参議会館に緊急に集まって欲しい、という連絡が来て、そのまま家を飛び出していった夫の姿を思い出していた。

「ちょっと、行ってくる」

夫は、いつものひと言を残して、自転車に跨《また》がって、出ていった。その後、軍が参議会館に突入し、そこにいた人間は全員逮捕された、と聞いた。

一体、どこに夫がいるのか、何もわからない。そのまま、じりじりと昼も夜も、一睡もできない時間を濫は過ごしていた。

息子の聰模は、こう証言する。

「私は、親父が最後に出ていった時は見ていないです。親父は四十歳で、人生でいえば一番、頑健な年頃ですが、あの時は、マラリアで衰弱していました。母に言った〝ちょっと、行ってくる〟という表現は、すーっと帰ってくるよ、という意味なんですよ。参議会の方向というのは、やや、なだらかな坂をのぼっていく感じなんですが、逆に帰りは、そのなだらかな下り坂をすーっと帰ってくるよ、ということなんです。マラリアがだいぶ回復してきていましたが、親父は、まだまだ本調子ではなかった。それで、帰りは、下り坂をすーっと帰ってくる、というニュアンスで、母にそう言っているはずなんです」

その時、徳章が休暇を取ろうとしていたことも、聰模は記憶している。

「参議会に呼ばれて、治安組長になっていましたが、親父は、身体の調子もまだまだなので、無理をしないで、田舎の方に療養に帰りたい、という気持ちを持っていたんです。それが、すぐに戻ってくるよ、という言い方になったのではないでしょうか。それを受けて、呼び出しを受けたのか、直接、呼びにきたのかはわかりませんが、親父は、電話で呼び出しを受けて、ちょっと、行ってくるよ、と言い残して出ていきました。そして、二度と家に帰ってきませんでした……」

出ていったきり帰らない夫の身上《みのうえ》を心配し、一睡もできない濫の耳に、「大変！

ご主人が！」という陳夫人の声が聞こえたのである。次の瞬間、陳夫人は、もう、真っ青な顔で、門から中に駆け込んで来た。

「ご主人が……ご主人が……早く！」

濫には、ラッパの音が聞こえていなかった。

しかし、西門路《せいもんろ》に面している陳家にはこれが聞こえ、慌てて家から飛び出した陳夫人は、トラックに乗せられた徳章の姿を目撃したのである。

処刑がおこなわれることを軍のトラックは触れまわっていた。こともあろうに、自分の「処刑」を、自宅のすぐ近くで触れまわったのである。当の徳章は、そのことをどう感じていただろうか。

陳夫人は、取るものも取りあえず徳章の家に走ってきたのである。家には小学二年生の息子の陳泰山《ちんたいざん》がいた。小さな子供をひとり、家に残していくわけにもいかず、陳夫人は泰山の手を引いて、走ってきたのだ。

濫は、陳夫人に手を取られて、家を飛び出した。

しかし、病弱な濫は、日頃走ることなどまったくない。足も思うようには動かず、焦る心に身体がなかなかついてこないのだ。

「早く！　早く！」

家を出て右に向かった濫は、現在の友愛街を右に折れ、円《マル》公園に向かった。

（夫が、そこで処刑される――？）

そんな馬鹿なことがあるはずがなかった。

夫はあんなに騒乱を鎮めようと、必死で動いていたではないか。

若者の命をなんとしても守らなければならない。そう言って、マラリアの高熱を押して、毎日毎日、出かけていたではないか。

褒《ほ》められこそすれ、罪に問われるようなことは何もしていない。それなのに、「処刑」とは、どういうことなのか。濫には、意味がわからなかった。

陳夫人の言うことを聞いて、濫の頭の中は混乱していた。夫の消息がやっとわかったと思ったら、それが「処刑」とは、あり得ないことだった。

しかし、必死の形相の陳夫人に引きずられて、倒れそうになりながら走った。

濫に思い当たることがあるとすれば、ひとつだけだ。

それは、夫が「台湾人」であると同時に、「日本人」でもあることだった。夫には、「台湾」と「日本」という、ふたつの故国がある。夫ほど台湾と日本の「絆」を表わす存在はいないだろう。

中華民国政府が気に入らないとしたら、そこに違いない。もし、〝見せしめ〟にするとしたら、夫の存在以上に都合のいいものは、ほかにはなかっただろう。

走りながら、濫の頭の中には、さまざまな思いが去来していた。

無情の銃弾

トラックは、日本統治時代に「大正公園」と呼ばれた「民生緑園」に到着した。台南市民が〝マル公園〟と呼ぶ、ロータリーである。ここには、第四代台湾総督の児玉源太郎の石像があったことから、ただ、「チオション（石像）」と呼ぶ人もいた。市の中心にあり、夕涼《ゆうすず》みをしたり、野外映画会が催されたりする、台南の人々にとって代表的な憩《いこ》いの場でもあった。

兵に引き立てられて、徳章はトラックから降り立った。

徳章がこの時、どんな思いでいたかは、もちろん、何の記録も残っていない。ただその泰然自若《たいぜんじじゃく》とした態度が、多くの台湾の人々の記憶にくっきりと残っている。

ひょっとしたら、徳章は、ある種の満足感を得ていたのかもしれない。筆舌に尽くしがたい拷問を受けながら、ついに「誰の名前も出さなかった」ことに対して、である。

拷問に耐えかねて、「湯徳章の父親は日本人だ。あいつが悪いんだ」と、証言した参議員もいた。しかし、徳章自身は、最後まで誰の名前も出すことはなかった。前途ある学生たちをはじめ、台南市民の「命」を守り抜いたというある種の満足感が、徳章にあったとしても不思議ではない。

だが中国人に対しては、すさまじい怒りを抱いていただろう。

あらかじめ中国人の残虐性を知悉《ちしつ》していながら、有効に避けることができなかった。今まさに、その残虐性が自分に向けられたことは想像どおりであり、徒手空拳《としゅくうけん》の一個人の能力などで、それに太刀打ちできるはずはなかった。

気がかりなのは、今後の台湾であり、残していく家族のことだ。こんな連中に負けて欲しくない。規律と秩序を重んじる法治国家としての道を歩んで欲しい。

それこそが、「死」に臨んで、徳章が祈ることだった。

台湾人の「人権確立」を目指した自分が、その人権を蹂躙《じゅうりん》され、「死」を迎えることは口惜しいことではある。

だが、長い歴史から見れば、この自分の「死」が、その「人権確立」の必要性を訴える大きな「礎《いしずえ》」となるかもしれないではないか。

自分の「死」は、無駄にはなるまい。

自らの死に臨んで、徳章の願いは、そこにあったかもしれない。

遠巻きに見守る台南市民に向かって、兵隊が徳章の罪状を大声で読み上げた。しかし、ほとんどの市民には、何を言っているかわからなかった。

どこの地方の出身かわからない兵隊が口に出す中国語が、台湾人にわかるはずがなかった。

ただ、その罪状の中に「日本人であること」が入っていることに気づいた市民もいた。

（日本人であることが〝罪〟なのか……）

そう心の中で呟《つぶや》く市民もいたのである。

その中のひとりに、李谷《りこく》という二十代の若者がいた。

李は、徳章が台南市南区の区長をしていた時代の部下のひとりである。李は、区役所の戸籍係だった。彼は湯区長に親しくしてもらい、妻の濫のことも知っていた。

それだけに、徳章の姿を見て、李の胸は押しつぶされそうになっていた。

（湯区長……）

あの戦後の混乱の中を堂々と上級庁と渡り合っていた湯区長の姿は、若き職員にとって、忘れられるものではなかった。

恐れを知らない男――区の職員は、湯区長のことをそう思っていた。誰が相手であろうと、自分たちの権利をきちんと伝え、しかも、譲歩する時は、それも惜《お》しまない。職員とは区民に対する「奉仕者」であるという根本を、きちんと教え、諭《さと》してくれたのも、湯区長だった。

コレラが発生した時にも、区民の命を守るために湯区長がどれだけ東奔西走したかを、李谷は知っていた。

その尊敬する人が、今、処刑されようとしているのに、自分には何もできないのである。

李谷は、そのことが情けなかった。そして、悔しくてならなかった。

兵士は、うしろ手に縛られたままの徳章の目に布で目隠しをしようとした。

「やめろ!」

突然、徳章が大音声を上げた。

(えっ)

あまりの大きな声に、遠巻きに見ていた人々も目を見開いた。それまで静けさをたたえていた人物が、やにわに恐ろしいほどの迫力を発したのである。

毅然《きぜん》として立つ姿からはわからないが、徳章の全身には激しい打擲と何本もの骨折がある。しかしその身体的損傷を凌駕《りょうが》する気迫が、人々を驚かせたのだ。

ねずみ色の軍服を着ていた兵隊は、思わず、動きを止めた。

一瞬、あとずさりした兵は、ならば、木に縛りつけようとした。兵が、徳章の腕を摑もうとした刹那、徳章は、うしろ手に縛られているにもかかわらず、それを猛然と振り払い、また、

「やめろ！」

そう大声を上げた。

寄らば斬るぞ！　そんな殺気立った徳章の迫力に、兵の方が怯《ひる》んだ。

逆上した兵隊は、ついに三人がかりで徳章を跪《ひざまず》かせようとした。しかし、

「おりゃあ！」

柔道で鍛えた身のこなしと発声で、徳章は、三人をまたしても振り払った。

衆人環視の中で、兵たちは、完全にコケにされたのである。

怒り狂った兵たちは、銃床で徳章に殴りかかった。

手をうしろで縛られたひとりの男を、大の男たちが必死で殴りつけたのだ。兵は、やっと徳章を倒すと、今度は、蹴《け》り始めた。動揺した兵たちが徳章を踏みつけている姿に、人々は茫然となった。

すると、徳章が立ち上がった。

目に〝怒り〟と〝憐《あわ》れみ〟をたたえていた。

その時だった。

「私を縛りつける必要はない！」

徳章が、またも大音声を発した。天まで届こうかという声だった。

台湾語である。

兵たちに、台湾語はわからない。兵に向かって語っているのではないのだ。明らかに、事態を見守っている台湾人に、徳章は言葉を発していた。

もう動くこともできなくなった民衆は、ただ、次の徳章の言葉を待った。

「目隠しも必要ない！」

李谷は、息を呑《の》んで、徳章の姿を見ていた。怖気《おぞけ》立《だ》つような気迫だった。

本来、兵たちに言うべき言葉を、なぜわざわざ民衆が理解できるように言っているのか。その理由は、兵にも、また、民衆にも、わからなかっただろう。

さらに、次の言葉が発せられた時、人々は「えっ」と驚いた。

「私には大和《やまと》魂《だましい》の血が流れている！」

木に縛りつける必要もなければ、目隠しをする必要もない。なぜなら、自分には、

〝大和魂〟の血が流れているからだ――。

それは、鬼気迫る魂の叫びだった。死ぬ間際の人間が、台湾語で民衆の魂に投げかけたのだ。そして、徳章は、こうつづけた。

「もし、誰かに罪があるとしたら、それは私一人で十分だ！」

驚きと感動で人々は言葉を失っていた。

目の前にいる死を目前にした男は、自分一人が罪をかぶって死んでいく、だから心配するな、と言っているのである。

こんなやつらに負けるな！　と、われわれ同胞に伝えようとしている。そのことを人々は魂で受けとめたのである。

（…………）

皆、無言だった。言葉など、発せられようはずがなかった。自らの「死」をもって、自分たちにメッセージを発しているのである。

罪を負うべきは日本人一人に任せればよい、台湾人からは罪人（犠牲者）を出す必要はない、私はそれを承知で死んでいくのだから、皆もそう理解して、無駄死《むだじに》はしないでほしい。私に日本人の血が流れていることで、犠牲者を私一人で済ますことができるのであれば、むしろ幸いなことではないか。

これこそが大和魂の死にざまなのだ、と。

しかし、次の言葉は、人々の心をさらに揺さぶるものだった。

徳章は、一転、今度は「日本語」で、こう叫んだのである。

「台湾人、バンザーイ!」

それは、とどめの言葉となった。

もはや疑いようがなかった。この処刑されようとしている男は、自分たちに、

「こんなやつらに絶対に負けるな。誇りある台湾人よ、万歳!」

そう言っているのである。

それにしても、なぜ、最後が「日本語」なのか。

台湾人であり、同時に、日本人でもあった徳章が、生涯の最後に発した言葉は「日本語」だったのである。

その時、銃声が轟《とどろ》いた。

パーーーン
乾いた音が、民衆の耳に響いた。

(あっ)

徳章の身体を無慈悲な銃弾が貫いたことがわかった。それが、最初の一撃だった。

パーーン

二発目の音がした。民衆は、あたかも、自分が撃たれたかのように息を止めた。

徳章は、立ったままだった。二発の銃弾を受けても、それでも、徳章は立っていた。

（………）

民衆は、信じられないものを見た。人間の気迫というものは、死ぬときにこそ、発揮されるものなのか。

徳章が歩んできた不屈の人生は、国民党軍の銃弾ごときで、閉じさせられるものではないのだろうか。

李谷は、もう、目を覆いたくなった。しかし、見なければならなかった。

かつての上司であり、神々《こうごう》しささえ感じさせる、ひとりの男の姿を見て、彼は絶対に目を閉じてはいけないと感じていた。

パーーーン

その時、三発目の銃声が鳴った。

銃弾は、徳章の眉間《みけん》に命中した。

ゆっくり、徳章の身体が倒れ始めた。

それは、スローモーションでも見るかのようだった。

徳章の身体は、ゆっくり、ゆっくり、倒れていった。巨木が倒れていくような錯覚を李谷は、おぼえた。

（なんという勇ましさか……）

知らないうちに胸の前で手を合わせていた李谷は、この凄惨《せいさん》な現場に立ち会いながら、湯徳章という人物と生前、いくばくかの関わりを持てたことに、誇らしさが溢《あふ》れてきた。

そして、日本語で最後に叫んだ「台湾人、バンザーイ！」という言葉の意味を考えていた。

七十九歳になった時、李谷は、台南県文化局が出版した『南瀛《なんえい》二二八誌』（徐叔君著）に貴重な証言を寄せている。そこには、こう書かれている。

〈銃殺のその日、現場には多くの人がいた。私たちはその場にいて、心は乱れていた。銃殺の前、兵士は布で彼の両目を塞《ふさ》ごうとしたが彼はそれを拒んだ。兵士はまた、彼を木に縛りつけようとしたが、彼はこれも拒否した。彼を跪かせようとしたところ、これまた彼は跪かなかった。兵士は力まかせに彼を蹴りつけて跪かせ、更に踏みつけ、銃の台座で彼を殴った。湯弁護士は、

「私を縛りつける必要はない。目隠しをする必要もない。なぜなら、私には大和魂の血が流れているからだ。もし、誰かに罪があるとしたら、それは私一人で十分だ！」

と言い、続けて日本語で、

「台湾人、万歳！」

と高らかに叫んだ。

この後、兵士は銃を撃った……最初の一撃、そして二発目を撃っても、彼は倒れなかった。そして三発目の銃弾で彼はようやく倒れた。

何と勇ましいことだろう！

彼の妻と妻の兄弟が進み出て白布で身体を覆おうとしたが、中国軍は銃剣でその白布を切り裂き、家族を彼に近づけさせなかった。人々の見せしめにしようとしたのだ。遺体を収容することも許可せず、その場に数日間放置させられた。

彼は真に台湾を愛した人であった〉

崩れ落ちた濫

ピャーン

ピャーン
ピャーン
形容しがたい音が、三発、濫の耳に聞こえてきた。

「ああ……」

その瞬間、濫は、崩れ落ちてしまった。

陳夫人と共に、林百貨の角まで、ようやく来たところだった。公園までは、あと二百メートルほどだ。

身体の弱い濫は、陳夫人に手を取られて走ろうとしたが、どうしても無理だった。息せき切って、必死に、もがきながら、やっとここまで来たのだ。

その時、とても銃声とは思えない〝ピャーン〟という音が、響いてきたのである。距離が離れれば、音は変化する。空気を震わせて伝わる銃声は、現場から距離をおけば、まったく異なる音となるのである。

しかし、愛する夫が撃たれた音だということが、その瞬間にわかったのだろう。体力の限界まで走ってきた濫は、その場に崩れたまま、動けなくなった。

この時、小学二年生だった陳泰山は、二〇一五年には七十七歳となった。母に手を引っ張られながら、一緒に走った〝あの時〟のことを、今も忘れられないでいる。

「お母さんが〝早く、早く、湯さんが銃殺される！〟と、湯さんの奥さんを連れて走ったんです。いや、走ったというより、歩いたと言った方がいいかもしれません」

陳泰山は、幼い頃の記憶をそう辿った。

「三人がね、もうずうっとですよ。まず、友愛路を行ってね。途中、左に曲がって、やっと林デパートのところまでやって来たわけです。そこで、銃声を聞いたんです。三発です。それが、パーーーンという音ではなくて、ピャーン、ピャーン、ピャーンという音だったんです。あの音は忘れられません。その時、湯さんの奥さんが、倒れてしまって、もう、歩けなくなったの。それまでは、一生懸命、歩いたけど、ついに、動けなくなってしまいました」

やっとのことで公園に辿りついた泰山が記憶しているのは、「とにかく血をいっぱい見ました」ということだった。

「現場を見たんです。あまり近くには寄れないですけれども、死体を見ました。血がたくさん出ていたのを覚えています。人もいっぱいでした。小さいから、人の間から見えました。その時、湯さんの奥さんがどうなったかは、まったく記憶から欠落しています」

小さな子供にとっては、凄惨な処刑現場は、それほどショックだったのだろう。陳泰山が覚えているのは、その後、釈放された父親が語った言葉である。

「お父さんは、当時、何も言わないです。でも、釈放されたあと、お父さんは、参議員を辞めました。それで、商売に専念して、台湾バナナを日本に輸出することを始めたんです。湯さんがすべての責任を負ってくれた、と言っていました。湯さんは偉い、と。二人はすごく仲がよかったですからね。〝すべての罪は、私一人に絞ってください。他の人は関係ないから釈放してください。殺すなら、私一人だけにしなさい〟と、湯さんは言ったそうです。お父さんは、そう言っていました」

忌まわしい処刑の記憶は、公園へ母と一緒に必死で走った事実と、父の言葉と共に、陳泰山の胸の奥に深く刻まれたのである。

先の蔡啓昌も、トラックの上で平然としていたあの人物が「処刑された」と聞いて、公園に駆けつけている。

「当時、公園には、まだ児玉源太郎の石像があったような気がします。遺体は、その像の前の方にありました。彼が殺されたうしろに大きな木があったんですよ。遺体は、仰向けで、引きまわしの時に見た背広のままでした。遺体から五、六メートルぐらいのところに人だかりができていました。遺体には、何もかけられていなかった。眉間のあたりに穴が開いていたような気がします。衝撃でした」

時を経て、蔡少年は次第に、自らの「死」に平然と立ち向かったこの人物のことを考えるようになった。

「私は、湯徳章さんは、二二八事件に参加した人をかばって、一人でかばってね、そして殺された人だと思っています。今でいうと〝忠勇《ちゅうゆう》〟です。湯徳章さんは、大和魂の人なんです。どんなに苦しくても、誰の名前も言わなかった。多くの人を、自分の命をもって、かばった。もし、湯徳章さんが言えば、多くの人が銃殺されていたでしょう」

でも、それだけではありません、と蔡はこう語るのである。

「二二八事件の時、台湾人が中国人を見ると、殴りかかったり、喧嘩《けんか》みたいなことがあったでしょう？　その時、湯徳章さんは、中国人を助けるために、台南におる中国人を集めて、隔離させたんですよ。今の体育場のあたりに、中国人を集めたんです。前は青年団の訓練所だったところです。その広いところに集めて、中国人を助けている。いがみ合うことはだめだと、中国人も助けたんです。そして、自分の命を捧《ささ》げて、今度は台湾人も助けた。それが、湯徳章さんです。私は、その人の遺体をこの目で見たんですよ。その時、私は、まだ十七歳か十八歳だった。湯徳章さんは、本当の勇気の人でした……」

多くの人に、強烈な記憶と感動を残して、湯徳章、日本名・坂井徳章は、逝《い》った。それは、台湾に命を捧げた父・徳蔵の死から、三十三年目のことだった。

徳章の死は、台南市民の心に哀しみと、同時にはかり知れない財産を残した。

徳章の残した「言葉」と、最期に示した「態度」は、台南市民の記憶の奥に深く刻み込まれ、長くつづく蔣介石による〝白色《はくしょく》テロ〟の時代も秘かに語り継がれるのである。

そして、半世紀のちに、徳章は、まさに忽然《こつぜん》と〝復活〟を遂げるのである。

第十五章　正義と勇気の日

それでも挫けない

公園に三日間、晒《さら》された父の遺体は、自宅には帰ってこなかった。台南では、外で亡くなった人を家に戻すということを避ける慣習があったからだ。

十三歳の湯聰模には、まだ「父の死」という現実を受け止めるだけの力はなかったに違いない。

母・濫は、父の遺体を綺麗《きれい》に洗い清めてから棺に入れ、お墓へ運んだ。聰模は、ちらっと父の死に顔を見たが、それ以上は棺に近づくことはできなかった。

当時は、火葬の習慣もなかったため、そのまま土葬として墓に納められた。

遺体が公園で晒されていた時、母が「遺体にこれを掛けさせてください」と言って、毛布を持っていくと、国民党軍の兵士は、それを許さず、遺体の顔にたかっている蠅《はえ》を手で追い払って、

「こうすればいいだろう?」

と顔全体に砂をかけたという。あとになって母からそのことを聞かされた時、聰模は、怒りに身体が震《ふる》えた。

人間に対する畏敬《いけい》の念や、生命というものへの憐憫《れんびん》の情を持たない、そんな者がいることを聰模は、初めて知ったのである。

しかし、その時は、彼らがいかに台湾全土で凄惨な殺戮をおこなっていたかを、聰模はまだ理解していなかった。

第二十一師団が上陸した高雄と同様、基隆でも、目を背けるような事件が起こっている。

街角に検問所がつくられ、北京語をうまく話せない台湾人が逮捕され、針金で手のひらを刺し貫かれた。そうして束《たば》ねられた本省人たちは、「粽《ちまき》」と称されて、基隆港に投げ込まれたのである。

かろうじて生き残った人間によって伝えられたこの事実は、台北二二八紀念館に傷を負った生存者の手の写真と共に、今も展示されている。

二二八事件では、多くの裁判官、検察官、弁護士、医師、新聞記者、官僚……等々、日本統治時代の「知識階層」が狙い打ちされた。徳章のように、逮捕、拷問の末に殺害された者は少なくなかったのである。

事件による全犠牲者の数は、いまだに確定しておらず、全島で二万から三万と言われている。

戒厳令がその後、三十八年も敷かれた台湾では、言論と思想の自由は許されず、〝白色テロ〟の時代が長くつづいた。その間も、民衆は弾圧され、多くの〝罪なき人〟が戒厳令下で命を奪われていったのである。

二二八事件研究の第一人者として知られる李筱峰《りしようほう》・国立台北教育大学台湾文化研究所専任教授は、こう語る。

「二二八事件には、台湾人が当時の中国国民党の腐敗した台湾統治に反抗したことが、無差別虐殺を引き起こしたという部分と、国民党の統治者がこの機会に乗じて〝計画的に〟台湾各地のエリートを捕らえて殺害したという部分の二つの面がありました。湯徳章さんをはじめ、全島各地の数多くの各界エリート名士は、いずれも三月九日からほぼ一か月という同じ時期に逮捕、殺害されています。つまり、彼らの多くは、暴動に関わっていないにもかかわらず、計画的に〝謀殺〟されたのです。こんな大規模な政治テロと粛清をおこなわせることができたのは、蔣介石ただ一人でした」

軍を台湾に派遣する際、蔣介石は陳儀に〝報復を厳禁する〟という電文を送っていたが、それは、蔣介石の「本心ではなかった」ということになる。

「一九九二年に、事件当時の警備総部参謀長、柯遠芬《かえんふん》がアメリカでインタビューを受け、〝あの当時、一切の措置は蔣介石の指示によっておこなわれた〟と語っています。のちに陳儀は、共産党に通じたことで処刑されますが、ほかの当事者は、皆、昇進と賞賛を受けています。あの高雄大虐殺を実行した高雄要塞司令・彭孟緝も、二度にわたって褒賞を受けています。多くの当事者が、昇進を果たし、蔣介石に重用されたのです。蔣介石自身が、全島各地の各界エリートを一掃しようと考え、それを実行させたことがわかります。つまり、蔣介石には台湾社会のエリートに対する逮捕殺害計画があったということです」

徳章をはじめ、多くのエリートたちは、蔣介石の台湾統治のためのいわば、〝生贄《いけにえ》〟にされたのである。

参議会館で逮捕されたのち、トラックの上から脱走した郭振純は、その後も台湾の自由のために闘いつづけた。一九五三年に政治犯として逮捕され、無期懲役判決を受け、二十二年間の獄中生活を経て、一九七五年に出獄。九十一歳の現在も、新北市の「景美《けいび》人権文化園区」の語り部として、活動をつづけている。

十八歳の時に二二八事件に参加した鍾紹雄もまた、その後の人生で過酷な政治犯としての生活をおくっている。事件後、二年間ほど各地を転々としたが、一九五〇年に逮捕され、十四年間の獄中生活をおくり、その間、仲間が処刑のために出ていく姿を何度も見送った。なかには日本語の歌を歌って出ていく者や、「台湾独立万歳！」と叫んで出ていく者もいた。みな、平然として、堂々としていた。鍾は、出獄後、貿易会社に勤め、その後、宝石研究所を立ち上げた。その宝石についての論文が中国政府の要人の目に留まって、北京の中国地質大学副教授に招かれたこともある。現在は、台北で悠々自適の生活をおくっている。

台南工学院の学生リーダーのひとり、元陸士五十九期の林宗棟（日本名・森本憲一郎）は逮捕され、処刑の危機に直面した。しかし、徳章が学生リーダーをはじめ、誰の名前も出さなかったことで、台南工学院で逮捕された人間に犠牲者が出ることはなかった。一九五二年に結婚した林宗棟は、その後、香港に行き、紡績会社に勤めた。

香港在住の長女・林洋洋《りんようよう》（六二）はこう語る。

「父は、四人子供をもうけましたが、男子はおらず、女性だけです。結婚後、台湾を出て、香港に移りました。二二八事件で逮捕された際は、祖母や親戚《しんせき》がいろいろな伝手《つて》を頼って、釈放のために奔走したと聞いています。湯徳章さんが、若者の命を助けるために、処刑されたことは、父は、当然、知っていたと思います。しかし、父は、私たち子供には、事件のことなど一切、話しませんでしたので、なにもわからないんです。

二二八事件や、その後の白色テロの時代の出来事は、当時の台湾の優秀な青年たちの人生に大きな影響を与えたと思います。父は紡績会社のエンジニアとして香港で働きました。父が病気で亡くなったのは、一九九八年のことです。父は非常に責任感が強く、正直で、多くの人から尊敬を集めていました。得難《えがた》い父であったと思います」

台南での二二八事件に参加した若者も、その後の人生は明暗が分かれたのである。

戒厳令下で、長くタブーとされてきた二二八事件を、人々が自由に語ることができるようになったのは、本省人である李登輝総統の政権が安定してきた一九九〇年代になってからのことだ。

事件で父・徳章を失った湯聰模が二二八事件の全貌《ぜんぼう》を知るのには、四十年以上の歳月が必要だったのである。父のおかげで、台南だけ犠牲者が異常に少なかったことがわかったのも、ずっとのちのことだった。

父を失ったあとの湯家は、文字通り、灯が消えたようになった。聰模にとって不思議だったのは、家で飼っていた動物も「いなくなった」ことだ。

「親父が好きで飼っていたシェパードも、猿も、オスとメスの猫も、すべていなくなったんです。お猿さんは、家の中の垣根のところに、お客さんが来ても飛びつけない一メートルぐらいの範囲で自由に動けるようにして飼っていたんです。ところが、不思議なことに、親父の死を知ったのかどうか、全部がいなくなったんです。すべて煙となって、消えていったみたいでした。なんだか怖かったです」

去っていったのは、動物だけではなかった。湯家にかかわることで当局に睨《にら》まれることを恐れた多くの友人、知人が去っていった。収入も断たれ、困窮の生活が始まった。

「家にはたいして蓄えがなく、また母は身体が弱く、いろいろな内臓が良くないんですよ。低血圧でもありました。ただ幸いに、インドネシアの方から戻ってきた人から、母は、ミシン刺繡《ししゅう》を習ったんですよ。それで少しばかり生活費を稼ぎました。親父が亡くなった後は、ミシン刺繡の稼ぎだけです。母は、飾りのための刺繡もやっていました」

それでも、温かい人々が湯家を支えた。

「親父と一緒に参議員をしていて、同じように逮捕された蔡丁贊《さいていさん》さんは、その後、ずっと援助をしてくれました。この方は、のちに台南市の市議会議長になりました。東京の昭和医専を卒業した耳鼻咽喉《いんこう》科のお医者さんでした。一年に何回か、大きな袋にお米をたくさん頂いて、面倒を見てもらいました。今でも感謝の気持ちで一杯なんですが、この方が亡くなったのを知らなくて、お線香を上げにも行くことができませんでした。それが、心残りです。親父が面倒を見ていた人の中には、親父の死後、〝もうかかわりを持つことができない。申し訳ない……〟と、わざわざ言いに来る人もいました。多くの人が去っていきましたが、蔡丁贊さんは違っていましたね」

世間の冷たさと温かさを両方、経験しながら、聰模は大人へと成長していった。

父親が、あれだけ壮烈で、毅然《きぜん》とした死を遂げたのだ。その息子が恥ずかしい生き方など、できようはずがなかった。

「本来進学するつもりもなかったのですが、学費もいろいろ助けてもらって、進学しました。友だちが何人かでお金を集めて互助会みたいなものをつくってくれて、少額でも、いろいろ助けてもらいましたよ。それでも、学費が足らなくて、学校に休学を申請して、アルバイトをしながら、学費を捻出《ねんしゅつ》しました。アルバイトは、県とか市に

〝商会〟と呼ばれる組合みたいなものがあるのですが、そこの小僧をやったんです」

聰模は、こつこつと勉強をつづけ、貧困の中でも台南工学院附設工業学校へと進み、エンジニアとなったのである。

当局の監視の下で

湯一族への監視は、厳しいものだった。

その一端を語るのは、当時、台湾大学の経済学部に通っていた湯世鐘《とうせしょう》である。世鐘は湯家側の縁者にあたり、大学に入る時に保証人を徳章にお願いしていた。徳章が、処刑されたあと、世鐘はすぐに大学当局に呼び出されている。

「大学の教官に呼び出されて、〝君は湯徳章とどんな関係だ〟と聞かれました。〝私の保証人です〟と答えると、それだけで有無を言わせず、一週間、監禁されました。教官たちが住んでいる家がありましてね。そこの外から鍵《かぎ》がかけられる部屋に監禁されたんです」

湯世鐘は、八十八歳となった二〇一五年夏、筆者にこう証言した。

「そこは、机もトイレもあって、要するに人を閉じ込めるための部屋でした。その部屋で、取り調べもまったくないまま、一週間、監禁されたきりでした。私は、憤慨してね。こんなところで勉強なんかできるか、ということで大学を辞めました。（徳章は）僕にとって、一番好きで、尊敬していた〝叔父〟ですからね。もう、なにもかも、虚《むな》しくなって、辞めてしまったんですよ」

世鐘にとって徳章は、あらゆる意味で尊敬できる存在だったという。

「私は、日本の熊本大学に合格したんですが、終戦で日本に行けなくなって、それで台湾大学に編入したのです。叔父は、よく頑張ったな、と喜んでくれました。叔父は、私に子供の頃から、いろいろなことを教えてくれました。人間は正直でなければいけないということで、昔の偉い人の話もよくしてくれました。叔父は、英雄の中でも西郷隆盛が好きでね。西南戦争の時、自分の立場も考えずに、若者たちと一緒に立ち上がって、〝義〟のために自分の身を犠牲にして、死んだわけですよね。西郷隆盛の生き方が叔父は特に好きでした。僕も西郷隆盛が大好きになりました」

尊敬していた徳章が殺され、世鐘は、なにもかも嫌になってしまったという。

「もう、居ても立っても居られなくてね。怒りが抑えられなくて、大学を辞めて台南に帰ってきたんです。人生が変わりましたね」

貿易会社に勤めた湯世鐘は、独立して新たな貿易会社を経営し、人生をおくってきた。

世鐘にかぎらず、一族は、嫌でも国民党特務の監視を受けることになる。

徳章の姉・柳の四男、陳聰深《ちんそうしん》（八五）は、こう語る。

「うちの一番上の兄・聰一は、獣医でしたが、〝思想に問題がある〟と言われて、苦労しました。調査員がたびたび取り調べに来るんです。そういうことがあると、まわりの人に敬遠されますからね。摘発を逃れるために山の方に行ったり、いろいろ居所を変えたんです。三男の聰欽は、高雄で小学校の教員をやっとったんですが、やはり、監視されていてね。親しい友だちから、〝注意しろよ。関係のある単位から目をつけられている。用心しろよ〟と言われていました。私自身も、〝おまえの兄貴、用心した方がいい。調査隊の調査員に目をつけられているぞ〟と、言われましたよ。いろんなところで、監視の対象になっていたんだと思います」

調査をするために近づいているのか、それとも本当に友だちなのか。いずれにしても、なにかにつけて調査隊の関係者が〝接近〟してきたという。

一族は、いつも当局の目を意識して暮らさざるを得なかった。

湯聰模は、エンジニアとして電機系の会社に勤め、やがて、日系企業に転職し、その台湾法人の幹部として活躍し、定年まで勤め上げた。家庭では、二男二女に恵まれ、孫も六人となった。

湯家のそれぞれの子供や孫たちも、教師、エンジニア、警察官、医師、証券マン……等々、さまざまな分野で活躍している。彼らは、徳章の「死」を決して忘れず、それぞれの持ち場で努力し、懸命に働いてきたのである。

「負けてなるものか」

その思いが一族に脈々と受け継がれているのは、壮烈な人生をおくった徳章の影響であることは間違いないだろう。

「湯徳章紀念公園」

一九八七年七月十五日、三十八年間つづいた世界最長の「戒厳令」が蔣経国《しょうけいこく》総統によって解除された。

国民党による一党独裁体制の下、政党結成の自由もなかった台湾で、前年に発足していた民主進歩党（民進党）も合法化され、台湾は新しい時代を迎える。

一九七五年に死去した父・蔣介石に代わって台湾を率いてきた蔣経国は、後継に本省人である李登輝を指名。一九八八年一月、蔣経国の死によって、李登輝政権が発足した。

当初、李登輝は国民党の外省人の有力者たちの中で政権運営に苦労したが、兪《ゆ》国華《こっか》、李《り》煥《かん》、郝柏村《かくはくそん》といった大立者を行政院院長（首相）に据えたのちに失脚させていくという〝静かなる革命〟を断行し、次第に権力を掌握していった。

李登輝政権下で急速に思想と言論の自由化が進む中、長くタブーとされ、語ることも許されなかった「二二八事件」の真実は、明らかになっていく。

一九八九年には、二二八事件を扱った映画『悲情城市《ひじょうじょうし》』が公開され、ヴェネツィア国際映画祭の「金獅子賞《きんじし》」を受賞。国際的にも、次第に二二八事件は認知されていくのである。

日本の電機メーカーの台湾法人の総経理（社長）となっていた湯聰模のもとに突然の連絡が入ったのは、父・徳章の死から五十一年が経過した一九九八年のことである。

新しく台南市長に就任した民進党の張燦鍙《ちょうさんふう》の意向によって、父の処刑現場となった公園である「民生緑園」を名称変更し、「湯徳章紀念公園」にするという連絡だった。

（あそこが、「湯徳章紀念公園」に？）

それは、六十四歳となっていた湯聰模にとって、青天の霹靂《へきれき》とも言うべきニュースだった。

半世紀以上前の哀しみの出来事——それは、聰模の生涯で、片時も忘れられるものではなかった。

祖母・玉は、父が死んだちょうど十年後の一九五七年に、そして、母・濫も、その九年後の一九六六年に亡くなった。二人とも、父・徳章が死んで以降、失意の中で、人生をおくったことを聰模は目のあたりにしている。

祖母・玉の葬儀に、あの参議員として、ともに治安組として戦った許丙丁から花輪が送られていた。

その花輪に記されていた文章に、参列者は、目を留めた。台湾の葬儀における花輪には、メッセージも書くことができるのである。そこには、

〈あの世で子供に会えて、十年の思いを晴らすことができましたか〉

そう記されていたのである。

亡くなった日は十月三十一日で、皮肉にも、ちょうど蔣介石の誕生日だった。徳章の死後の母・玉の憂いの日々を慮《おもんぱか》った許丙丁の心情溢《あふ》るる花輪だった。

夫の死後、肉と魚を断ち、菜食《さいしょく》しかしなくなった徳章の妻・濫は、わずか五十三歳

で、世を去った。病身だった濫は、この世から消えてなくなるような静かな旅立ちだった。

聰模にとって、その母の死からも、長い歳月を経た末の〝突然の連絡〟には違和感があった。

「父の死」に関して、聰模は、心を閉ざして生きてきた。父が生き返るはずもなく、また、歳月を経たからといって、その時代の情勢によって、事件自体が利用されることが嫌だったのだ。

聰模は、なるべく感情を動かさず、淡々と生きてきた。それが、処刑された〝罪人〟の子として、知らないうちに身につけた生き方だった。

だから連絡をもらった時の聰模には、正直、「今頃になって、一体、なぜ?」という思いが涌き起こったのだ。

聰模は、こう語る。

「張燦鍙さんが台南市長になったのは、一九九七年十二月のことでした。それから間もなくの一九九八年の二二八紀念日に、公園の名前を民生緑園から『湯徳章紀念公園』に変えたいということでした。親父の胸像を建てて紀念とする、ということも伝えられました。当時、私は台北に近い桃園《とうえん》というところにいました。どうしても来て欲しい、と言われたので、そこから台南まで行って、記念式典に出ることになったんです」

聰模は、ひとりで出席するのが躊躇《ちゅうちょ》されたので、兄の聰深と二人で行くことにした。

あの父の処刑現場となった台南中心部の通称〝マル公園〟は、戦後、「民生緑園」と名称変更がなされ、その後の半世紀の歳月によって、父の惨劇を知る人は少なくなっていた。

一九九八年二月二十八日朝九時、聰模と聰深が公園に着くと、ゆうに百人を超える人々がすでに集まっていた。

二人は、誰に挨拶《あいさつ》するでもなく、人々のうしろの方で目立たないように、そっと立っていた。見ると、公園の端に、白い大きな布で覆われた「何か」があった。おそらく父の胸像に違いない。

市長が部下に命じて、自分を探していた。そのことに気づいた聰模は、名乗り出て、初めて張燦鍙市長と面会した。

張市長は、聰模に気づくと、歩み寄って来た。集まっていた新聞記者たちも、聰模の存在に気づいたようだ。

「今日はわざわざ来ていただいて、ありがとうございます」

張燦鋆市長が語りかけてきた。
「こちらこそ、ありがとうございます」
聰模が挨拶を返すと、張市長は聰模の手をぐっと握ってきた。強い力だった。
聰模も強く握り返した。それでも市長は、なかなか手を離そうとしない。そして、
「ご苦労されましたね……」
万感の思いを込めて、そう言ったのである。
（えっ？）
聰模は一瞬、言葉に詰まった。
市長の掌《てのひら》から、心からのねぎらいの気持ちが伝わってきた。
（ああ、この市長は、本気でうちの親父のことを思ってくれていたんだ……）
手を強く握られたまま、聰模は、市長の思いを初めて知った。
就任早々、彼は、この計画を決め、実行に移したのだ。市長が、いかにこの地を
「湯徳章紀念公園」にすることを願っていたかを聰模は、わかったのである。
（親父を顕彰することに、この人は強い使命を感じてくれていたのだ……）
聰模に、市長への感謝の思いがこみ上げてきた。
聰模自身は、父のことを褒められても、あるいは、逆に、貶《おとし》められても、これまで

心を動かすことは決してなかった。

　非業の死を遂げた父が、立派であったことは自分が一番わかっている。父に対する評価や思いは、自分の中できちんと持っており、それが、「すべて」だった。だから、時代によって評価が変わることは、むしろ腹立たしく、そのたびに心を動かされるようなことを、聰模はしたくなかった。それで、自分の四人の子供たちにも、「湯徳章」、つまり彼ら、彼女らにとっておじいさんのことを、取り立てて教えることもないまま、それまで生きてきたのである。

　しかし、張市長に強く手を握りしめられたまま、取り囲む新聞記者たちから、

「今のお気持ちはいかがですか」

　とコメントを求められると、父は自分だけのものではないことに、初めて思い至ったのである。

　質問にどう答えたのか、聰模には記憶がない。ただ、父のことを忘れていない、いや、忘れてはいけないと思う人が、「父の死」から実に半世紀を経ても現に存在していることに、固く閉ざしてきた心が開かれていくのを感じた。

　今日のこの日を迎えるまで、張市長にはどんな妨害があったのか、そして、どんな苦労があったのか、そのことが、聰模の頭に、ふと、浮かんだ。

きっと国民党は、反対したに違いない。どんなことをしても阻止しようとしたのではないか。しかし、張市長は強い意志でそれを撥《は》ねのけたのだろう。

父に関するものを残すべきであるとか、残したいという希望を、かつて一度も持ったことがなかった聰模だが、初めて、それを成し遂げようとする人たちの存在と、その気持ちを知ったのである。

張市長の思いに触れ、記念式典に参加した人々の姿に目をやるうちに、聰模は、なにか清々《すがすが》しい思いに満たされた。

（ありがとうございます……ありがとうございます……）

聰模は、心の中で張市長へのお礼を繰り返していた。

「正義と勇気の日」は何を表わすのか

それからさらに十六年の歳月が流れた。

二〇一四年三月十三日。

台南市の頼清徳《らいせいとく》市長は、湯徳章の「命日」にあたるこの日を台南市の「正義と勇気の紀念日」に制定することを発表した。

正義と勇気——湯徳章を表わすのに、これ以上、ふさわしい言葉はなかっただろう。自らの命を捨ててまで、人々の命を救った男。死に臨んで、「大和魂」と「台湾人、万歳！」を叫んだ男。学歴もないのに、不屈の闘志で内地の秀才たちに立ち向かい、最難関国家試験を突破して、台南の誇りを天下に示した男。その人生を表わすのに、この「正義と勇気」という言葉以上にふさわしいものがあるはずがなかった。

制定翌年の二〇一五年夏、頼清徳・台南市長は、なぜこの「正義と勇気の紀念日」を制定したのか、筆者に、その思いを語った。

「湯徳章先生は、台南社会に大きな影響を与えた人であり、台南の誇りです。私は、台南の人々に湯徳章先生のことを、より知ってもらい、〝正義と勇気〟の大切さに思いを致して欲しかったのです」

頼清徳市長はそう前置きすると、台湾と日本との関係に言及した。

「私は、日本人の方に、二二八事件のことと、湯徳章先生のことを知って欲しいと思います。そして、台湾と日本の感情が、もっともっと深くつながることを期待しています。一九九八年に当時の張市長が民生緑園を『湯徳章紀念公園』と改名して、湯徳章先生の銅像もつくりました。当時、反対もありましたが、張市長はそれをやり遂げました。私はさらに、あの公園を、台南市を代表する公園として整備していきたいと思っています」

なぜ、頼市長は、「正義と勇気の紀念日」の制定にこだわったのだろうか。

「湯徳章先生の一生は、正義感にあふれて、そして勇気をもって正しいことをしたという人生だったからです。日本統治下の警察官時代には、日本人の有力者が交通事故を起こして、それが軽い罪として処理されようとした時、湯徳章先生は自分にプラスにならないことを知りながら、決して妥協せず、上司に反抗してまで正義を実現しようとしました。そして、結局、警察を辞めざるを得なくなりました。二二八事件の時は、拷問で吊《つ》り上げられ、あばら骨も折られてしまいました。しかし、湯徳章先生は屈しませんでした。若い人たちを助けるために、誰の名前も言わず、そのため、ひとりだけ処刑されたのです。湯徳章先生の人生すべてが、正義と勇気に貫かれていたと思っています」

私は、頼清徳市長に、なぜ徳章が最後に日本語で「台湾人、万歳！」と叫んだのか、その理由について訊《き》いてみた。

「これは、難しいです。なぜ、湯徳章先生が最後に日本語で、〝台湾人、万歳！〟と叫んだのかは、ちょっと難しい質問です。私には想像ができないです。その答えがわかれば、私も是非、知りたいと思います」

頼市長はそう言うと、にっこり笑った。

「門田さんの本に、その質問の答えが書いてあることを期待します」

と。最期に台湾語と日本語を使い分けて人々にメッセージをおくった徳章の心情を、私はずっと考えていた。

ひょっとしたら、その「答え」を探すための旅を私はつづけていたのかもしれない。

たしかに、その答えを求めるのは難しい。

ただ、台湾と日本——この徳章の「ふたつの故国」が中国人によって踏みにじられようとした時、徳章が、「大和魂」と「台湾人、万歳！」という言葉を残した意味は小さくないと、私は思う。

「自分は日本人である」と認めることで、騒動の首謀者としてただ一人罪をかぶることが可能になり、さらに誰の名前も洩《も》らさぬことで台湾人の摘発を避けることができた徳章。自分は日本人であり、同時に台湾人である。そして、なによりも台湾人のためになりたいからこそ、刑場で処刑されようとしている。

「日本人として、いま死んでいくが、私は台湾人でもあるのだ」

そのことに誇りを持って生きてきた徳章は、死に際して、台湾語で「大和魂の血が流れている」と言い、日本語で、「台湾人、万歳！」と叫んだ。

まさに日本と台湾を縒《よ》り合わせて、一本の絆を綯《な》って、徳章は人々の前から去っていったのである。

二〇一六年一月十七日、私は、台北のホテルで朝を迎えていた。

前夜の蔡英文の総統選当選の興奮が嘘だったかのように、台北は静かな「雨の休日」を迎えていた。

つい十時間ほど前までの〝地響き〟のような熱狂と興奮が「ひょっとして夢だったのではないか」という錯覚に陥ってしまうほどの静けさだった。

「新しい未来、新しい台湾」

「ありがとう台湾人、ありがとう台湾人」

そんなオーロラビジョンに映る言葉と叫びが、まだ私の頭の中に残っていた。

台湾併呑《へいどん》を目指す中国は、南シナ海でも露骨な力による現状変更をおこなっている。国際仲裁裁判所で否定されても、なお強引に南シナ海の岩礁で軍事基地建設を強行する姿勢は、世界の大きな懸念材料となっている。

その中国に対抗する「民主主義」への絶叫が、まさに昨夜、私自身がこの耳で聞いたものだった。

私は、無性に台南に行きたくなった。

あの湯徳章紀念公園へ、である。

台北で溜《た》まっていた仕事を終えて、私は数日後、「高鐵《こうてつ》」と呼ばれる台湾新幹線に飛び乗った。台湾がめったにない寒波に襲われ、台北でも、「陽明山《ようめいざん》に雪が降った」と大騒ぎになった日だった。

台南までも、かつて経験したことがない寒波に見舞われていた。こんな寒い台南は、本当に記憶がない。

私は、ホテルに荷物を置くのもそこそこに、夜、さっそく湯徳章紀念公園を訪れた。六十九年前に、徳章が「台湾人、万歳！」と叫んで逝った、まさに現場である。一体、これまで何度、ここを訪れたことだろう。台南に来るたびに、私は、必ず、この公園を訪れている。しかし、これほどの寒さの中で、この地に立ったことはない。

私は、いつものように公園の端に立つ徳章の銅像のところに行ってみた。かの台南市長、張燦鍙によってつくられた像である。

台座は高さ二メートル、幅は、八十センチほどあるだろうか。

その台座の上に置かれた徳章の胸像は、背広姿でネクタイを締め、穏やかな表情で、まっすぐ前を見据えている。台座を含めた高さは、二メートル七、八十センチはあるだろう。

私は、総統選における「蔡英文勝利」を、湯徳章に伝えたかったのである。陳水扁《ちんすいへん》時代（二〇〇〇年～二〇〇八年）に総統選には勝利しながら、立法院（注＝日本の「国会」に相当）で国民党に多数を握られ、思うままに政権運営ができなかったのに比べ、初めて「総統」と「立法院」を民進党の本省人たちが占めるという時代が到来したのだ。

私は、そのことをどうしても湯徳章に報告したかった。

ふと、銅像の下に花束が置いてあるのに気づいた。

（ああ……）

私は、その花に目を吸い寄せられ、しばらく、じっと、見つめていた。

初めての本省人による、本省人の政権。長い間、「自由」と「民主」を求めてきた本省人が辿りついた政権がこれからスタートする。

そのことを湯徳章に報告しようと、この地にやって来た人が、私以外にもいたことを知った。

「私たちは世界に台湾の自由と民主を示しました！」

蔡英文が当選直後、集まった民衆に向かって叫んだその言葉を、私は思い出していた。

台湾の自由と民主——そのことを実現するために、どれだけ多くの「血」が流され、どれほど多くの「無念」を歴史は呑み込んできたのだろうか。

台湾の人々が歩んだ苦難の歴史の重さが、胸に迫ってきた。

銅像の前に立ったまま、私は、そのことを考えていた。

（湯徳章先生。ここに来るまで、本当に長かったですね……）

銅像に向かって、私は静かに手を合わせた。

（台湾人、万歳……）

私は、六十九年前に徳章が大音声を上げたその場で、小さくそう呟いた。

エピローグ

二〇一六年六月十二日、日曜日の午後一時半、東京都の小平市《こだいら》にある「都営小平霊園」の静かな一角で、真っ白な髪をした一人の老人が、墓石に向かって、じっと手を合わせていた。

紺のブレザーを羽織った中肉中背の老人のまわりには、その姿をじっと見つめる男女の一団があった。

一分、いや、二分は、あっただろうか。

老人が向かう墓石には、「坂井家」とだけ刻まれている。グレーの御影石《みかげいし》でできた、シンプルな横長の墓石で、花立てがある下の段の墓石には蔦《つた》の家紋が彫り込まれていた。砂利が敷き詰められ、清潔感が漂う墓所である。

老人の胸に去来するものは何か。

この墓石に向かうために、老人はどれだけの時間を要したのか。そして、どれだけの思いを募らせてきたのか。それを思うと、私の胸も熱くなった。

間もなく八十三歳を迎える老人の名は、湯聰模。「台湾人、万歳！」と日本語で叫んで死んでいった湯徳章の息子である。

戦後の混乱と父の死で、十三歳の時に坂井家との連絡が絶たれた聰模は、実にそれから七十年を経て、先祖累代の墓参りを果たしたのである。

湯聰模、そして兄の陳聰深。二人から坂井家が今、どうなっているのか、そして先祖累代の墓はどこにあるのか、叶《かな》うならば墓参りがしたい——と、さまざまなことを私は依頼されていた。

残念ながら、「七十年」という時間の壁に阻まれて、私は、なかなか探し出すことができなかった。

しかし、多くの人を訪ね、数年にわたる調査の末、ついに坂井家の存在がわかった。きっかけは、偶然、栃木県下に「坂井鈴馬」という人物が暮らしていたことがわかったことだった。「鈴馬」という珍しい名前を見て、

「きっと坂井又蔵さんの末っ子の鈴馬さんに違いない」

そう信じて、取材をつづけたところ、ご本人は亡くなっていたものの、そのゆかりの人に辿りついたのである。

すでに坂井家は、戦死や病没のために「坂井」姓を名乗る男子がいなくなっていた。そのため、「坂井」そのものの姓は、途絶えていた。しかし、故郷熊本から、昭和三十年代に、先祖累代の墓が東京に移されており、他家に嫁いだ女性たちによって、墓は守られていたのである。

聰模が気になっていたのは、特に祖父・坂井又蔵の「その後」だった。芝区白金の藤原銀次郎邸の門内にあった一軒家で過ごした楽しい思い出には、常に〝おじいちゃん〟の存在があった。

門を出て左に行ったら、すぐに又蔵おじいちゃんが住む家があった。そこには、おじいちゃんの子供が何人もいた。

白金尋常小学校に通っていた頃の聰模は、「学校」と「家」と「おじいちゃんの家」の三つだけが活動範囲だった。幼い頃の東京の思い出は、すべて、その三か所に集中しているのである。

しかし、戦中・戦後の混乱で、日本の親戚《しんせき》とは〝音信不通〟となってしまった。

戦争末期には、内台航路と呼ばれた日本と台湾を結ぶ「定期航路」自体が、行き来できなくなったのだから、無理もなかった。手紙のやりとりすら不可能になり、やがて、米軍の空襲によって東京は焼け野原となり、台南に住む人間もまた「疎開」を余儀なくされた。

それも、戦争の間だけの我慢なら、まだ、耐えられただろう。

しかし、国民党政府と軍の台湾への進出、そして、その後の混乱は、台湾をそれまでの法治国家とはまるで異なるものにしてしまった。

騒乱状態の中で父は死に、その後の白色テロの時代は、通信の自由も侵され、軽々に外国と連絡を取り合うことができない日々がつづいたのである。

台湾が歩んだ苦難の道は、そのまま「湯家」と「坂井家」との〝連絡途絶〟を意味する歴史ともなった。

それまで慣れ親しんだ文化に触れることも、かつては信じていた法の力を頼りにすることも、昔懐かしい人々とあいまみえることさえも、ままならなかったのである。

怯《おび》えて暮らす日々の長さは、戦後、平和と自由の味を知ったわれわれ日本人には、想像およばぬことかもしれない。

聰模が大人となり、働き、家庭を持っても、もはや「坂井家」を探し出すことは、とても困難なものになっていた。

しかし、二〇一六年五月、ついに、坂井家の存在がわかった。

戦後七十年という長い歳月は、すでに、又蔵も、そして又蔵の息子、娘たちの命も、深い時間の彼方に呑み込んでいた。

又蔵の長男・周資の長女・佳子《よしこ》（六六）と次女・和子《かずこ》（五六）、そして、又蔵の次女・磬子の長女・裕子《ゆうこ》（六五）と次女・峯子《みねこ》（六三）は、それぞれ嫁ぎ先の姓を名乗っていた。

彼女たちに、台湾の親戚の存在と、二二八事件で非業の死を遂げた坂井徳章、台湾名・湯徳章のことを告げた時の驚きは尋常なものではなかった。

「えっ」

そう言ったまま、絶句する人もいた。

台湾にいる親戚——その存在は、代は替わっても、祖父・又蔵や、それぞれの父母から伝わっていた。

「ものすごい優秀な人で、日本でも一番難しい国家試験に合格して、台湾で弁護士をしていた、と聞いていました」

「〃濫子《らんこ》さん〃というきれいな奥さんがいたと聞いています」

そんな断片的な情報を彼女たちは、聞いていた。その台湾の親戚が、

「どうしても、ご先祖の墓参りをしたい。血のつながった親戚にも会いたい」と、切望していることを初めて知ったのである。

こうして実現した聰模の来日は、お互いにとって初めての対面でありながら、「過去」からの訪問者との再会のような、不思議な時空間を生みだすこととなった。

先祖の墓参りに長くこだわってきた聰模は、八十三歳という人生の晩年に至って、ついに「悲願」を叶えたのだが、それは、翌年には、二二八事件の「七十周年」という節目を迎える直前のことだった。

聰模は、高雄に住む長女の雅清《がせい》（五三）と一緒に、二〇一六年六月十一日、「高雄―成田便」で日本にやって来た。そして、小平霊園の入口で、従妹《いとこ》にあたる四人の女性と初めて顔を合わせたのである。

坂井徳蔵の孫である聰模は、その後、養子縁組で徳蔵の弟・又蔵の孫となった。

父・徳章は徳蔵の息子であり、その後、又蔵の養子となり、親子関係となった。感激の対面を果たした一団は、小平霊園の静かな一角にある「坂井家」の墓地に、聰模とその娘・雅清を案内したのである。

四人の従妹たちは、坂井家の墓にじっと手を合わせる聰模の姿をあたたかく見つめていた。

「万感の思いです」

そう言ったのは、悲願の墓参りを終えた聰模だった。

一同は、小平駅近くの和食屋「橙《だいだい》や」に席を移した。はるばる台湾からやって来てくれた聰模を歓待しようと、あらかじめこの店が予約されていた。

話さなければならない出来事が、あまりにもありすぎた。

しかし、ひとつひとつ、歴史をひもとくように、聰模は、徳章が昭和十八年に内地を去って以降の話を語っていった。

また、坂井家側の四人の従妹も、それぞれに記憶を掘り起こしていった。

祖父・又蔵は、昭和四十三年に亡くなっていた。

磐子の長女・裕子は、又蔵について多くの思い出を持っていた。

体格のよかった又蔵は、小さい頃の裕子を、丹前《たんぜん》の内側にすっぽり入れて、散歩してくれるようなおじいちゃんだった。

昭和二十四年に妻・ハツを亡くした又蔵は、晩年、長男の周資の家に小さな離れを建ててもらって、そこで暮らしていた。最後は、皇族もよく訪れた高井戸《たかいど》の「浴風《よくふう》園《えん》」という有名な老人施設で過ごしている。

又蔵が急逝したのは、裕子が高校生の修学旅行の最中だった。

「修学旅行に行く前にも寄って、〃じゃあ、おじいちゃん、行ってくるからね〃と言って別れたんです。ちょっと風邪気味のようでしたが、元気だったんですよ」

裕子は、そう語る。

祖父・又蔵は、裕子にとって、普通のお年寄りとは、まったく違った存在だったという。

「私、おじいちゃんに英語を習っていたんですよ。学校の帰りに寄って、英語の翻訳の宿題もおじいちゃんに頼むと、すぐやってくれました。でも、文章が、〃……ござ候《そうろう》〃という、まるで古文のようでした。物知《ものし》りで、ユーモアのあるおじいちゃんだったんです」

新聞記者だった時期もあり、また、多くの財界人を知己《ちき》とした又蔵は、やはり、晩年も教養人らしい人生を送っていたのである。

聰模は、あの又蔵おじいちゃんの素顔に、初めて触れたようだった。通信の自由さえなかった「戦後の断絶」の長さが、なんとしても惜しまれた。

その時、長男・周資の次女、和子が、一通の古い封筒を取り出した。

「これ、ご覧になってください。今度のことがあって、いろいろ探していたら、仏壇の奥から出てきたものなんです」

それは、長い歳月で、すっかり茶色に変色している古い封筒だった。相当な年月が経ったものであることは、ひと目でわかる。

「あっ、これ、おじいちゃんの字だ！」

小さく、そう叫んだのは、裕子である。中学、高校の頃に古文調の英語の翻訳で見慣れていたおじいちゃんの字が、その封筒のオモテにあった。

そこには、「坂井徳章戸籍」と書かれていた。

中からは、同じように茶色に変色した戸籍の原本が出てきた。

「養父坂井又蔵」と「養母ハツ」の養子として「徳章」、養女としてその妻の「濫」、孫として「聰模」の名が記されたものだった。

（これは……）

その封筒は、徳章一家がいつ日本に帰ってきてもいいように、又蔵が大事に保管していたものだった。

（………）

聰模は、無言でその戸籍を見つめていた。

赤茶けた戸籍を手に取りながら、聰模は、自分たちが「日本人」でもあったことを、かみしめているようだった。

「聴模さん。おじいちゃんは、いつ日本に帰ってきてもいいように、ちゃんとこれを準備して待っていてくれたんですね」

私がそう言うと、聴模は、抑えきれない感情がこみ上げてきたようだった。

「この字も見てください」

和子は、そう促した。

それは、封筒に書き込まれた又蔵の字である。

封筒のウラには、こんな文字が記されていた。

昭和廿三？　四年
二月廿八日
軍事裁判
叛乱罪
刑務所
三月　終り
黄啓階氏

そして、もう一度、オモテへひっくり返してみると、「坂井徳章戸籍」という文字の右端に、薄く、こう書いてあるのが見てとれた。

台南市庁前大正公園にて

銃殺さる

聴模は言葉を失った。

(おじいちゃんは、すべて知っていたんだ……)

そのことが、初めて、聴模にわかったのである。

裕子が口を開いた。

「母(注=磬子)から聞いたんですけれども、おじいちゃんが、徳章さんのことをすごく心配していたそうなんです。徳章がどうなったかということが心配でたまらず、昔、勤めていた朝日新聞の伝手《つて》も頼って、一生懸命、消息を探しつづけたそうです。そこで、やっと、(二二八事件の時)トラックに乗せられて、どこかに連れていかれた、ということがわかったそうなんです。おじいちゃんは、〝だから、徳章は、もうダメだろう〟と、言っていたそうです。処刑されたということまではわからないけれども、たぶん殺されたと思う、とおじいちゃんは言っていた、と母が私に教えてくれました」

しかし、又蔵が、徳章の「死」の詳細を知っていたことは、目の前の封筒に書かれた文蔵自身の文字が物語っていた。

〈昭和廿三？　四年〉〈三月廿八日〉〈軍事裁判〉〈叛乱罪〉〈刑務所〉〈三月　終り〉

これらの文言は、徳章が「死んだ」という事実も、また、どういう「罪状」で殺されたかも含め、かなり正確な情報を又蔵がつかんでいたことを示している。

おそらく、ここに出ている〈黄啓階氏〉という人物が、これを伝えたのだろう。

〈昭和廿三？　四年〉と「？」がついているということは、あとになって、この真相に辿りついたことを示唆している。

また、〈台南市庁前大正公園にて　銃殺さる〉という文言も、かなり正確だ。

銃殺現場は、まさに日本統治時代に「大正公園」と呼ばれた公園であり、位置は、「旧台南州庁」の前にほかならない。

「おじいちゃんは、トラックに乗せられて、どこかに連れていかれたから、多分、死んだろう、という言い方を母にしていたのに、実際は、全部、わかっていたんですね。きっと、母に徳章さんの死を伝えるのが忍びがたくて、〝最期〟を曖昧《あいまい》にしたんだと思います」

裕子は、そう語った。

そして、おじいちゃんは、濫さんや聰模さんまでは探しきれなかったんです、と、こう言葉を継いだ。

「母は、おじいちゃんから、徳章さんが、たぶん殺されただろう、ということを聞いていたので、私は、〝そのお子さんたちは、どうしただろう〟と母と話したことがあります。母は〝今となってはわからない。もしかしたら、一緒に殺されたかもしれない〟と、ちらっと言っていました。おじいちゃんも、さすがに、家族までは辿りつけなかったんですね……」

聰模には、必死で自分たちの消息を探す又蔵の姿が思い浮かんだ。

「おじいちゃんは、息子二人が戦死したり、徳章さんもああいう風に亡くしてしまいました。その哀しみを子供たちにも言わずに、じっと堪《こら》えて生きてきたのかなあ、と思います。なんだか、おじいちゃんの哀しみの深さが初めて、わかったような気がします」

坂井家の仏壇の奥から、この封筒を見つけ出した和子は、そう言った。

「聰模さんの明るさの向こう側にある哀しみも、どれだけ深いんだろうという思いがします。私の父(周資)も、相手を思いやる心がある、とても優しい人でした。聰模さんと本当によく似ているんです。徳章さんが、自分には〝大和魂の血が流れている〟と亡くなる時に叫んだことは初めて知りましたが、私は、坂井家の男には、そういうものが脈々とあるのかな、と思います。今日、聰模さんにお会いできて、思い出に浸るというのではなく、父やおじいちゃんの〝思い〟を考えるという、いい機会になりました……」

和子は、しみじみとそう語った。

聰模が、重い口を開いた。

「自分が情けないです」

聰模の口からこぼれだしたのは、意外な言葉だった。

「おじいちゃんがそこまで自分たちを心配して探してくれているのに……。自分は、一体、何をやっていたのか、と思います。大人になっても、おじいちゃんを探すこともできず、おじいちゃんが一九六八年に、亡くなっていたことも、初めて知りました。

本当に情けないです。自分自身が情けない。自分たちが、いつ日本に帰ってきてもいいように、戸籍まで大事にしまっていてくれたなんて……」

そう言うと、聰模は、また、押し黙った。

自分が情けない。それは、聰模の本音だった。

孫として、自ら努力して祖父を探し出すことも、面倒を見ることもできず、ただ、歳月を重ねてきた自分が情けなかった。

祖父に会いたい気持ち、会っていろいろなことを話したい気持ちを我慢して、聰模は生きてきた。つらい年月を恨みごとも言わずに、ひとりで耐えてきたつもりだった。

しかし、亡き祖父が、「自分を待っていてくれた」ことを、この赤茶けた戸籍の原本が、八十三歳となった聰模に告げていた。

「自分がいつ日本に帰ってきてもいいように、おじいちゃんはこれを大切に持って、待っていてくれた」

手を尽くしても消息の知れない自分のことを、どんなにか心配していたことだろう。無事生きのびていることを知らせることができたら、おじいちゃんはどんなに喜んでくれただろうか。

祖父の気持ちに思いを馳《は》せることができなかったことが悔やまれた。

父が死んで以降のことが思い起こされた。自分たちと関わりを断つために、去っていった人たちが数多くいた。

しかし、血のつながった肉親は違ったのである。

「自分は、ひとりだけだ」

そう強がって生きてきた自分が、恥ずかしかった。自分には、肉親の「情愛」があふれるおじいちゃんがいた。自分のことを思ってくれているおじいちゃんが日本にいた。

そのことだけは、確かだった。

日本と台湾という「ふたつの故国」を持つ一族――坂井徳蔵が熊本から台湾に渡って、実に百二十年。坂井徳蔵、又蔵、徳章、そして、自分。長い長い歳月を経て、聰模は、日本と台湾双方の「アイデンティティ」が、きつく縒《よ》り合わされて自分の中にあることを、静かに感じていた。

おわりに

「あなたの最も好きな国はどこですか？」

皆さんは、そう問われたら、どこの国だと答えますか。

選べるのが、たった「ひとつ」だとしたら、迷ってしまうに違いありません。きっと、さまざまな国が思い浮かぶでしょう。

日本人に尋ねても、二位以下に「十倍」の大差をつけて、ぶっちぎりで「ひとつの国」が大好きだという答えが出て来ることは、なかなかあり得ないことだと思います。

しかし、同じ質問がなされた時、ダントツで「日本が最も好き」と言ってくれる人々がいます。

台湾人です。

二〇一六年七月二十三日、日本と台湾との窓口機関である「交流協会」が民間の調査会社に委託して、台湾でおこなった調査の結果が発表されました。

それは、「一位日本、二位中国、三位アメリカ」というものでした。

驚くべきは、その「差」です。

回答者の実に「五六パーセント」が「日本が最も好き」と答えて、一位になったのです。二位中国は六パーセント、三位のアメリカは五パーセントでした。

つまり、複数回答ではなく、たったひとつだけ答える単数回答式で、日本は、二位中国、三位アメリカに、ほぼ「十倍」の差をつけたことになります。

しかし、台湾では、このアンケート結果は、珍しいものではありません。

各種のアンケートで、日本への好感度は、いつも断然、「トップ」だからです。

中国や韓国で、日本はいつも「最も嫌いな国」に挙げられているのに比べて、大きなギャップがあります。

台湾では、年間の日本への旅行者が二〇一五年、初めて三百万人の大台を超え、三百六十八万人となりました。人口二千三百万人の台湾で、一年間に実に一五パーセントの人が、日本旅行を楽しんでいることになります。

今回の調査でも、一番行きたい海外旅行先は、「日本」で、それも四二パーセントを占めるという圧倒的な数字を示しました。

台湾がこれほど日本に好感を抱いてくれているのは、なぜでしょうか。

私は、本書で「坂井徳章（台湾名・湯徳章）」という人物と、その一族が歩んだ歴史を通して、日本と台湾との切っても切れない〝絆〟について、描かせてもらいました。

それは、日本人も、台湾人も、お互いが秩序ある社会を建設しようと、懸命に努力し、踏ん張った歴史のドキュメントとも言えるものです。

日清戦争で、当時の清国から台湾の割譲を受けてから、二〇一五年で百二十年が経ちました。

その間に、台湾では日本統治に対する反乱も起こりました。さまざまな差別問題も存在しました。日中戦争が起こってからは、台湾人に対する「皇民化政策」という批判の多い施策もありました。

それでも、半世紀に及んだ日本統治時代に、日本人と台湾人との間で、友情と信頼、そして価値観の共有と連帯の意識があり、それがさまざまな階層での強い結びつきを生んだことも間違いないと思います。

しかし、日本の敗戦による国民党統治で、台湾の人々の生活は一変しました。本書で記したとおり、それは、恐ろしい弾圧の日々であり、戦後、蔣介石と共にやってきた外省人が圧倒的な数の本省人を「支配する」という深刻な対立構造がつづきました。表現の自由も、集会や結社の自由も、思想の自由も、あらゆるものを奪われた台湾の人々は、三十八年間もの戒厳令下の生活を耐え抜きました。

そんな長い時間が経過しても、台湾の人々は、日本のことを忘れてはいませんでした。

二〇一一年の東日本大震災では、台湾は、あっという間に二百億円もの義援金を集めて、送ってくれました。それは、アメリカに次ぐ巨額の義援金で、人口がアメリカの十四分の一に過ぎない台湾が、アメリカの額に迫ったことは、日本中を驚かせ、感動させました。

戦後七十年を過ぎ、新たな時代を迎えても、台湾では八十歳以上の日本語世代だけでなく、二十代、三十代を中心に〝懐日《かいにち》ブーム〟が起こっています。

私も、戒厳令下の台湾に一九八〇年代から訪問し、現在に至るまで、数え切れないほどの回数、訪問を重ねています。

その中で、いつも感じるのは、台湾の人たちが私たち日本人をこの上なく尊重し、いつも親身になってくれることです。

(なぜこんなに親身になってくれるんだろう)

私は、人情が厚かった古き、良き日本も、こんな感じだったのだろうか、という思いがしました。また、台湾の地方に行って、田園風景を目の当たりにすると、

（ああ、これは、懐かしい日本の風景ではないか……）

そんなことを感じることもしばしばあります。

日本人と台湾人の一体感については、訪問の回数が増えれば増えるほど、より深く感じられるようになってきました。きっと、年間三百万人を超えた台湾から日本への訪問者も、同じ思いなのではないでしょうか。

「台湾人、万歳！」

そう日本語で叫んで死んだ「坂井（湯）徳章弁護士」の存在は、日本ではほとんど知られていません。

しかし、台湾では、台南市の中心部に「湯徳章紀念公園」があり、命日である三月十三日が台南市の「正義と勇気の紀念日」になっているほどの英雄です。

私は、台湾の人々が彼のことを決して「忘れなかったこと」にこそ、価値があると思っています。どんな弾圧を受けようと、過去の「真実の歴史」を心に銘記し、忘れることなく生き抜くのが台湾の人々なのです。温かい台湾の人たちによって、彼は、実に「五十年」という長い歳月の末に、〝復活〟したのです。

私が、坂井徳蔵から数えて「五代目」にあたる陳淑卿《ちんしゆくきよう》さん（三三）とお会いすることができたのは、二〇一五年八月のことでした。

一族の中で、彼女は、日本で生活するという望みを叶《かな》えた唯一の女性でした。彼女の祖父は、徳章とも東京で一緒に過ごしたこともある元獣医の聰一でした。

徳蔵の長女・柳の長男が聰一です。その三男が、陳明宗《ちんめいそう》さんで、彼女はその長女にあたります。

イギリスへの留学経験も持つ陳淑卿さんは、京都大学の若き研究者と台湾で知り合って結婚し、今は滋賀県の大津で暮らしています。私が会った時、彼女は妊娠八か月で、お腹の中には、徳蔵から数えると実に「六代目」となる子がいました。

琵琶湖《びわこ》のほとりに立つホテルのレストランで向かい合った彼女は、日本人の夫を横に、非業の死を遂げながら、今は台湾の英雄となった湯徳章について、こう語ってくれました。

「湯徳章さんのことは、私が高校生の時、初めて知りました。お父さんが、おじいちゃん（注＝聰一のこと）を連れて、二二八事件の記念式典に毎回参加していました。

ある時、お父さんが式典から台南市政府発行の一冊の本を持って帰って来たんです。一冊まるまる湯徳章さんのことが書いてありました。自分の家はそういう事件の中にあったんだな、と知りました。その本を読んで、本当に寂しいと思いました。そして怒りがこみ上げてきました。私が小学生の頃、学校で台湾語を話したら、罰として〝台湾語を話しました〟という札を、首からぶら下げられたことがありました。立たされるわけではないですけれども、首にかけさせられたんです。そのことを思い出しました」

陳淑卿さんにとって、おじいちゃんは〝日本そのもの〟だったと言います。

「おじいちゃんの生活は日本のスタイルでした。例えば、物を食べる時に、お醤油《しょうゆ》を小皿にとって、つけて食べる、とか。台湾の人は、そういうことをやらないんです。それから、外に出るときは服装、身なりをきちっとして、帽子をかぶって出るんです。いかにも日本人らしくて、まわりの田舎のおじいさんとは全然、違っていました。当時はあまり意識しなかったけれども、自分が成長するにつれて、おじいちゃんは、日本の習慣を続けていたんだなあ、ということに思いが至りました」

その大好きなおじいちゃんが亡くなったのは、淑卿さんが大学一年の時でした。

「おじいちゃんは、教育ということをとても大事にしていて、自分たちにも教育が大事だということをいつも言っていたんです。それは、湯徳章さんの教えでもあったと思います。おじいちゃんは、湯徳章さんに対して、自分を育ててくれた人だという気持ちを持っていたと思います。おじいちゃんは、感謝の念を（徳章に）ずっと持ち続けていただろうと思うんです。

私が、イギリスに留学できたのは、そのお陰です。田舎の農家で、真面目に働いたとしても自分の子供を留学させるということは難しいことでした。でも、めぐりめぐってこういう立場になって考えてみると、やっぱり、おじいちゃんや湯徳章さんが自分をここに来させてくれたんじゃないかなあ、という気持ちがします。正直、おじいちゃんが亡くなった時、私は、〝これで日本との縁は切れたな、終わったな〟と思ったんです。でも、日本の研究者である夫と知り合って、はからずも私が日本に来ることになりました。その時、ああ、日本との縁をおじいちゃんが繋《つな》いでいてくれたんだ、と思い、不思議な気持ちになりました」

そんな彼女は、徳章が日本語で「台湾人、万歳！」と叫んだことを、こう感じていました。

「日本語で、〝台湾人、万歳！〟を叫んだのは、やっぱり台湾人に頑張って欲しい、という思いからだったと思います。〝私は日本人だ。日本人でもこうして台湾を愛している。では、おまえたち中国人は、どうして台湾にこういう仕打ちをするのだ〟という意味もあったのではないでしょうか。そういう気持ちが、日本語で言わせたのかなあと思います。湯徳章さんは、日本人であり、台湾人である、という両方に誇りを持っていたのだと思います」

彼女はそう言うと、お腹に手をあてながら、

「この子が生まれたら、正義感の強い子に育って欲しいと思います」

と、にっこり笑いました。

二〇一六年一月、史上初めて民進党が総統選と立法院選を両方、制した日、私は、本文で書かせてもらったように湯徳章さんのことを考えました。

ここへ至るまで、「本当に長かった」と。

いま激動の東アジア情勢は、台湾の地位を危うくさせています。力による現状変更をつづける中国の南シナ海や東シナ海、そして台湾への野心と姿勢が露骨なものになっています。

「平和」を守り、「法治」を維持し、「秩序」を尊重することは、本当に大切なことです。私は、東アジアの「平和」と「安寧」を祈る思いを込めて、この作品を書かせてもらいました。

なぜ彼は、これほど悲しくも、感動的な人生を歩むことができたのでしょうか。

二度と、このような悲劇があってはならないことと、毅然《きぜん》と生きることの大切さを

少しでも感じていただけたなら、本書が世に出た意味もあるかもしれません。日本人と台湾人の「正義と勇気」を後世に残した湯徳章弁護士の偉業は、台湾の歴史の中で、いや、日本と台湾の絆の中で、決して忘れてはならないものだと思います。

本書が仕上がるまでには、大変、多くの方のご協力がありました。

私が、非業の死を遂げたこの英雄の取材を始めてから、応援の声が日を経るごとに大きくなっていったのです。

取材の過程で何度も大きな壁にぶちあたりました。そして、さまざまな人のご協力で、その度に、それらの壁を乗り越えることができたのです。

台湾でも、日本でも、私は、皆さんの支援に背中を押されて、最後までやり遂げることができたのだと思います。

なんといっても、徳章さんの一族のご協力は不可欠なものでした。

息子さんである湯聰模さん、甥である陳聰深さんの親身になったご協力は忘れられません。徳章さんの身近にいた親族の証言や提供していただいた史料によって、さまざまな場面での詳細な描写が可能になりました。

私自身、その時々の徳章さんと濫さんの心中を描く時は、胸が締めつけられるような思いになりました。

その描写のために、台南在住の謝詠麒さん、黄昆堅さん、李文雄さん、郭貞慧さん、福田浩晃さんには、多くの取材に同行してもらいました。また、調査を全面的に支えてくれた林建良さん、さらには三十年来の友人である杉中学さんには、翻訳・通訳等で多大なる助力をいただきました。そして、徳章さんについての最初の情報をもたらしてくれた田代真久さんにも大変お世話になりました。

さまざまな「謎」の解明に対して、言葉に表わせないほどの多大なご協力を頂戴《ちょうだい》した方々のお名前を以下に挙げさせていただき、お礼の言葉に代えさせてもらいたく思います。

湯聰模　陳聰深　湯雅清　陳明宗　陳榮三　陳淑卿　陳玉川　湯世鍾　湯銘哲　陳榮賢　陳榮堂　湯士琪　林建良　李筱峰　頼清徳　謝詠麒　黄昆堅　李文雄　金美齢　林雪梅　王明理　郭振純　鍾紹雄　東俊賢　蔡世仁　陳泰山　林堅國　蔡啓昌　林金釵　黄天横　許勝夫　楊應吟　顔秋雨　陳信安　林洋洋　林寛宏　鄭雪華　陳幸子　許文龍　郭貞慧　蔡佳容　周志強　郭漢喨　蔡焜燦　黄碧珠　張春琦　謝榮宗　趙中正　趙天徳　呉聲潤　曾國棟　朱文清　郭一男　金建華　福田浩晃　杉中

学　小森利恵　宮崎隆彦　中村隆幸　錦織幸彦　錦織佳子　永島和子　水上裕子　葛西峯子　荒巻弘美　土岐和多瑠　白濱裕　元松茂樹　髙木恭二　丸山伸治　青木勝士　村上豊喜　大浪和弥　木下洋介　萩原明彦　熊井良洋　折田豊生　松本彧彦　今井正　柿澤未知　土屋準　加耒順也　田代真久　岡山文章　大東信祐　坂井正明　坂井正敬　片倉佳史　山本幸男　阿尾博政　屋繁男　杉本茂一　早田健文　渡辺千秋　（敬称略、順不同）

今回も、校閲ばかりでなく、本文全般にわたっての貴重なアドバイスを頂戴した髙松完子さん、また、重厚な装幀をして頂いたブックデザイナーの緒方修一氏には、大変お世話になりました。心より御礼を申し上げます。

尚、本書を編集するにあたって、株式会社ＫＡＤＯＫＡＷＡ文芸・ノンフィクション局の吉良浩一局次長、同局菊地悟氏のお二人には貴重な助言を数多くいただきました、この場を借りて、御礼を申し上げます。

本文は、原則として敬称を略させていただいたことと、登場人物の証言や記述の中には、現在使われていなかったり、あるいは不適当とされる言葉もありますが、当時の雰囲気や実情を正確に伝えるために、敢《あ》えてそのまま表記させてもらったことをお断わり致します。

二〇一六年　晩秋

門田隆将

【参考文献】

『尋訪1915噍吧哖事件歴史場景』（陳信安、張雅琇著・臺南市政府文化局）
『噍吧哖一九一五』（蕭景文著・臺南市政府文化局・玉山社）
『蹇々録』（陸奥宗光　中塚明校訂・解説、岩波文庫）
『二二八事誌』（馬起華著）
『台灣二二八事件見聞紀略』（何漢文著）
『二二八事件資料選輯』（中央研究院近代史研究所編）
『銀行王安田善次郎』（坂井磊川著・喜文堂書房）
『「昭和」を生きた台湾青年』（王育徳著・草思社）
『新宇土市史　通史編（第三巻）』（宇土市史編纂委員会編・宇土市）
『臺灣匪亂小史』（臺灣總督府法務部編纂・臺南新報支局印刷部）
『読谷村史』（読谷村史編集委員会編・沖縄県読谷村）
『保密局臺灣站二二八史料彙編』（許雪姫編・中央研究院臺灣史研究所）
『煉獄の彼方　上・下』（郭振純著）
『實話　探偵秘帖』（許丙丁著・蘭記書局）
『黄天横先生訪談録』（何鳳嬌、陳美蓉著・國史館）

『戦後70　台湾日本語世代回想記』（東俊賢著）
『搶救！　湯德章律師故居名人故居文化資產保存相關資料』（莉莉水果文化館）
『臺南市歷史名人　湯德章及其故居』（臺南市政府文化局）
『1947台灣二二八革命』（王建生等著・前衛出版社）
『二二八官方機密史料』（林德龍輯註・自立晚報社文化出版部）
『私の愛する台湾と中国と日本』（張有忠著）
『台灣人應該認識的蔣介石』（李筱峰著・玉山社）
『六十回憶録』（韓石泉著）
『南瀛二二八誌』（徐叔君著・臺南県文化局）
『槍口下的司法天平　二二八法界受難事蹟』（陳銘城、蔡宏明、張宜君著・財團法人二二八事件紀念基金會、中華民國律師公會全國聯合會共同出版）
『口述歷史第三期二二八事件專號之一』（中央研究院近代史研究所）
『二二八事件在台南市與湯德章律師之遇難』（謝碧蓮著・臺南市政府）
『台南文化（新三十三期）』（行政院二二八事件研究小組研究報告・臺南市政府）
『二二八事件文獻輯録』（臺灣省文獻委員會編・臺灣省文獻委員會）
『成大校史1940年代：二二八事件前後』（http://www.ncku.edu.tw/~ncku70/

menu/003/03_01.htm）
『自由時報』（「湯徳章と成功大学」呉慶年　二〇一四年三月十二日付）
『台湾日日新報』（一九二九年七月三十日付・一九三三年十二月二十九日付・一九四一年十月三十一日付・一九四三年七月七日付・一九四三年九月二十五日付）
『朝日新聞』（一九四〇年十一月十七日付・一九四一年二月十八日付・一九四一年十月二十九日夕刊）
『中華日報』（一九四七年三月三日付、同三月五日臨時版）
『聯合報』（二〇〇六年三月六日付）

文庫版あとがき

あれからもう四年も経ったのか……。

目の前の熱狂と、絶叫する人々の姿を見ながら私は、タイムスリップしたかのような不思議な感覚に捉われていた。

二〇二〇年一月十一日午後九時。

台北市中正区北平東路の民進党本部前に設《しつら》えられたステージの前には、総統選と立法院選の結果をこの目で見ようと、四年前に勝るとも劣らない数の群衆が詰めかけていた。

開票が進むにつれ、蔡英文（六三）の得票数が総統選史上最多の八百万票に迫っていた。懸念されていた立法院選も、民進党が過半数を超えることは確実な情勢になっていた。

中国との一体化を目指す国民党と、距離を置こうとする民進党――この選挙の勝敗には、台湾が中国に「呑み込まれる」か、それとも「独自の道を歩む」のかが懸かっていたのである。

新たに獲得票数が出る度に、大歓声が巻き起こる。異様な熱気の中、ステージの上でスタッフが勝利の雄叫《おたけ》びを上げていた。

「われわれ台湾人は自由を守り抜いた！　蔡英文は、ここ台湾が自由で民主の地であることを世界に示したんだ。ここには香港の人たちも沢山来てくれている。香港を取り戻せ！　時代の革命だ！」

「台湾はあなたたちを応援する！　私たちは投票によって香港のために声を上げた。それは私たち台湾のためでもある！」

民進党のグリーンの旗に交じって、〈光復香港 時代革命〉の旗が打ち振られていた。黒地に白い文字の香港デモ隊の旗である。

ああ、香港からこんなに多くの若者が来てくれていたのか。

私は、喜びに満ちた彼らの表情を見て胸が熱くなった。まさに彼らこそ、蔡英文勝利の立役者であり、「真の主役」だったからだ。

待ちに待った蔡英文がステージに姿を現わしたのは、もう午後九時四十分になっていた。支持者の興奮は頂点に達した。

「おめでとう！　ありがとう！」

大歓声の中、蔡英文が手を振って歓呼に応える。やがて演説を始めると群衆が嘘のように静まり返った。

「私たちは引き続き台湾を守り、民主を堅持し、改革を進めます。皆さん、私たちが全員でこの〝自由の地〟〝民主の城〟を守り抜いたのです。同時に全世界の民主国家も、そして多くの香港の友人たちも、今日、私たちが全員で決したことを喜んでくれていると信じます」

噛みしめるように話す蔡英文。極めて理性的だ。

「台湾人の声、民主の声が世界に届きました。対岸（中国）には、この台湾人の選択を直視するよう言いたい。台湾海峡の安定を維持する責任は、双方にあります。北京政府に平和・対等・民主・対話を心からお願いしたい。この八文字が、長く両岸に安定的な発展と交流をもたらすでしょう」

私は、台湾総統選を長く見てきている。八年前の総統選で当時の馬英九総統に挑戦して敗れた時の蔡英文の姿も見ている。どこか頼りなげで、自信のなさそうな表情は忘れられない。

だが、四年後の二〇一六年、国民党の朱立倫候補と争って政権を奪取した時は、心の中の昂揚《こうよう》感が手に取るようにわかる演説ぶりだった。

しかし、今回は違った。興奮することもなく、群衆一人ひとりに話しかけるような落ち着きをもった演説だった。

また成長した――私は、年を経るごとに成長する蔡英文の姿に感慨を新たにした。

私には、ここに至ったこと自体が「奇跡」だと思えた。総統に初当選以来の四年間、蔡英文が辿ったのは、茨《いばら》の道の連続だったのだ。

最初に国民党に近い人物を行政院長に据えたことから支持者離れを誘い、その後、アジアで初めての同性婚を認める政策を実行したり、また二〇二五年までに原発を完全停止させる脱原発を打ち出し、さらには、反発必至の年金改革にも着手。軍人や公務員、教員の退職金に適用されていた十八％の優遇利率を「段階的に廃止」するという思い切った政策を断行したのである。

これらで高齢層を中心に激しい反発を買った蔡政権は、二〇一八年十一月の統一地方選で国民党に惨敗を喫した。それまで十三の県市長を握っていた民進党が、わずか六に減ってしまったのだ。蔡自身が責任を取って民進党主席を「辞任」に追い込まれ、政権は危機に陥った。

低迷した支持率はなかなか回復しなかった。しかし、二〇一九年六月から始まった香港民主化デモの〝嵐〟がすべてを変えていく。

犯罪者を中国へ移送することが可能になる逃亡犯条例改正案に反発した香港市民が大規模デモで香港政府に抵抗したのである。

一九九七年の英国から中国への香港返還は、「一国二制度」が基本だったはずなのに、完全に有名無実化され、自由と民主が脅《おびや》かされていた。

反対運動のデモを指揮した人間が投獄されたり、反中国の書籍を販売していた書店の社長らが中国に拉致されるという事件まで起こった。

香港民主化デモと、力で弾圧しようとする香港警察。自由と人権を求める香港市民の戦いは、そのまま中国が要求する一国二制度を受け入れたら、自分たちが「どうなるか」を直接、台湾人に教えてくれた。

〈今日の香港、明日の台湾〉

このキャッチフレーズが台湾人に浸透し、それまで中国との〝深い絆〟を売り物にしていた国民党の韓国瑜《かんこくゆ》候補（六二・高雄市長）が打撃を受け、代わりに中国に対して距離を置き、毅然と対峙する姿勢を崩さない蔡英文が、支持率で「逆転」していったのである。

選挙戦を取材した私に最も印象深かったのは、投開票前夜に総統府前で開かれた民進党の大集会で蔡英文が語った言葉だ。およそ五十万人の支持者を前に、彼女はこう演説したのである。

「皆さん、台湾ではいかなる人もデモ・集会の権利を警察に守ってもらえます。放水砲や催涙弾を撃たれることもなく、盾を持った警官が走ってきていきなり警棒で殴られ、血まみれになる心配もありません。これが〝民主〟です。

若い皆さん、台湾は民主の道を長い間、歩んできました。でも、そこまでの道のりは大変辛いものでした。民主は空から降ってきたものではなく、無数の戦いと多くの人々の命を賭けた奮闘により、この地に根づいたものです。

そのお蔭で私たちは民主的な暮らしができています。皆さんがこの道を今後どう歩んでいくのか、世界の人々が、とりわけ香港の若い方たちが注目しています。香港の若者は命と血と涙で私たちに〝一国二制度は絶対に通ってはならない道だ〟と示してくれました。

若い台湾の皆さん、民主と自由の価値はいかなる困難も克服できるのです。そのことを明日、香港の人たちに示しましょう！」

群衆から地鳴りのような歓声が巻き起こった。

〈光復香港　時代革命〉

香港を取り戻せ。時代の革命だ――あの香港デモの旗がここでも大きく振られていた。感動と使命感が総統府前に集《つど》った支持者たちに満ち満ちていた。

こうして蔡英文は翌日、総統選史上最多の八百十七万票を獲得して、五百五十二万票の韓国瑜を退けたのである。

「民主は空から降ってきたものではなく、無数の戦いと多くの人々の命を賭けた奮闘により、この地に根づいたものです」

私は、蔡英文の言葉を心の中で反芻していた。

ああ、あの二二八事件で戦った人々の不

屈の精神が「未だに台湾を守っていること」を蔡英文は言ってくれている、と思った。

そして、ひょっとして、あれだけ劣勢だった蔡英文と民進党が、香港の若者たちの抵抗によってわずか選挙半年前に〝奇跡の逆転〟を果たしたことも、台湾と台湾人の未来のために命を捧げた先人たちの〝特別の計らい〟だったのかもしれない、と。

台湾の人々の熱狂の中で、そんなことを考えながら、私はただ立ち尽くしていた。

二二八事件で戦った人々を代表する人物として坂井徳章（台湾名・湯徳章）のことを取材し始めたのは、一体、いつだっただろうか。なにか、遠い遠い昔のような気がする。

長い取材の日々でお世話になった方々の笑顔とともに、「なんとしても坂井徳章を、そして、二二八事件を歴史に残してくれ」という人々の必死の表情も記憶に蘇《よみがえ》ってくる。

ここで御礼とともに、初の日本と台湾「同時発売ノンフィクション」となった本書が刊行から三年を経て文庫化され、〝永遠の命〟が与えられたことを、感謝をこめてご報告したいと思う。

文庫化にあたって台湾や中国で長年、特派員、支局長を務めた河崎眞澄・産経新聞論説委員から心のこもった解説をいただいた。台湾と中国双方の歴史、文化、軋轢《あつれき》、葛藤《かっとう》、国民性を知り尽くす同氏にしか「指摘」することができない奥深い内容に心が揺さぶられた。この場を借りて御礼を申し上げる次第である。

なお文庫化にあたっては、単行本化の際と同様、株式会社KADOKAWAの文芸局吉良浩一局次長、文芸局　学芸ノンフィクション編集部の菊地悟角川新書編集長にお世話になった。装幀は、今回もブックデザイナー緒方修一氏に大変重厚なものにしていただいた。心より御礼を申し上げたい。

なお文中は敬称を略させていただき、単行本の際の表現と記述をできるだけそのまま踏襲させていただいたことを付記する。

二〇二〇年一月、台湾総統選の興奮が冷めやらぬ台北にて

門田隆将

解説

河崎《かわさき》眞澄《ますみ》（産経新聞論説委員兼編集委員）

たしか２０１６年の暮れか、年が明けてすぐのころだったと思う。上海市内の小さな事務所で僕は、この本を手にしてページをめくりながら、不覚にも涙が溢《あふ》れ出ることを抑えられなかった。強烈なるふたつの思いが脳裏に映像として浮かび上がってきたからだ。

坂井徳章《さかいとくしょう》、そして湯《とう》徳章という男の壮絶な生きざまが、ひとつ。徳章が生きた時代、台湾を覆った暗黒と恐怖、絶望と叫びは過去のことだけではない、と気づいたことが、ふたつめ。

僕は２０１８年まで10年にわたって、上海を拠点に香港やマカオも含んで中国全土をカバー範囲にした新聞社の特派員だった。

目撃し、写真を撮り、記事を書いた現場で、心をえぐられたのは、2010年と2012年に各地で、日本人や日本関係の施設が次々と襲われた反日デモ、そして2014年に香港で起きた学生らの民主化要求デモ「雨傘運動」だった。根源をたどればいずれの出来事も、民主社会に牙《きば》を剝《む》いてきた中国の統治者との闘い、と断言できる。その現場の暗黒と恐怖、絶望と叫びは消し去れない。

徳章の時代、台湾を支配した中国国民党の強権による惨殺、知識人の粛清、1987年まで実に半世紀近く続いた戒厳令による自由の剝奪《はくだつ》、恐怖政治が形を変え、いまも中国や台湾、香港で続けられている。かつて台北《たいほく》でも特派員として台湾社会をつぶさに取材した経験から、中国と台湾という「両岸」を目撃してきた自分も、闘いの渦中にいると肌で感じていたのだ。

厳格な警官だった日本人の父、美しくも気高かった台湾人の母のもとに生まれた徳章は、まぎれもなく民主社会の一員であった。

その社会に生きる人々を守り抜くための頑強なる信念と、実践躬行《じっせんきゅうこう》のための力を兼ね備えた徳章には遠く及ばないにせよ、21世紀のわれわれ日本人、そして台湾人、香港人もいま、中国の統治者と闘っている。

戦後台湾を統治した中国国民党という存在は、中華人民共和国を現在、統治している中国共産党とは「双子の政党」と称される。

表面的なイデオロギーこそ異なれど、人権意識の欠如や剝きだしの残虐性、すべてを私物化し、自己正当化しようとする貪欲《どんよく》さ、社会秩序概念の乏しい世界に生きている人々だろう。

台湾の元総統、李《り》登輝《とうき》にいわせれば、それは「中華思想の呪縛《じゆばく》」に取りつかれた人々の思考と行動のパターンであり、自由で開かれた民主社会を求める日本人や台湾人や香港人とは、相いれない。すなわち、サミュエル・ハンティントンのいう「文明の衝突」だ。

だが、彼らが銃を手に統治者となってしまった現実がある。強大な軍事力を備え、民主社会を力でねじ伏せようと試みている現在の中国を思い出すがいい。

上海の事務所には中国人の女性スタッフが1人だけ勤務していた。中国の公安当局とも連絡のある、事実上の監視員に近い存在といえたが、すこし離れた席にいた彼女に気づかれないようにページをめくった。

この本は中国への入境時にみつかれば、没収の対象だろう。手荷物で密《ひそ》かに持ち込み、スタッフに分からぬよう読み進めていた。

それでも僕が涙を止められなかったのは、このシーンだ。中国国民党の横暴に耐えきれなくなり、台南《たいなん》でやむにやまれず立ち上がった学生を前に、マラリアに罹《り》患《かん》してふらふらになりながらも、全身全霊で説得に立った徳章の姿だった。

「会場は、ざわざわとし始めた。学生たちが一直線に目指している政権打倒など、はかない夢にすぎず、為政者である中国人が、想像をはるかに超える危険な体質を持っていることを、経験者である弁護士が告げているのである」

「この為政者のもとで『人権』というものをどう守っていくか。それがいかに大切か、縷々《るる》、説明していったのである」

「絶対に軍の介入を許してはならない。国民党軍の精鋭が台湾に大挙、やって来ることはなんとしても避けなければならない」

このシーンに僕は、ふたつの映像が重なった。徳章と李登輝、そして台南の学生と香港の学生の姿だ。

徳章が生まれた16年後に台湾の北部、淡水《たんすい》で生をうけた李登輝も、信念と実践躬行の人だ。「いかに台湾と台湾人が存在し続けるかが大事だ。存在し続ければ、必ず道は開けてくる」と李登輝は話す。

あの台南の学生のほとんどは当時、日本統治時代の日本教育を受けたはずだ。吉田松陰《よしだしょういん》の詠んだ、「かくすればかくなるものと知りながら　やむにやまれぬ大和《やまと》魂」との志が胸にあった。ただし、徳章も李登輝も明確に理解していたのは、やむにやまれぬ現実世界を、一歩でも二歩でも理想に近づけ、存在し続けねばならないという思考だ。

李登輝はこれを、西田幾多郎《にしだきたろう》の「善の研究」にも考え方が示されている「アウフヘーベン（止揚）」で説明した。理想を追い求める崇高な姿は忘れてはいけない。しかし、武力制圧されて台湾人の存在そのものを消し去られる事態だけは避けねばならない。矛盾するふたつの事象を別の概念を用いて統合し、解決方法を探していくべきだと。

徳章が筆者の門田隆将《かどたりゅうしょう》に生まれ変わって、この言葉を発したように思える。

「政府転覆など到底無理であることはわかっている。現行政組織の下で台湾人の人権を確立することが、当面の課題なのだ。今回不幸にも起こってしまった騒動に対する『報復』だけは回避しなければならない」

徳章の渾身《こんしん》のアウフヘーベンは、台南の学生に武力闘争の決意を思いとどまらせ、台南における中国国民党の「報復」を比較的、小さく抑えたといえる。台北や基隆《キールン》、高雄《たかお》など、2・28事件で中国国民党による残虐な無差別殺戮《さつりく》が繰り返された当時、台南での被害はまだましな方だった。

香港で2014年の「雨傘運動」に身を投じた学生も、2019年に香港警察に人権蹂躙《じゅうりん》された香港の学生たちも、「やむにやまれぬ大和魂」に突き動かされている。これを「暴徒」であるがごとく報じる日本のメディアがあることに、強い憤りを感じている。闘う相手は、民主社会と相いれない中国共産党なのだ。

歴史の偶然で李登輝が中国国民党という統治者の中から、握った権力とカネを使って独裁政権を内側から抉《えぐ》り出し、一滴の血も流さずに民主化させた「静かなる革命」を忍耐強く実行できたのもアウフヘーベンのなせる技だ。徳章とは面識はなかったにせよ、李登輝はあの時代の台湾人の高い精神性を共有していた。

日本人も台湾人も、あるいは香港人も実際、お人よしだ。「誠意」ある「話し合い」さえあれば、中国共産党も分かってくれる、あるいは分かってくれるはずだ、と考えている。もちろん「対話」によって衝突を回避できることが、最高の外交であり、日本も台湾も戦後必死に、綱渡りで対話を繰り返してきた。これからもそうなのであろう。

だが、国連にも登録された中英共同声明に明記された「一国二制度」で保障した香港の高度な自治や言論の自由、民主制度などを次々と反故《ほご》にして香港統治は内政問題だとうそぶく中国共産党政権に、なすすべのない日本に失望している。

本書に描かれた戦後台湾の2・28事件や白色テロは、中国共産党と双子の政党である中国国民党の人々が、わずか数十年前に現実に引き起こした惨状だ。日本にも明らかに「文明の衝突」の危機が迫りくる。

香港が陥落し、台湾が中華人民共和国に併合される事態となれば当然、中国共産党の狙いは沖縄に、九州に移る。「そんなはずはない。国際社会の監視がある中で、中国共産党だってそんな恐ろしいことはできやしない」と思う日本人が95％かもしれない。香港が白色テロの時代に進まないことを強く祈っている。

２０１９年12月7日のこと。台南市内で映像会社が12月10日の「世界人権デー」を前に、こんなシーンを撮影した。人権弁護士の湯徳章が「坂井徳章」と書かれた細長い板を背負わされ、中国国民党軍のトラックに乗せられて「大正公園《たいしょう》（現在の湯徳章紀念公園）」まで運ばれ、銃殺される。「湯徳章は、日本人だ。彼が元凶だ」とレッテルを貼られた。１９４７年3月13日の再現だ。

徳章は中国国民党の兵には理解できない地元の台湾語で、天まで届こうかという大声で叫んだ。「私を縛りつける必要はない！　私には大和魂の血が流れている！」。集まってきた台南の人々の魂が震えた。最後に日本語で「台湾人、バンザーイ！」と叫ぶ。ふたつの故国に殉じた徳章の気迫はこの瞬間、神になった。

父親の坂井徳蔵《とくぞう》が暴徒の手に倒れたのは40歳のときだった。徳章も銃殺されたとき40歳。父が最後に徳章に「声は絶対に出すな。静かに行くんだ」と言い聞かせた言葉を徳章はトラックの上で反芻《はんすう》しながら、大正公園に運ばれたのだろう。

壮絶な拷問を受けながらも徳章は、中国国民党に立ち向かった台南の若者らの名をひとりとして口に出さなかった。台南において台北や高雄などに比べて知識人への殺戮が少なかったのは、徳章の気迫によるところが大きい。徳章の心にはずっと父の徳蔵が寄り添っていたはずだ。この日の撮影シーンを徳章の息子である、聰模《そうも》も立ち会ったと報じられた。聰模はこのとき86歳。徳章の台湾語と日本語のふたつの言葉をどう心に刻んだのだろうか。

目次デザイン　國枝達也

口絵写真　AFP＝時事、著者提供

本書は、二〇一六年十二月に小社より刊行された
単行本に加筆して文庫化したものです。

汝《なんじ》、ふたつの故《こ》国《こく》に殉《じゅん》ず

台湾《たいわん》で「英雄《えいゆう》」となったある日本人《にほんじん》の物語《ものがたり》

門田隆将《かどたりゅうしょう》

令和２年　２月25日　初版発行
令和６年　４月15日　４版発行

発行者●山下直久

発行●株式会社KADOKAWA
〒102-8177　東京都千代田区富士見2-13-3
電話　0570-002-301（ナビダイヤル）

角川文庫 22038

印刷所●株式会社KADOKAWA
製本所●株式会社KADOKAWA

表紙画●和田三造

●お問い合わせ
https://www.kadokawa.co.jp/（「お問い合わせ」へお進みください）
※内容によっては、お答えできない場合があります。
※サポートは日本国内のみとさせていただきます。
※Japanese text only

ISBN 978-4-04-108978-1　C0195

◆◇◇

角川文庫発刊に際して

角川源義

第二次世界大戦の敗北は、軍事力の敗北であった以上に、私たちの若い文化力の敗退であった。私たちの文化が戦争に対して如何に無力であり、単なるあだ花に過ぎなかったかを、私たちは身を以て体験し痛感した。西洋近代文化の摂取にとって、明治以後八十年の歳月は決して短かすぎたとは言えない。にもかかわらず、近代文化の伝統を確立し、自由な批判と柔軟な良識に富む文化層として自らを形成することに私たちは失敗して来た。そしてこれは、各層への文化の普及滲透を任務とする出版人の責任でもあった。

一九四五年以来、私たちは再び振出しに戻り、第一歩から踏み出すことを余儀なくされた。これは大きな不幸ではあるが、反面、これまでの混沌・未熟・歪曲の中にあった我が国の文化に秩序と確たる基礎を齎らすためには絶好の機会でもある。角川書店は、このような祖国の文化的危機にあたり、微力をも顧みず再建の礎石たるべき抱負と決意とをもって出発したが、ここに創立以来の念願を果すべく角川文庫を発刊する。これまで刊行されたあらゆる全集叢書文庫類の長所と短所とを検討し、古今東西の不朽の典籍を、良心的編集のもとに、廉価に、そして書架にふさわしい美本として、多くのひとびとに提供しようとする。しかし私たちは徒らに百科全書的な知識のジレッタントを作ることを目的とせず、あくまで祖国の文化に秩序と再建への道を示し、この文庫を角川書店の栄ある事業として、今後永久に継続発展せしめ、学芸と教養との殿堂として大成せんことを期したい。多くの読書子の愛情ある忠言と支持とによって、この希望と抱負とを完遂せしめられんことを願う。

一九四九年五月三日

角川文庫ベストセラー

角川文庫ベストセラー

あの一瞬
アスリートが奇跡を起こす「時」
門田隆将

瀬古利彦、サッカー日本代表、遠藤純男、ファイティング原田、新日鉄釜石、明徳義塾……さまざまな競技から歴史に残る名勝負を選りすぐり、勝敗を分けた「あの一瞬」に至るまでの心の軌跡を描きだす。

死の淵を見た男
吉田昌郎と福島第一原発
門田隆将

2011年3月、日本は「死の淵」に立った。福島県浜通りを襲った大津波は福島第一原発の原子炉を暴走させた。日本が「三分割」されるという中で、使命感と郷土愛に貫かれて壮絶な闘いを展開した男達がいた。

記者たちは海に向かった
津波と放射能と福島民友新聞
門田隆将

その時、記者たちは、なぜ海に向かったのか——。東日本大震災で存続の危機に立った福島民友新聞。『死の淵を見た男』の著者、門田隆将があの未曾有の危機に直面した記者たちの真実の姿と心情を描く。

慟哭の海峡
門田隆将

太平洋戦争時、20万人とも言われる犠牲者を生んだ台湾〜フィリピン間のバシー海峡。生き延びたある人は私財をなげうち慰霊を続け、亡くなった人の中には「アンパンマン」作者やなせたかしの弟もいた——。

火の鳥1
黎明編
手塚治虫

今の時代だからこそ読みたい人類の未来の物語。カバーは手塚治虫オリジナル表紙絵の〝COM名作コミックス版〟を採用。トリビュート・コミック：今日マチ子。創作の背景がわかる解題充実！

角川文庫ベストセラー

怖い絵　死と乙女篇
中野京子

ボッティチェリ「ヴィーナスの誕生」、シーレ「死と乙女」、ベラスケス「フェリペ・プロスペロ王子」、ミケランジェロ「聖家族」――名画に秘められた恐怖を読み解く「怖い絵」シリーズ、待望の文庫化第2弾！

危険な世界史　血族結婚篇
中野京子

エリザベートの天敵、鬼姑ゾフィー皇太后には似つかわしくない初々しい過去とは？　スペイン・ハプスブルク家滅亡の原因となった忌まわしい〝血の呪い〟とは？　世界史が断然面白くなる歴史的スター逸話集。

危険な世界史　運命の女篇
中野京子

『怖い絵』の中野京子が世界史を斬るシリーズ第2弾。フランス革命前後200年に生きた絢爛たる人々の、嘘みたいで情けない話の数々。映画が描く歴史にも注目。世界史好きもそうでない人も楽しめる逸話集！

不道徳教育講座
三島由紀夫

大いにウソをつくべし、弱い者をいじめるべし、痴漢を歓迎すべし等々、世の良識家たちの度肝を抜く不道徳のススメ。西鶴の『本朝二十不孝』に倣い、逆説的レトリックで展開するエッセイ集、現代倫理のパロディ。

美と共同体と東大闘争
三島由紀夫
東大全共闘

学生・社会運動の嵐が吹き荒れる一九六九年五月十三日、超満員の東大教養学部で開催された三島由紀夫と全共闘の討論会。両者が互いの存在理由をめぐって、激しく、真摯に議論を闘わせた貴重なドキュメント。

角川文庫ベストセラー

Kadokawa Art Selection
ルノワール―光と色彩の画家
賀川恭子

幸福の画家と呼ばれる巨匠の人生に深く迫り、隠された若き日の葛藤から作風の変化に伴う危機の時代まで詳しく解説。絵画史に残された大きな足跡をたどるエキサイティングなオールカラーガイドブック！

Kadokawa Art Selection
若冲―広がり続ける宇宙
狩野博幸

空前絶後の細密テクニック、神気に迫る超絶技巧、謎の多い人生。その若冲の魅力に迫り、再発見に沸いた「象と鯨図屏風」の詳細と、これまでの人物研究をくつがえす新資料による新解釈を披露。オールカラー。

Kadokawa Art Selection
黒澤明―絵画に見るクロサワの心
黒澤明

黒澤明監督が生涯に遺した「影武者」「乱」など映画6作品の画コンテとスケッチ約2000点から200点強をセレクトしたミニ画集。映画の迫力さながらの名画の数々。映画への純粋な思いがあふれ出す。

Kadokawa Art Selection
ゴッホ―日本の夢に懸けた芸術家
圀府寺司

写実主義に親しみ、印象派に刺激を受け、アルルの地で完成していく芸術と自身の魅力を、ゴッホ研究の第一人者が解説。さまざまな伝説がひとり歩きするが、ゴッホは何を考えていたのか。名画も多数登場！

Kadokawa Art Selection
レンブラント―光と影のリアリティ
熊澤弘

早熟な天才としてのデビュー、画家としての成功による経済的繁栄、そして没落、破産、孤独な死……文字通り波乱に満ちた生涯を生きた「光と陰影」の画家の生涯を作品と共に綴る、大好評カラー版アートガイド。